U0529273

本书获得西北农林科技大学"仲英青年学者"项目和"凤岗卓越社科人才"项目(FGZY202001)的支持

乡村旅游与村落转型

基于陕西元村的跟踪调查

郭占锋 主编

中国社会科学出版社

图书在版编目（CIP）数据

乡村旅游与村落转型：基于陕西元村的跟踪调查／郭占锋主编 . —北京：中国社会科学出版社，2021.9

ISBN 978 – 7 – 5203 – 8747 – 7

Ⅰ. ①乡… Ⅱ. ①郭… Ⅲ. ①乡村旅游—旅游业发展—调查研究—陕西 Ⅳ. ①F592.741.4

中国版本图书馆 CIP 数据核字（2021）第 137021 号

出 版 人	赵剑英
责任编辑	夏 侠 李 沫
责任校对	师敏革
责任印制	王 超
出　 版	中国社会科学出版社
社　 址	北京鼓楼西大街甲 158 号
邮　 编	100720
网　 址	http://www.csspw.cn
发 行 部	010 – 84083685
门 市 部	010 – 84029450
经　 销	新华书店及其他书店
印　 刷	北京明恒达印务有限公司
装　 订	廊坊市广阳区广增装订厂
版　 次	2021 年 9 月第 1 版
印　 次	2021 年 9 月第 1 次印刷
开　 本	710×1000 1/16
印　 张	12.75
插　 页	2
字　 数	204 千字
定　 价	69.00 元

凡购买中国社会科学出版社图书，如有质量问题请与本社营销中心联系调换
电话：010 – 84083683
版权所有　侵权必究

前　言

　　近代以来，中国乡村社会发生了翻天覆地的变化，尤其是改革开放后，农民社会经济生活逐渐多元化，社会交往趋于理性化，但也同时导致了社会流动加剧、村庄社会空巢、组织松散等问题。伴随着乡村经济社会结构转型与国家乡村政策的实施，乡村社会形态也随之发生了变化，催生了一批新的村庄类型，这些新类型的村庄无处不体现着"新乡村性"。关中地区的农村发展与社会治理一直是笔者重点关注的领域，对于元村的关注可以追溯至2016年7月。元村作为一个声名鹊起的旅游型村庄，笔者早有耳闻，但初始印象并不深刻，且仅将其看作千万个旅游村庄的跟风复制品，未对其进行深入探究，自然也未能察觉其中所蕴藏的特色。然而，机缘巧合之下，有机会进入元村调研，驻足数日走访农户并与村干部深入访谈，发现元村的旅游业发展有其非常特殊的一面，具有其他村庄难以模仿的内核。这给予笔者极大的启发并由此产生了浓厚的研究兴趣。于是，在无任何专项资金支持的情况下，笔者带领研究团队深入元村进行长达5年的跟踪调研，累计驻扎元村7次，收集了丰富的田野调查资料，以期解开元村这一典型旅游村庄的产业发展与村庄转型之谜。

　　近年来，乡村旅游在全国各地如火如荼地进行，以此为主题的研究也备受学界的青睐，各个学科似乎都很容易进入，从而涌现出了大量的研究成果。实际上，乡村旅游也一直是社会学学科关注的领域，虽然已经有很多代表性的研究成果，但是从历史发展的角度，尤其从村落变迁的视角去深入剖析一个旅游型村庄的研究似乎并不多。旅游型村庄的形成并非一蹴而就，其实质是村庄动态变化的过程，以往静态化的考察视角略显平面，尚不能完全解析其中的复杂奥秘，而从村庄发展历程的视角加以考察，能够在时空变迁的描绘中增强村庄研究的立体感与带入感。

20世纪70年代，元村是一个自然条件极差、资源匮乏、深度贫困的关中农村，村庄依靠传统农业为生，其发展一度陷入困境。后来，在全国大规模推行联产承包责任制的背景下，元村坚持走集体经济的道路，并未把土地分给农户，反而继续将农户组织起来，凝聚全村的力量兴修水利，规模经营，不仅提高了土地产量，解决了农民的温饱问题，而且实现了户户有余粮，完成了初期的物质积累。1990年前后，全国开始出现民工潮，大量农民由于土地经营效益低下，家庭劳动力过剩，不得不选择外出打工，补贴家庭开支。这一时期，元村的政治精英高瞻远瞩，开始利用农业的原始积累，依托附近的石灰石资源，因地制宜地在本村办石灰厂、砖瓦厂等企业工厂，充分吸纳了本村的青壮年劳动力参与村庄的发展与建设，村集体经济突飞猛进，积累了雄厚的发展资本。同时，村集体对村庄进行统一规划，并进行人居环境整治，改善了村民居住质量，极大地增强了村民的集体认同感和村庄凝聚力。

2000年后，国家要求对环境污染突出的"五类"企业停产关闭，元村的支柱性集体企业因此按照国家要求停产关闭，村庄下一步将如何发展？村集体经济又将如何持续？一度成为村庄政治精英面临的棘手问题。在保护环境的前提下，要大力培育集体经济，发展什么样的产业才能解决这一难题呢？2007年，经过深思熟虑，村庄政治精英走出村庄，遍地考察，多方咨询，终于选择将旅游业纳入村庄发展规划中，以此破解村庄的困境。旅游村庄发展必须以一定历史文化资源和地理位置优势为基础，但元村当时并不具备这些先天条件。虽说唐太宗李世民的陵寝位于附近的九嵕山上，有不少游客慕名前来观赏。但是元村该如何利用附近的文化资源呢？又该拿什么吸引这些来自全国各地的游客在游完昭陵之后来这个小村庄呢？于是，村庄政治精英再三策划，在关中小吃和关中农村文化方面大作文章。元村虽然缺乏现成的文化资源，但是作为众多关中村庄之一，其背后古老的关中农村文化是非常丰富的，并且颇具地方特色。正是抓住了这一特点，元村从此走上挖掘乡村旅游文化的道路，打造"关中印象体验地"，创造出日游客量18万人次的旅游奇迹，元村也由此迅速崛起，成为全国乡村旅游的后起之秀。

如今，元村已经建成集原生态农业观光、关中农耕文化体验、农家休闲度假、康体娱乐、生态娱乐为一体的综合性休闲旅游示范区，是陕西省最具代表性的民俗村庄，也是关中地区乃至全国乡村振兴的模范样本。除了使本村村民脱贫致富以外，元村还通过吸纳周边劳动力带动了附近村庄的发展，在一定区域内形成了市场共同体，其成功的发展经验也在全国范围内得到推广。

回顾元村的发展历史，从传统农业到村集体工业，再到乡村旅游业的过程中，集体经济始终是推动元村转型的坚实基础。集体经济的发展为村庄产业转型积累了雄厚的原始资本，同时也为产业结构调整过程中的村庄治理搭建了有效平台。此外，元村从一个名不见经传的文化资源匮乏村转变为极具民俗特色的旅游村，离不开"文化发明"的助力。通过继承村庄原生文化、整合地区传统文化以及迁移现代都市文化，元村实现了持续不断的文化商品化和资源再生产，增强了村庄的内生动力。可以说，集体经济与文化挖掘相辅相成，在集体经济的支撑下，元村借助文化再生实现了村庄产业的转型，而村庄旅游产业的发展又进一步夯实了集体经济的基础，两者共同造就了元村今日的辉煌。

当然，旅游产业在元村的发展也引起市场结构、管理队伍、治理模式以及村域关系等一系列的变迁，使村庄迈入转型之路。这也触发了笔者一连串的思考：元村在旅游业发展过程中是如何管理的？村庄政治精英在其中扮演着何种角色？旅游产业的发展对村庄市场结构产生了哪些影响，又将引起村庄治理哪些变化？元村的发展是否对周边村庄造成了冲击？与周边村庄之间的关系如何？元村未来的旅游业发展方向何在？元村的发展对乡村振兴又将有何种启示？太多的问题萦绕在耳边，成为笔者决定深入研究元村的根本动力。在一个村庄里，能有这么多新鲜的问题要研究是一件既让人兴奋又令人胆怯的事情。对一个研究农村社会的学者来说，能够深入、系统地研究一个典型村庄的旅游业发展机制以及其所引发的村庄转型问题是一件意义非凡的事情，如果能持续跟踪研究，那也将有极其重要的现实意义和学术意义。因此，本书尝试针对上述问题进行一一探究与解答，同时也将在最后一章探讨乡村旅游在乡村振兴时代背景下的重要意义和价值，期待在乡村旅游模式下打造出一个热爱家乡之人可以回得去、留得下、能发展的新乡村。

目　录

第一章　村庄产业转型与集体经济发展 ……………………… (1)
　　第一节　元村概览 ……………………………………………… (3)
　　第二节　两次产业转型：缘起与过程 ………………………… (5)
　　第三节　集体经济：产业转型的基础 ………………………… (14)
　　第四节　小结 …………………………………………………… (24)

第二章　村庄精英与旅游村庄的发展 ………………………… (26)
　　第一节　乡村政治精英构成及其特征 ………………………… (26)
　　第二节　乡村旅游发展历程与特点 …………………………… (32)
　　第三节　乡村旅游发展中的政治精英 ………………………… (72)
　　第四节　小结 …………………………………………………… (79)

第三章　文化发明与乡村市场体系重建 ……………………… (82)
　　第一节　文化发明的理论阐释 ………………………………… (85)
　　第二节　案例概况与研究方法 ………………………………… (89)
　　第三节　元村文化发明的三条路径及其经济基础 …………… (92)
　　第四节　元村市场引发的乡村市场体系重建 ………………… (97)
　　第五节　小结 …………………………………………………… (106)

第四章　乡村市场共同体的形成与村庄治理转型 …………… (107)
　　第一节　元村旅游市场基本概况 ……………………………… (107)

第二节　元村市场共同体的形成 …………………………………（114）
　　第三节　元村治理的转型 …………………………………………（124）
　　第四节　小结 ………………………………………………………（130）

第五章　村际关系与"中心—边缘"格局的初现 …………………（134）
　　第一节　研究区域及研究对象简介 ………………………………（134）
　　第二节　参与和受益：元村与周边村落关系 ……………………（138）
　　第三节　"中心—边缘"的村际格局初现 …………………………（148）
　　第四节　小结 ………………………………………………………（155）

第六章　乡村旅游：通向乡村振兴的有效路径 …………………（158）
　　第一节　产业振兴："前店后厂"与多业态融合路径 ……………（161）
　　第二节　组织振兴：企业型村庄与公司制管理结构 ……………（167）
　　第三节　人才振兴：精英回流与协同治理系统 …………………（170）
　　第四节　文化振兴：文化再造与乡土传统延续 …………………（175）
　　第五节　生态振兴：乡村环境与生态文明建设 …………………（180）
　　第六节　小结 ………………………………………………………（182）

参考文献 ………………………………………………………………（186）

后　记 …………………………………………………………………（196）

第一章

村庄产业转型与集体经济发展

"乡村振兴"是党的十九大报告中提出的解决农业农村与农民问题的关键之策。乡村是具有自然、社会、经济特征的地域综合体,兼具生产、生活、生态、文化等多重功能,与城镇互促互进、共生共存,共同构成人类活动的主要空间①。在中国发展进程中,乡村长期面临基础差、底子薄、发展滞后的境况,是社会主义现代化强国建设中最难啃的硬骨头之一,国家发展最繁重的任务在乡村。同时,随着工业化、城市化的飞速发展,城乡差距迅速拉大,乡村人才大量流失,乡村凋敝现象日益加重,乡村建设难题凸显,乡村振兴的重要性不言而喻。因此,以产业兴旺、生态宜居、乡风文明、治理有效、生活富裕为目标全面推进乡村振兴,对解决中国乡村问题、解决新时期人民日益增长的美好生活需要与不平衡不充分的发展之间的矛盾、实现"两个百年"奋斗目标以及中华民族伟大复兴中国梦具有重要的现实意义和深远的历史意义。

有效实施乡村振兴战略,产业兴旺是关键。产业兴旺是解决农村人才流失、乡村凋敝的有效路径之一。因此,应完善乡村利益联结机制,推进农村一、二、三产业交叉融合,并加快发展根植于农业农村、由当地农民主办、彰显地域特色和乡村价值的产业体系,推进乡村产业全面振兴。多年来,中国农村地区的产业发展历经多次探索和转型,力图在工业化、城镇化的背景下提升农业竞争力,盘活农村经济活力以及实现

---

① 新华社:《中共中央 国务院印发〈乡村振兴战略规划(2018—2022年)〉》,中华人民共和国中央人民政府,2018年9月26日,http://www.gov.cn/xinwen/2018-09/26/content_5325534.htm。

农民共同富裕。众所周知，中国农村地区产业结构单一，以第一产业为主，受自然地理条件的限制和城乡发展不平衡的影响，农村产业发展局限性明显。20世纪80年代，乡镇企业异军突起，为乡村产业转型发展提供了良好的契机。90年代，农业产业化经营快速发展，推动乡村产业由种养结合拓展至加工流通流域，实现了从第一产业向二、三产业的转型。近些年来，随着中国城乡关系的转变，城乡一体化背景下国家对农村产业发展的政策支持逐渐增多，农村公共服务和基础设施建设日趋完善，人民的消费水平和消费需求也随之提升，乡村产业发展面临转型新时机。多元新型农业经营主体不断涌现，休闲农业、乡村旅游、农村电子商务等新产业新业态迅速兴起。新产业的出现以及新动能的生产，大大激发了农业农村经济活力，增强了内生发展动力，同时也改善了乡村产业发展的外部环境[1]。

面对新时代乡村产业转型的新契机，全国很多地区在探索乡村产业发展中积累了宝贵的经验。因地制宜地开发和统筹本地的优势资源，注重产业融合发展，探索形成一、二、三产融合的产业发展链。在此背景下，乡村休闲旅游产业的发展应运而生，成为当前乡村振兴的有效路径。根据国家农业农村部发布的相关数据，2019年，休闲农业接待游客32亿人次，营业收入超过8500亿元[2]。乡村休闲旅游业在30多年的发展变迁中，已经成为横跨一、二、三产业，兼容生产生活生态，融通工农城乡的新业态[3]，有效促进村庄经济结构转型，形成了"政府+公司+农村旅游协会+旅行社"的组织模式和以股份合作制为基础的收益分配模式，重新激活集体经济在乡村的活力。新型集体经济组织成为促进农村经济全面发展和实现共同富裕的基础，也是增强农村基层组织凝聚力、号召

---

[1] 张红宇：《中国特色乡村产业发展的重点任务及实现路径》，《求索》2018年第2期。

[2] 乡村产业发展司：《农业农村部关于印发〈全国乡村产业发展规划（2020—2025年）〉的通知》，中华人民共和国农业农村部，2020年7月16日，http://www.moa.gov.cn/govpublic/XZQYJ/202007/t20200716_6348795.htm。

[3] 中国农网财政：《大力发展乡村产业奠定乡村全面振兴基础——农业农村部乡村产业发展司有关负责人就〈全国乡村产业发展规划（2020—2025年）〉答记者问》，中国农业2020年7月18日，www.farmer.com.cn/2020/07/17/wap_99856696.html。

力和战斗力的重要保证①。乡村振兴要求发展新型农村集体经济,深入推进农村集体产权制度改革,推动资源变资产、资金变股金、农民变股东,发展多种形式的股份合作②,将集体经济作为一个有效的中介桥梁,内可聚合分散农户,外可有效了解市场,保障农民收入不断提高③,为乡村休闲旅游产业发展助力的同时亦能够推进乡村振兴有效实现。因此,通过因地制宜地发展乡村休闲旅游业,壮大村庄集体经济,高效实现三产融合,促进产业转型升级,对新时代背景下解决"三农"问题以及全面建设新农村意义深远。

乡村旅游产业的迅猛发展,在全国范围内建设了一批精品休闲旅游景点,不仅吸引了大批游客观光体验,还推广了有效的乡村建设经验。其中,位于陕西省关中地区的元村便是国内著名的乡村旅游观光景点之一,是国家 4A 级旅游景区,荣获"全国传统村落"称号以及"中国十大美丽乡村"称号,现已形成以历史文化遗迹和关中民俗文化为核心的点、线、带、圈一体的乡村旅游体系,成为以旅游业发展振兴乡村的典范之一。

第一节　元村概览

元村位于陕西省礼泉县烟霞镇,北面山南面塬,坐落于唐太宗李世民昭陵所在的九嵕山下。村庄海拔约 402 米,四季气候宜人、冷暖适中,年平均气温约 13C°,年均降雨量 537—546 毫米,水土肥沃,自然环境优美。元村位于关中平原腹地,临近西咸,交通便利,陇海铁路、银武高速、312 国道、关中高速环线及旅游线均从这里经过,是周边市镇休闲娱

---

① 仝志辉、陈淑龙:《改革开放 40 年来农村集体经济的变迁和未来发展》,《中国农业大学学报》(社会科学版) 2018 年第 6 期。
② 新华社:《中共中央 国务院印发〈乡村振兴战略规划(2018—2022 年)〉》,中华人民共和国中央人民政府,2018 年 9 月 26 日,http://www.gov.cn/xinwen/2018 - 09/26/content_5325534.htm.
③ 冯蕾:《中国农村集体经济实现形式研究》,博士学位论文,吉林大学,2014 年,第 24 页。

乐的首选之地。村庄现有3个自然村，占地面积约0.4平方千米，村集体土地630亩。现有村民62户共286人。村庄主营产业有传统小吃、农家乐、手工艺作坊等，村集体资产超过10亿元，村民人均年收入45000元，目前是陕西省最著名的旅游型村落之一。

　　元村历史悠久，村庄始建于元代以前。据记载，北宋建隆二年（961），元村的祖先袁氏为躲避战乱迁居于此，聚居形成村落。康熙七年（1668），山西郭氏迁入元村，随后王氏、张氏陆续迁入元村。村庄人丁兴旺，村民安居乐业，修祖庙盖祠堂，繁衍生息。明清时期的元村因作坊发达，贸易兴旺发展，一度成为方圆几十里的货物集散地和交通要道。20世纪50年代初期，元村相继建立互助组，并与周边村落联合建立高级合作社、生产大队，但因各种原因，曾经的辉煌日渐走向衰落，逐渐成为当地有名的贫困村，37户村民居住在破旧不堪的土坯房、低洼潮湿的地窖当中，耕地无器具，粮食无着落，村民人心涣散，村庄发展停滞。1972年，元村成立党支部，村民在时任书记郭某的带领下自力更生，整改土地、生产粮食，大力发展集体经济，开启村庄建设与发展。从80年代起，元村又因地制宜，以建材业为龙头，逐步建立村办工业体系，并进一步发展村办企业，实现工业、商业、建筑业、运输业和服务业的全面发展，村民经济收入实现大幅度提升，村庄集体经济的实力也因此不断壮大。90年代初，元村确立农工商并举的发展路线，进入现代农业新阶段。2005年，元村又结合村庄实际，依托当地丰厚的文化资源，尝试发展乡村旅游产业，形成了农家乐的发展新模式。2007年打造关中印象体验地，集娱乐、休闲、观光、餐饮于一体。近几年又发展建设滑雪场、游乐场、室内冲浪、汽车飘移等颇具都市气息的休闲娱乐项目，巧妙地将关中乡土特色与现代城市文化融为一体。

　　元村村庄内部有三条街道，其中主街建于20世纪90年代，全长1200米，宽10米，是在老窑洞的基础上修建而成的。街道两侧绿树繁茂，坐落着整整齐齐的商铺，其建筑布局与周围的景色自然而然地融为一体，尽显关中特色。此外，村内坐落着多处历史悠久的古建筑，为村庄增添了浓厚的文化氛围。如皇家寺院宝宁寺，建于唐天宝年间，据传是为守护昭陵供奉香火，是唐昭陵近200座陪葬墓、30万亩陵园区内唯一一座古寺，距今已有千年的历史①；左右各是难得一见的园中园连套、景外景叠加的独院民居，由山西、陕西明清时期的民居迁建而成；绒花阁原址建于清朝光绪二十八年（1902）的陕西省白水县徐道村，耗时三年建成三进院落、数十间房，后来历经战火损毁，仅存厅房三间，于2009年迁至元村并设计改造为颇具传统特色的咖啡厅；碧山堂也是元村最具特色的民宅之一，极具北方民宅的典型特色，与村庄整体建筑风格交相辉映；康庄门楼位于元村村口，威严庄重，气势恢宏，是村庄著名的景点之一。当前，元村所营商品种类丰富、特色鲜明，关中特色美食、自产自销的农副产品等是村庄的亮点，民俗文化也是村中不可复制的体验项目。弦板腔皮影戏是国家级非物质文化遗产，也是元村最受欢迎的表演之一，元村特意邀请皮影戏手艺人入驻，量身打造演出舞台，促进文化传承的同时也为游客增添与众不同的视听体验；关中著名的民间传统手工艺剪纸在元村也拥有专门的制作作坊，结合村庄现代化的生活元素创造出许多深受游客喜爱的装饰艺术品；木板年画是汉族传统艺术，迄今已有一千多年的历史，具有浓郁的地方文化特色和艺术价值，吸引了大量游客驻足观赏；此外，在元村还能见到中国古老的民间艺术泥塑以及乡土气息浓郁的土织布，这些都再现了关中民间生活形态。

元村目前已经建设形成农家乐、作坊街、小吃街、祠堂东街、酒吧街、回民街、书院街、酒店住宿八大区域，旅游产业发展如火如荼，成为远近闻名的"明星村"，旅游总收入超过10亿元。当然，元村如今的辉煌成就并不是一蹴而就，村庄的两次产业转型以及村集体经济积累为元村发展提供了核心力量和持续动力。

第二节 两次产业转型：缘起与过程

改革开放以来，中国经济取得了历史上前所未有的发展和进步，第二、三产业的产值不断提高且占比逐渐增加，贡献率居高不下。在乡村

---

① 中国传统村落数字博物馆：《元村历史文化》，2020年8月1日，http://main.dmctv.com.cn/villages/61042510501/VillageProfile.html.

振兴背景下，产业转型成为促进乡村发展、实现农村现代化的有效途径。产业的不断转型升级是实现经济发展质量变革的关键①。

一　产业转型的缘起

产业转型是乡村经济发展过程中的重要议题，引起广泛关注。学界从多角度对产业转型的概念进行诠释。潘伟志从产业转型要素重组的视角出发，认为产业转型是三次产业在国民经济的主导作用发生决定性转变的过程，是生产要素的更替和重新组合②。姜琳从产业更替的视角出发，认为产业转型是新旧产业更迭，或是以技术升级带来的产业升级，从更深一层来分析，产业转型的本质是原有要素在变化环境下的一种重新组合③。孙雪则从狭义和广义上对产业转型进行区分，认为狭义的产业转型可定义为由失去竞争优势的成熟产业或衰退产业向新兴产业或发展中的产业转移的过程，而广义的产业转型不是单纯的产业替代或转移，而是以社会经济可持续发展为目标的产业组织方式与行为方式的变更，是一项需要区域内外各环境要素紧密结合、共同发挥作用的系统工程④。总的来说，产业转型内涵丰富，其在转变经济发展的过程中发挥着重要的作用。

通过总结国际产业转型经验，我们发现，产业转型在经济发展过程中往往能够起到转折性作用。能否利用好产业转型的机会，甚至可以决定一个国家经济发展的不同走向。日本北九州为解决经济发展难题，通过振兴煤炭等传统产业，多次促进产业转型，大力发展新兴产业，并积极发展旅游业，实现了产业结构的转换，成功实现产业转型升级，使经济重新焕发生机活力。英国曼彻斯特主要依靠提高第三产业发展水平，促进产业结构升级，并促进新兴产业发展，多途径增强配套政策。美国

---

① 张永恒、薛金礼：《产业转型升级与经济增长的动态关系研究》，《统计与决策》2020年第6期。
② 潘伟志：《中心城市产业转型初探》，《兰州学刊》2004年第5期。
③ 姜琳：《产业转型环境研究》，硕士学位论文，大连理工大学，2002年，第6—7页。
④ 孙雪：《西部大开发中的产业转型策略研究》，硕士学位论文，大连理工大学，2002年，第3页。

匹兹堡积极促进产业结构多样化，推进战略新兴产业发展，充分发挥教育机构的智力支持作用，大力加强环境治理，最终成功摆脱了衰退趋势，实现了经济转型发展。然而，因为未能实现产业转型升级，美国底特律利用再工业化政策、发展娱乐经济等措施却没有从根本上解决发展瓶颈问题，经济衰退的局面没有得到改变。底特律主导产业单一，在传统的汽车产业逐渐衰退时，不仅没能及时通过技术创新对传统产业进行升级改造，更没有及时培育出合适的接续替代产业，使得产业发展出现断档，错过了产业调整的最好时机[1]。此外，国际经验也表明，产业转型不仅对于国家经济发展具有显著作用，对现代农业发展同样发挥着战略性作用。通过发展农业生产性服务业，促进其市场化、产业化、社会化甚至网络化发展，能更好地拓展农产品市场空间和农业要素结构优化升级的空间，抢占现代农业发展的制高点[2]。

同时，纵览国内当前的产业发展情况发现，农业产业链中普遍存在着农产品供求结构不平衡、生产要素配置不合理、资源环境压力大、农民收入增长乏力等突出问题。在这样的背景下，基于农业供给侧改革的农业产业链转型升级迫在眉睫[3]。通过产业转型升级，可以达到满足适应市场需求变化、实现价值增值和合理有效地利用资源的目的[4]。因此，在产业转型的实现路径层面，徐孝新等认为，通过产业政策规划引领、完善市场退出机制和差异化区域升级路径，成为中国产业转型升级的必然选择[5]。李赫然从生态建设的角度提出，我国农村经济发展转型升级要注重生态文明建设，要通过树立绿色发展理念、推动产业结构调整、增强

---

[1] 申红艳：《国外老工业城市产业转型的经验借鉴》，《宏观经济管理》2020年第1期。
[2] 姜长云：《关于构建新型农业经营体系的思考——如何实现中国农业产业链、价值链的转型升级》，《人民论坛·学术前沿》2014年第1期。
[3] 谢家平、杨光：《基于农业供给侧改革的农业产业链转型升级研究》，《福建论坛（人文社会科学版）》2017年第10期。
[4] 赵绪福：《农业产业链优化的内涵、途径和原则》，《中南民族大学学报（人文社会科学版）》2006年第6期。
[5] 徐孝新、李颢：《生产能力禀赋与中国产业转型升级路径——基于产品空间理论的视角》，《当代财经》2019年第2期。

乡村规范治理、加快生态修复治理等方式，实现农村经济的可持续发展[1]。王凯等认为应充分发挥产业结构的正向外部效应，实现产业结构转型升级与旅游扶贫效率的耦合互馈，重构与优化两系统间的耦合路径与空间分布格局，从而促使各贫困县对毗邻地区旅游带动效应的空间结构向辐射式网络化格局优化[2]。周晓虹以浙江省特色小镇为例，认为特色小镇的创建是一种破解有效供给不足、推动产业转型和产业升级的经济模式，其以产业融合为导向，构建现代产业体系，力争在互联网、大数据、云计算等现代信息技术的支持下，在同一个空间范围内实现制造业和服务业甚至现代农业的协同发展[3]，这为产业转型的成功实践提供了具有借鉴意义的方向指引，通过总结其经济模式，可以凝练出一套可复制的发展经验。进入新时代，我国的产业转型实现路径也呈现出多元化特点，利用好各类资源优势，因地制宜打造当地特色产业，能为成功实现产业转型提供更多的可能性。从20世纪70年代至今，元村经历了两次重要的产业转型，构成具有里程碑意义的三个发展阶段，这些发展进程作为前期的经验积累，为后续元村旅游业的繁荣发展奠定了坚实的基础。

二 元村两次产业转型过程

村民刘某回忆，"元村在很多年前是一个非常穷的村子，最早的村庄位置是在现在元村往东的一个山沟里，住的是地窑，当时也只有十几户人，周围村庄的村民都看不起元村。元村在20世纪60年代前后曾经发过一次大水，地处沟谷的元村被洪水淹没而不得已搬迁到现在的位置。搬迁后的村庄土地贫瘠，无地可种，郭书记开始带领村民平整土地，解决村民温饱，又通过跑运输、建水泥厂等方式实现从温饱都解决不了的落后贫穷村向乡村工业农村的发展转变。当时，元村在发展初期除了郭书

---

[1] 李赫然：《以生态文明建设推动农村经济转型升级》，《人民论坛》2018年第24期。
[2] 王凯、朱芳书、甘畅、席建超：《区域产业结构转型升级水平与旅游扶贫效率耦合关系——以武陵山片区为例》，《自然资源学报》2020年第7期。
[3] 周晓虹：《产业转型与文化再造：特色小镇的创建路径》，《南京社会科学》2017年第4期。

记个人的能力和魄力外,还依靠政府的政策和贷款。到 21 世纪初,工业化的发展道路开始走下坡路,村庄发展面临止步的困境,恰逢郭书记的儿子回到元村,提出发展乡村旅游的想法,带着村民搞起了旅游,村庄发展迎来'第二春'"①。20 世纪 70 年代至 80 年代,元村迎来第一阶段的发展。通过集中集体优势发展传统农业,建设农田,提高粮食产量,不仅解决了村民的温饱问题,还为村集体经济的发展创造了一定的物质基础。改革开放以后,在国家政策的支持下,元村抓住时机迈入第二阶段的发展,逐步建立起较为发达的村办工业体系,由此开始从传统农业到工业的第一次产业转型。2005 年以后,元村开始进入第三发展阶段。依托当地的大唐贞观文化和关中民俗文化特色,确立了"休闲文化兴业、旅游富民增收"的发展思路,大力挖掘关中民俗文化资源建设乡村旅游产业,实现从村集体工业到乡村旅游业的第二次产业转型。

(一) 第一次转型:传统农业到村集体工业

20 世纪 70 年代以前,元村是当地有名的贫困村,全村共 37 户,不到 200 人,共有耕地 400 亩,且都分布在弯曲不平的古河道上,是"跑水、跑土、跑肥"的贫瘠地,当时的元村是农民们口中常说的"烂杆村"、"三靠村"(吃粮靠返销、生活靠救济、花钱靠贷款)。恰逢郭、袁、王三大姓的权力争夺,元村宗族斗争激烈,村中人心涣散,村务情况混乱②。为了改善村庄的贫困面貌,自 1970 年 11 月开始,时任村委会书记的郭某带领全村大力发展粮食生产,打井积肥,把坡地改造成了旱涝保收的水浇地。经过多年的坚持和努力,粮食亩产从 1970 年的 160 斤提高到 1978 年的 1650 斤,粮食产量飞跃性增长,实现了户户有余粮,村庄生活逐渐步入正轨。与此同时,村民住房也从 1970 年以前的地坑窑变为村集体建造的传统窑洞式关中民居,住宿条件有了明显的改善,村民生活水平逐渐向好。传统农业的大力发展为之后村庄转型奠定了基础。

改革开放以后,在国家政策的支持下,元村又率先发展村集体工业,开始探索村庄第一次转型。元村开始探索农业之外的发展,从扩大养殖、

---

① 资料来源于元村案例库,案例编号 37。
② 资料来源于元村村史馆。

建水泥厂,到建立比较发达的乡村工业体系。村两委会带领村民充分利用九嵕山石灰石资源,大力发展建材工业,建设白灰窑、砖瓦窑等,并以建材业为龙头,逐步建立起较为发达的村办工业体系。1983年村集体投资70万元,建成了一座年产1万吨的水泥厂,投产当年就获利30万元。1986年将工厂规模继续扩大后,年产5万吨,连续4年产值稳定在80万元左右,占全村工农业总产值的56%,成为村里的支柱性产业。1988年元村成立"农工商公司",制定了"内引外联,借船出海,创办扩建,滚动发展"的发展战略,村办集体工业呈现出良性发展的态势。1990年,村集体先后投资460万元建起了硅铁厂、印刷厂等一批小型企业。与当地建材业发展同步,村里还成立了汽车运输队和建筑队,开办了商业服务部,使工、商、建、运、服各行业得到全面发展。随着村办工业体系的逐渐完善,全村90%以上的劳动力转移到第二、三产业中,工农业产值比重发生了显著的变化,农业仅占总产值的0.5%,工商业则占99.5%。在转型过程中,村集体土地在党支部的领导下进行了整体规划,即第一产业的农业实行户栽村管双层经营体制,第二产业运用"小厂规模,大厂管理"的思维,引进国内外先进设备、技术和人才。2000年以后,元村更是响应国家号召,村两委与村庄经济组织界限明确,政经分离,这一切都标志着元村进入发展现代工业的新阶段。

传统农业的发展不仅解决了村民温饱问题,还实现了村集体经济转型的首要条件——资本积累。元村在农业的资本积累基础上,利用靠近九嵕山以及石灰窑、白灰窑等成本优势,形成了农业、工业、商业相互联结,相互支撑的良性产业结构。村集体根据农业发展的新形势,合理规划土地,经营方式由传统种粮型转变为多种方式并存,此外,大量村民在村办企业工作,村民的收入结构由单一的耕种收入转变为"果业收入+工资收入+村集体分红"的形式。元村的这一转型使村民实现了"小康",同时也为村庄第二次产业转型奠定了基础。

（二）第二次转型：村集体工业到乡村旅游业

2000 年以后，国家出台关停"五小企业"的政策①，元村的水泥厂、白灰窑厂等村办企业的发展遇阻，"五小企业"的停办也切断了村民的主要收入来源，元村再次陷入了发展危机之中，产业转型迫在眉睫。从 2005 年开始，国家实行以社会主义新农村建设为代表，以农村城市化、农村工业化和农村集体产权制度改革为动力，城市支持农村，工业反哺农业，采取"多予、少取、放活"的政策，推动新一轮的经济发展。元村"两委"班子结合当地实际，在国家新农村建设背景下积极转变发展思路，依托当地大唐贞观文化和关中民俗文化特色，打造关中特色文化品牌，确立"休闲文化兴业、旅游富民增收"的发展思路，并于 2007 年成功打造了关中印象体验地。2007 年，元村大力发展乡村农家乐项目，并加大对当地各类产业的投资，建成第一期旅游项目并迅速得到市场的认可。在这轮新村建设中，村两委通过"抓阄"形式分配房屋位置，有意打破元村传统的聚族而居的格局，实现了居住空间上的全面融合。同时，为节省开支，新村建设由社区精英领导，"每户出工"共营共建，全村范围的集体行动再一次增强了村民对集体的认同。经过一系列努力，元村农家乐由 2007 年的 8 家增长到 2008 年的 40 多家，初具规模②。在村庄发展大好的情势下，村民以技术、工艺等形式入股到元村的集体经济中，并通过"村集体"进行利益的分配，"村集体"成为村民们最为重要的社会关系网络以及组织方式③，也成为村庄旅游产业发展的持续动力。

2013 年，元村被市县确定为城乡统筹发展试点村，在县、镇两级的领导下，元村和周边九个村合为"元家大社区"，社区面积共 8.991 平方千米，总人口 10369 人。同时确定"一村带十村"的发展思路，逐步形成一个集原生态农业观光、关中农耕文化体验、农家休闲度假、康体娱

---

① "五小企业"：指浪费资源、技术落后、质量低劣、污染严重的小煤矿、小炼油、小水泥、小玻璃、小火电等。

② 黄鑫、邹统钎、储德平：《旅游乡村治理演变机理及模式研究——陕西元村 1949—2019 年纵向案例研究》，《人文地理》2020 年第 3 期。

③ 黄清燕、白凯：《陕西元村跨地方的乡村性生产与呈现》，《地理研究》2020 年第 4 期。

乐、生态娱乐为一体的综合性休闲旅游示范区。由此，元村实现了由第二产业主导向第三产业主导的农村区域经济的转型。因旅游产业的综合性特征，村庄产业格局演变为第三产业为主，融合带动第一、第二产业共同发展的局面，经济效益覆盖全村及周边十个村庄①。

自成立陕西关中印象旅游有限公司以来，元村不断完善升级旅游市场建设，所售物品种类丰富，极具特色，吸引了来自全国各地的大批游客驻足。据统计，元村有股份合作社14家，在营商户中公益饰品类26家，农家乐60家，酒吧茶馆类17家，客栈酒店类11家，其他类3家，特色小吃类167家，包含康庄老街特色小吃82家、祠堂街小吃39家、回民街小吃46家。在住宿服务方面，元村2015年有农家乐床位791个，客栈酒店床位共451个，可接待住宿人数为1242人（如图1—1）。客栈酒店可接待餐饮人数895人次，农家乐可接待餐饮人数8736人次，除小吃街、作坊街外，可接待的餐饮人数高达9631人次。种类繁多的经营项目吸引了大批游客前来体验，如图1—2所示，自2014年起，元村接待游客量稳步增长，2016—2019年连续四年超过500万人次，2019年已经达到600万人次。村庄旅游总收入也因此逐年递增，2018年起连年收益超过10亿元，除了使本村村民发家致富，元村旅游业的发展还解决了周边村庄近3000人的就业问题，以每人每天60元计，年增加农民工资性收入可达6570万元。元村旅游产业不仅带动了农村经济发展、提高了农民收入，而且将村庄变成了一个环境优美、远近闻名、可持续发展的社会主义新农村，成为陕西省最具代表性的民俗村落以及关中地区乃至全国乡村振兴的模范样本。

元村历经两次产业转型之后，村庄业已形成较为成熟且颇具地方特色的乡村旅游产业体系。首先，以产业融合为核心，积极调动村庄中的资源要素，在保留传统产业优势的基础上，搭建起一、二、三产业共通的发展链条，形成"三产带二产促一产"产业发展格局。在发展民俗旅游伊始，元村确定了推动第三产业快速发展的目标，借助乡村旅游大力

---

① 袁金辉、乔彦斌：《自治到共治：中国乡村治理改革40年回顾与展望》，《行政论坛》2018年第6期。

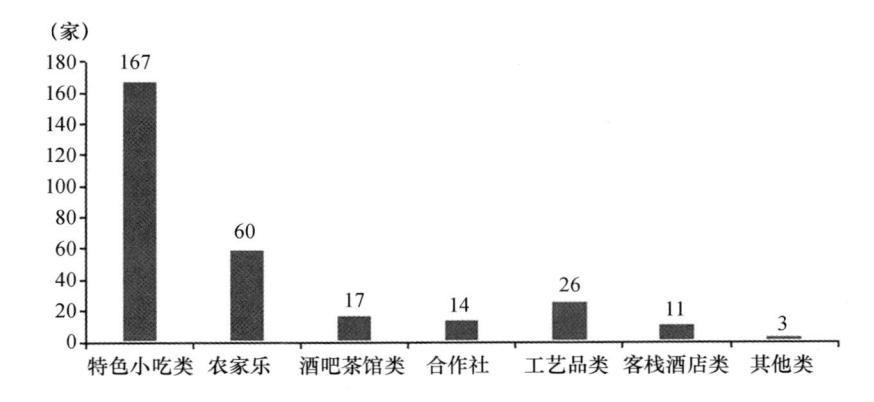

图 1—1　2015 年元村在营商户种类

特色小吃类 167　农家乐 60　酒吧茶馆类 17　合作社 14　工艺品类 26　客栈酒店类 11　其他类 3

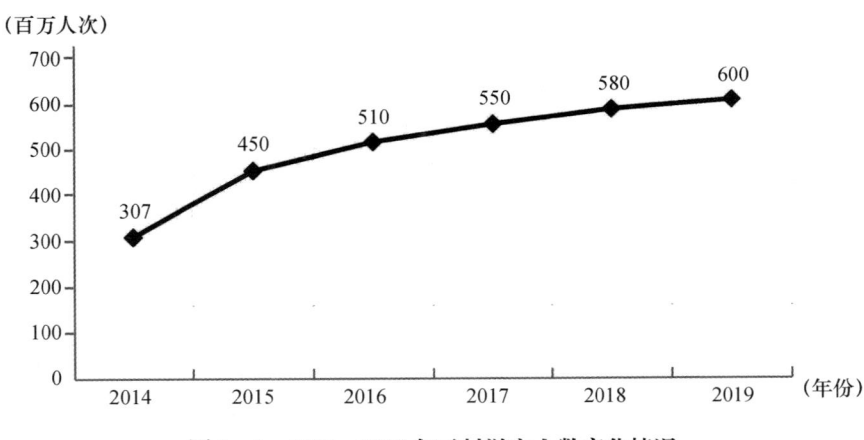

图 1—2　2014—2019 年元村游客人数变化情况

2014: 307；2015: 450；2016: 510；2017: 550；2018: 580；2019: 600（百万人次）

发展第三产业，兴盛手工作坊形成了"前店后厂"和加工企业，企业的不断转型升级拉动第二产业发展壮大，进而提升对优质农副产品的需求，推动第一产业规模持续扩大，构建了一个相容共生、互补兼顾、层次递进的村集体经济闭环产业链和成熟的商业模式。目前，元村共有农副产品加工企业 10 个，旅游服务企业 6 个，建成菜籽、玉米、大豆、红薯等优质农产品基地 14 个；其次，元村积极把握产业发展态势，一方面注重打响当地特色产品品牌，另一方面也积极迎合游客的多元需求拓展产业覆盖范围，为产业持续发展提供有力支撑。通过乡村旅游产业实现村庄产业转型的案例有很多，但大多难以与元村齐眉并肩。元村强力打造关中特色文化品牌，以正宗的地方小吃和传统的民俗文化，以及自产自销的农副产品为基础建立自己的产业融合发展链条，并与周边村庄保持着良好的产业流通关系。同时，又积极发展农村电子商务等产业新业态，开设线上品牌旗舰店和 15 家"元村城市体验店"，建立乡村中的巢状市场，缩短了农户和市场的距离，也满足了农户和游客的多元需求，积累了大量的经济资源和发展经验，为村庄产业后续升级转型提供强劲的动力。

第三节 集体经济：产业转型的基础

集体经济是中国农村经济制度的主要形式，王景新等学者认为中国特色社会主义集体经济，是土地等资源和其他共有资产分别归乡（镇）、村、组三级农民集体所有，采用成员优先、市场调节等多种手段配置资源，实行统分结合的双层经营体制和"多元化、多层次、多形式"的经营管理方式，按集体经济规则和生产要素相结合的分配方式分享收入的公有制经济[①]，是中国农村发展过程中无法回避的重要议题。为实现农村经济全面发展以及完成共同富裕的目标，集体经济发挥着重要的作用。张忠根、李华敏认为在当前体制下，村级集体经济在保障农村基层组织正常运转、提供农村公共设施和服务、建立和完善农村社会福利和社会保障体系等方面承担着重要的责任，在社会主义新农村建设中起着十分重要的作用[②]。袁新敏和张海燕认为村级经济不仅具有加强农业、稳定农村、富裕农民的独特作用，而且是深化农村改革，提高农民组织化程度，推进农村产业化、规模化经营的客观要求，也是整合农村资源、协调城乡发展、缩小城乡差距、实现共同富裕的重要途径[③]。谢地、李雪松认为

[①] 王景新、彭海红等：《集体经济村庄》，《开放时代》2015 年第 1 期。
[②] 张忠根、李华敏：《农村村级集体经济发展：作用、问题与思考——基于浙江省 138 个村的调查》，《农业经济问题》2007 年第 11 期。
[③] 袁新敏、张海燕：《长三角地区村级经济发展的新阶段、新环境与新定位分析》，《华东经济管理》2008 年第 3 期。

农村集体经济存在形式、载体形式、实现形式的"耦合"有利于农业基础设施建设与机械化发展，有利于农村一、二、三产业融合发展，有益于广大农村地区打赢脱贫攻坚战①。首先，集体经济通过传统产业与新兴产业的有效结合，能够促进农村地区产业结构的调整与完善；其次，农村集体经济也有助于农民生活富裕，将分散独立的小农户结合起来共同抵御市场的风险，保障农民收入的稳定与提升；再次，集体经济将农民联结成为"你中有我、我中有你"的利益共同体，激发了农民合作的积极性，对村庄凝聚力建设也具有重要意义。然而，随着农村生产力水平和城镇化水平的提高，农村集体经济的发展具备了现实可能性，但是仍然存在诸如社会舆论偏见、政策支持缺乏、基层党组织有待加强、集体主义观念弱化、人才缺乏等问题，影响集体经济的发展②。对此，邓大才认为"中国式产权制度"更易形成集体经济，它的实现形式取决于产权结构与利益结构的组合，集体经济有效实现的程度和有效实现的区间则取决于产权、共同利益和比较利益之间的关系③。徐勇、赵德健指出，农村集体经济的有效实现形式需要产权相叠、利益相关、要素相加、收益相享、治理相适、主体相信、政府相持、头人相带等条件，不同条件下的集体经济实现形式也不尽相同④。孙蔚认为集体经济的发展途径包括开发资源型、经营土地型、服务创收型、资产经营型、整理开发型等，以此可以拓宽集体经济增长渠道⑤。余生瑞等人认为村集体经济的发展有以下几种模式：一是借助区位的优势，进行物业开发和租赁经营；二是充分利用现有资源优势，将资源优势转变为经济增长点；三是开展资本经营，可以通过投资、开发等手段发展社区集体经济；四是推行社区股份制改革，成立股份经济合作社；五是实施帮扶工程，合理配置资源，促

---

① 谢地、李雪松：《新中国 70 年农村集体经济存在形式、载体形式、实现形式研究》，《当代经济研究》2019 年第 12 期。
② 彭海红：《中国农村集体经济的现状及发展前景》，《红旗文稿》2010 年第 23 期。
③ 邓大才：《产权与利益：集体经济有效实现形式的经济基础》，《山东社会科学》2014 年第 12 期。
④ 徐勇、赵德健：《创新集体：对集体经济有效实现形式的探索》，《华中师范大学学报》（人文社会科学版）2015 年第 1 期。
⑤ 孙蔚：《村级集体经济发展滞后的原因及对策》，《行政与法》2007 年第 10 期。

进社区集体经济平衡发展①。

学界在以往研究中大都注意到了集体经济是村庄发展的重要路径。现阶段，在乡村振兴的大背景下，不少地区的实践经验证明，集体经济已经成为乡村旅游产业发展的强有力基础，村庄集体经济在产业转型中所发挥的作用以及优势剖析是值得深思的重要议题。

一　集体经济是元村产业转型的核心支撑

中国农村集体经济有两种类型：一是建立在生产资料集体所有基础上，以集体统一经营、劳动产品统一分配模式为主的社区集体经济，载体为农村集体经济组织；二是以产权清晰为前提，通过劳动群众出资入股等方式将生产资料集中起来实行集体经营的合作经济，其组织载体为合作社或股份合作社等农民合作组织②。这两种农村集体经济形式恰好在元村的建设发展历程中得以充分体现。

"以村集体领导为核心，村集体平台为载体，构建产业共融、产权共有、村民共治、共建共享的村庄集体经济"是元村发展的主要脉络，通过集体经济为乡村旅游业的发展提供启动资金，又通过乡村旅游产业推动村庄集体经济的持续壮大。20世纪70年代，元村是一个自然条件很差、文化底蕴不足、依靠传统农业为生的"深度贫困"村庄。1980年初，农村推行"包产到户""包干到户"的家庭联产承包责任制，党的十一届三中全会以后，家庭联产承包责任制逐步在全国推行，到1983年初，全国农村已有93%的生产队实行了这种责任制。在这样的大趋势下，1992年元村村委会为了防止土地撂荒，提高土地的利用率，将土地分给村民耕种，但是这并不是真正意义上的"分田到户"，而是"形分实不分"，土地仍然归村集体所有。尽管如此，名义上的家庭联产承包责任制还是将农户高效地组织起来，兴修水利，规模经营，不仅提高了土地产量，解决了农民的温饱问题，而且带来了农民的丰收，有了一定的粮食剩余。

---

① 余生瑞、方月仙、牛艳玉：《开源节流 双管齐下 发展壮大村集体经济》，《农村经营管理》2008年第8期。

② 黄延信：《发展农村集体经济的几个问题》，《中国经济时报》2014年12月19日。

首先，无论是村庄第一次转型时期所修建的厂房，还是第二次转型当中打造的关中印象体验地，都是村集体根据实际发展需要对集体土地进行整体规划的结果。现在的元村依然有集体土地630亩，村集体资产高达10亿元以上。

在村集体工业转型到乡村旅游业过程中，元村又以村庄集体平台为载体，组建股份合作制集体经济组织。盘活集体和个体农户的闲置资产，个体与集体利益紧密结合。在产业转型升级过程中，元村积极实施产业融合，不断提档升级，推进产权共享和三股改革，股权结构由基本股、交叉股、调节股三部分构成。基本股是将集体资产进行股份制改造，集体保留38%，62%分配到户，每户平均20万元，每股年分红4万元，只有本村集体经济组织成员才能持有，缺资金的农户以土地每亩折价4万元入股。交叉股为集体旅游公司、村民合作社、商铺、农家乐相互持有股份，交叉持股460家商铺，可自主选择入股店铺。调节股是全民参与、入股自愿、钱少先入、钱多少入、照顾小户、限制大户，凡是参与社区集体经济组织的成员都可以持股。对于旅游公司、其他商户等经营性主体，也可自主选择入股的店铺，互相持有股份。元村2012年在作坊街成立各类作坊合作社，并于2015年成立小吃街合作社。作坊街合作社选取其中效益较好的作坊由村民入股将其做大做强，而小吃街合作社则以每户20万元的标准为60户村民设置3000万元股份。在商户的日常经营过程中，每一家商铺的门口都会有一个收款箱，日收入均直接转入村委会财务处后再做统一分配。由于元村村民家家有股份、人人是股东，以利益同享为核心，各个主体共进退、同发展，避免了村庄中的恶性竞争和"搭便车"现象，也增强了村庄内部的团结。同时，元村通过调节收入分配和再分配，避免两极分化，实现村民利益均衡，农民人均纯收入中入股分红、房屋出租等财产性收入占40.1%。两次产业转型的成功皆离不开村庄集体经济的支撑和助力。

二 集体经济发展的优势剖析

集体经济作为乡村旅游发展的基础，对于乡村产业转型的实现具有基础性作用。元村发展乡村旅游伊始，获得政府政策的支持力度较小，但元村仍坚持自身的发展理念，依托村庄雄厚的集体经济，耗资1700万元打造了作坊街、农家乐、小吃街等特色街道。大规模资金的集中性投入，充分显示了村集体经济的优势，为元村的成功转型提供了重要的经济支持。随着后期回民街、酒吧街、书院街等的相继建造，元村的乡村旅游逐步形成了规模效应，生产、管理成本随之降低，从而提高了经济效益，进一步凸显了集体经济的优势。同时，由于集体经济具有资源优势、组织优势、凝聚力强的特点，极大地调动了元村村民的热情，激发了群众参与旅游业发展的内生动力，在旅游业发展过程中，元村村民呈现出高积极性、高参与性的特点。可以说，村集体工业发展中所积累的坚实经济基础是乡村旅游业兴盛的重要推动力。村集体经济作为村庄发展的动力，对村民凝聚力的形成与社区认同感的建构发挥了重要的作用。另外，乡村旅游业的发展又进一步壮大了集体经济的势力，集体经济为提高村民收入、带动村民共同富裕指明了方向，使元村成为当代乡村发展中"共建、共治、共享"的典型代表。因此，元村集体经济的成功对于其他农村地区发展问题的解决具有良好的示范作用，剖析其在发展中的优势具有重要意义。

（一）集体经济提供原始资本积累，形成规模效应

元村的每一次产业转型都离不开集体经济的原始资本积累，这种原始资本积累与产业转型间的关系是层层嵌套、步步联结，资本的积累也带来了土地、劳动力和技术的集聚，形成了一定的规模效应。第一次产业转型过程中，在村干部的积极带领下，元村通过系列措施积极发展农业，这不仅解决了村民的基本生存问题，更重要的是，农业发展所带来的附加值，为村集体经济第一次转型带来了新的转机。可以说，没有这次的资本积累，就没有元村两次产业转型成功的可能性，这对于元村两次产业转型的成功实现发挥了重要的奠基作用。元村借助发展农业的资本积累，精心筹划，科学研判，利用靠近山体以及石灰窑、白灰窑等投入低的产业优势，迈出了工业发展的第一步，为以后的村庄发展掘得又一桶金，完成了第二次产业转型的资本积累，相比于农业发展带来的资本积累，此次集体工业的发展水平和质量虽然不高，但却大大优于发展农业所带来的单一收入结构，实现了农工商并举，各行业相互联结、相

互服务的良性产业结构。元村在第二次产业转型过程中，打造原汁原味的作坊街、小吃街等关中民俗特色建筑所耗资金均来自村集体经济收入，村庄集体经济的优势尽显，并在随后的村庄建设中形成更进一步的规模效应，实现集中连片的产业发展体系。

（二）集体经济有利于村庄整体规划

集体经济的功能已经不再局限于致富功能，更多的是地方经济发展的"聚合—分配"职能①。在村集体经济发展过程中，元村村民逐渐从土地中解放出来。1992年，村两委为防止土地撂荒，将土地形式上强制分给村民耕种，土地实际使用权依然属于村庄。在集体经济下，无论是第一次转型时期修建厂房，还是第二次转型当中修建作坊街、小吃街等，都是村庄土地整体规划的过程。在整体规划之下，村庄对土地进行统一管理，一方面，对有限的土地资源加以整合从而合理利用，避免了土地浪费，实现了土地利用率的最大化；另一方面，土地整体规划，整体获利，很大程度上为村庄的进一步发展提供了便利，也避免了私人因土地问题引发的各类矛盾纷争和邻里关系破坏，有利于建设和谐乡村。因此，农村集体经济中的资金、资产、资源合理有效利用，是村集体经济取得成效的关键。村庄集体经济将村民组织起来，联结在以利益为核心的共同体之内，加强了彼此之间的凝聚力，也有助于村庄的整体发展与规划。在村集体组织的号召与动员下，全村村民共同参与乡村旅游的发展与治理，从而使村庄规划合理有序，并不断践行着共建共享的文化理念。

（三）集体经济发展过程中村民始终是受益者

集体经济的发展，不仅使元村村民走向了致富之路，更塑造了新型农村集体经济下农民的精神气质，激发了农民的内生性动力和主体意识，使农民成为自我发展的主人，充分发扬主人翁意识。集体经济组织能将农民有效地组织起来，以集体的形式进入市场，势必减少交易成本，增加农民收入②。规模化、高水平的农村集体经济是农民致富和维护权益的

---

① 马超峰、薛美琴：《村集体经济再认识与集体经济再造——来自浙江省126个集体经济薄弱村的调查》，《经济与管理》2015年第1期。

② 朱有志、陈文胜：《中国特色农业现代化新型农村集体经济发展研究，《求索》2010年第1期。

根本保障，是中国农业发展的根本方向，是加快转变农村经济发展方式的制度变革和路径选择，是实现农业现代化的必由之路①。正是有了村集体经济，才有了如今的生机勃勃的元村。"三靠村"时代的元村一穷二白，在郭书记带领下，举全村之力改造土地发展农业和村集体工业，随后根据农业形势发展的需求，村庄把土地从种粮型转变为多种经营，部分土地实行科学种植果业，村民的收入结构也由单一的种粮收入转变为"果业收入+工资收入+村集体分红"的形式。在第二次产业转型中，村民既可以自己经营店铺，又可以以资金、土地等形式入股，收入形式逐渐丰富，呈现多元化特点。新型农村集体经济的壮大，有力地促进着农民发展，二者之间具有内在的统一性。新型集体经济有利于提升农民的本质力量、增强农民的主体意识、提高农民的综合素质、保障农民的基本权益②。随着经济收入的增加，农民的干劲增强，精神风貌也更加昂扬向上，精神文化活动不断丰富，在办好乡村旅游业的同时，可以与来自五湖四海的游客建立关系网络，增长见闻。两次转型之后，元村村民温饱问题和富裕问题逐步解决，并逐渐步入小康生活。

（四）集体经济是提供农村公共产品的基础力量

乡村社区公共财力对于乡村社会秩序的维系和乡村治理风貌产生着直接的影响③。在元村发展过程中，公共产品的供给形式逐渐丰富，公共产品在改善村民生活的同时也促进了村庄的发展，促进了乡风文明和治理有效，这一切都得益于村集体经济的发展，村集体经济成为提供村中公共产品的基础力量，为村庄基础设施建设、房屋修建、养老补贴和安保工作等方面提供了全方位的服务保障。首先，集体经济的营收为村庄内部的道路桥梁厂房及村中基础设施建设提供了大量资金，极大地便利了村内的交通往来，增强了对外交流和联系；其次，村集体利用集体经济营收在1976年和1996年两次建设新房，并无偿分配给村民，解决了村

---

① 赵智奎、龚云、彭海红、常伟：《实施乡村振兴战略，壮大集体经济（笔谈）》，《河南社会科学》2020年第5期。
② 翟新花、赵宇霞：《新型农村集体经济中的农民发展》，《理论探索》2012年第4期。
③ 吕方、苏海、梅琳：《找回村落共同体：集体经济与乡村治理——来自豫鲁两省的经验观察》，《河南社会科学》2019年第6期。

民住危房、旧房的难题，保障了农民的居住条件；再次，村中规定，超过60岁的本村老人可享受每年2000元的补贴，这对于村庄养老问题的解决起到了一定的促进作用，减轻了子女部分的养老压力，使老人自己老有所得，减少对子女的依附，提升了老年人的生活水平和自尊；最后，集体经济营收还负责村中环卫工人和安保人员等公共服务人员的工资，为村庄安全建设和村庄环境治理提供了重要的经济支持。

三 盘活集体经济，助力乡村产业发展

我国农村集体经济组织经历了四个发展阶段：一是1949—1956年土地所有制转变过程中的集体经营形式；二是1957—1977年"三级所有、队为基础"的人民公社组织形态；三是1978—2011年"双层经营体制"下集体经济组织呈现的多元化态势；四是2012年至今"产权制度改革"引领的农村集体经济组织新发展。集体经济的四个发展阶段层层递进，从雏形逐步发展到深入，在国民经济发展中发挥了越来越显著的作用。调查资料显示，截至2018年底，中国村集体经济组织总数已达至29.34万个，占总村数的50.3%，其中多地农村集体经济，组织数量已超过2万个。村集体经济组织资产总计4.24万亿元，其中经营性资产1.36万亿元[1]。自农村集体产权改革制度实行以来，全国已有超过13万个农村集体经济组织完成了集体产权改革，确认集体成员2亿多人，累计向农民股金分红3251亿元[2]。

就集体经济的发展前景来看，农村集体经济改革将决定农业产业组织发展的方向，未来多类型农业产业组织并存的格局将继续存在，农业产业组织的进一步深化将推动农业产业的发展[3]。在乡村振兴和乡村产业发展背景下，国家对村庄集体经济发展出台了一系列政策。在改革初期，

---

[1] 农业农村部农村合作经济指导司、农业农村部政策与改革司：《中国农村经营管理统计年报（2018年）》，中国农业出版社2019年版。

[2] 于雅璁、王崇敏：《农村集体经济组织：发展历程、检视与未来展望》，《农村经济》2020年第3期。

[3] 黄祖辉：《改革开放四十年：中国农业产业组织的变革与前瞻》，《农业经济问题》2018年第11期。

突破农业农村发展的体制机制上的障碍，以新的思路发展：以新的思路发展农村集体经济；在市场取向改革时期农村集体经济在市场取向改革时期，以发展农业生产服务，拓展农村集体经济的产业领域等多种政策措施促进农村集体经济的发展；在社会主义市场经济确立和逐步完善时期，则探索农村集体经济的有效实现形式，使农村集体经济与社会主义市场经济相适应；在新时代，重视农业经营方式的创新，全面推行农村集体产权制度改革，助推农村集体经济的发展[①]。2020 年，中央一号文件中强调了农村基层组织在集体经济发展中的作用，提出要发挥基层组织力量，组织群众发展乡村产业，增强集体经济实力，带领群众共同致富，动员群众发挥主人翁精神参与到乡村治理中，加强和谐农村建设，培育文明乡风。

建立集体经济与产业转型相辅相成的良性互动是乡村振兴背景下整合农村资源、激发村庄发展活力的有效路径。乡村产业发展可以与乡村旅游规划相结合，不断延长农业产业链。"十三五"规划中明确了农业和旅游业融合问题，又在农业现代化"十三五"规划具体论述了乡村旅游资源、产品、设施、社会资本激励措施和保护乡村文化，提出改善乡村旅游设施条件，并将乡村旅游作为重要的扶贫产业，明确涉农资金可以投入旅游项目[②]。对乡村旅游进行科学的前期设计，打造具有特色的乡村产业发展模式，从而因地制宜发展农村现代化产业，不断深化和拓展传统农业产业链，将产业链延伸到农产品加工业和流通业，甚至观光旅游业等第二、三产业，形成新型网络型农业产业链[③]，形成良性的发展效应，实现农业产业转型与乡村经济发展的双向提升。当然，乡村产业并非一朝一夕就能取得长久持续的稳定发展状态，这其中也需要大量的经济支持和灵活的资金链条，使其能够成为长期性的乡村致富途径。因之，

---

① 马桂萍、崔超：《改革开放后党对农村集体经济认识轨迹及创新》，《理论学刊》2019 年第 2 期。

② 李玉新、吕群超：《乡村旅游产业政策演进与优化路径——基于国家层面政策文本分析》，《现代经济探讨》2018 年第 10 期。

③ 王祥瑞：《产业链过窄过短是农业增效农民增收的最大障碍》，《农业经济》2002 年第 9 期。

大力建设发展乡村集体经济组织是关键。一方面，建立健康的农村集体经济，能够实现村庄经济资本的积累，为长效发展奠定坚实的基础。另一方面，村庄的产业发展又反过来盘活集体经济，促进集体经济组织的稳定运行，能够缩小村民的生活差距，建立村庄的集体认同感以实现共同富裕。因此，要推动农村集体经济健康发展，须以实现和维护农民利益为根本前提，进一步提高集体经济组织的市场竞争力，增强集体经济发展模式创新的可持续性，处理好农村集体经济组织与农民合作社、农户及其他市场主体的关系，跳出"改革—挂牌"的形式逻辑，实质性地推动农村集体经济实现形式和组织形式的创新①。要正确理解发展壮大农村集体经济的现实作用，坚持因地制宜，贯彻科学发展观，坚持强村与富民统筹发展，尊重广大村民的意愿，坚持改革创新，遵循股份合作制经济组织运行的基本规律②。

乡村产业发展离不开集体经济的支撑，农村产业转型与一、二、三产业融合以及打造乡村旅游产业皆离不开集体经济的支持。元村的两次产业转型以及三个发展阶段的实践经验，凸显了集体经济的重要意义，正是集体经济发展过程中的资本积累，为村庄后续的转型和建设提供了持续的动力，集体经济成为乡村产业发展以及乡村建设的坚实基础。与此同时，在乡村工业发展以及旅游产业开发的过程中，村庄并未单方面地汲取集体经济的养分，反而不断激活集体经济的发展模式，将其与新时代背景下的政策和村庄实际资源相结合，建立各类股份合作社并打造具有本土化特色的产业链条，在壮大集体经济组织的同时，也促进产业转型升级，集体经济与村庄产业真正实现了互促互利、共建共赢。毫无疑问，在全面建成小康社会、推动城乡一体化发展、促进农业现代化的大时代背景下，盘活乡村集体经济，助力乡村产业发展将成为乡村振兴的有效路径。

---

① 高鸣、芦千文：《中国农村集体经济：70 年发展历程与启示》，《中国农村经济》2019 年第 10 期。

② 吴晨：《对我国农村集体经济发展状况的实地调查》，《经济纵横》2010 年第 1 期。

第四节　小结

　　元村是关中地区知名的旅游型村庄，其从贫穷到富裕的成功背后离不开至关重要的两次产业转型，更离不开村庄集体经济的大力支持。产业转型与集体经济成为元村蓬勃发展的两股关键力量，集体经济为产业转型奠定了坚实基础，产业转型又同时不断壮大着村庄集体经济，两者相辅相成的合力促成了元村的乡村转型与可持续发展。

　　回顾元村两次产业转型的历程发现，第一次产业转型成功构建了村庄集体经济积累的原始基础，为第二次产业转型提供了丰富的资金支持。产业转型之前的元村虽然在村庄性质上无异于全国其他村落，依靠农业耕种为生，以农业发展为出路，但实际上，元村却一度陷入土地贫瘠、温饱不足、生活贫困的窘境。在此背景下，村庄政治精英带领村民积极探索村庄转型之路，学习借鉴致富经验，将目光放在了发展产业的路径上，开始响应国家工业发展的号召，竭尽所能地利用村庄周边矿产资源，调动人力资源，集资建设水泥厂、瓦窑厂，并进一步构建村办工业，将村集体工业边发展边壮大，最终形成初具规模的元村工业体系。当然，村庄工业体系的建立并未使元村发展止步于此，村庄政治精英又继续改革工厂经营模式、优化设备技术并集中规划土地、扩大工厂规模，使元村的工业发展呈现出稳定且持续的上升态势。

　　元村的第二次产业转型是出于村庄可持续发展而进行的探索与尝试，得益于第一次转型中积累的集体经济基础。当国家对工业的发展进行规范和优化后，元村原本以矿业、建筑业为主导的工业体系面临发展瓶颈，严重阻碍了村庄的产业发展，迫使元村不得不进行第二次产业转型。转向哪里？又该怎么转型？这是元村亟需解决的现实问题。村庄政治精英反复讨论和学习之后，最终将第二次产业发展的起点放在了乡村旅游开发上，试图通过对本村和周边村庄资源的整合与再造，以旅游产业持续推进村庄发展。当然，无论是资源整合还是新一轮的产业开发都离不开资金的支撑，而第一次产业转型所积累的村集体经济成为旅游业发展的初始基础。元村充分利用这些资本优势筹措建设农家乐项目，以农家乐作为乡村旅游发展的第一步，并随后逐渐打造关中美食和关中民俗文化拓展乡村旅游的规模，最后建立集住宿、娱乐、休闲、康体等众多元素为一体的乡村旅游文化体验地。元村彻底实现了第二次产业转型，形成了三产融合的多结构产业链条，塑造了其独有的乡村旅游市场。

同时，第二次产业转型的成功经历又反过来壮大了村庄集体经济，并进一步形成了产业发展与集体经济相得益彰的村庄发展新模式。乡村旅游规模不断扩大不仅改变了元村的产业结构，还使村庄内部形成了具有等级特征的旅游市场，吸引了周边村庄乃至全国各地商人的入驻与投资，在多方力量的共同参与下，元村的集体经济以投资、入股和分红的方式得以不断壮大，村民收入连年增长，村庄的开发和投资也更加多元丰富。当前，元村不只是远近闻名的乡村旅游村落，更是镇域范围内的综合贸易市场，外来的商品在元村售卖流通，元村的特色农产品和小吃副食也源源不断地向外销售。交易所得统一归村集体所用，并按照股份配额分配给村民和投资者，村庄保持着稳定的集体经济积累。

元村的产业转型与村集体经济发展的相互作用共同铸造了村庄的变迁，也不断推动着乡村旅游的丰富性和可持续性，同时也影响着村庄的治理模式、人际交往关系和村庄的政治经济地位。元村的成功虽然典型，但也并非不可复制，产业转型和村集体经济正是元村发展的命脉。在我国当前的乡村转型与发展背景下，已经有不少村庄试图通过产业转型来实现乡村振兴，解决村庄的发展问题，产业转型成为村庄致富的有效路径之一，通过产业结构的调整不仅能够更好地迎合市场需求，还能丰富农民的收入层次，增加村庄的整体收入。同时，也有不少村庄通过发展集体经济，建立合作社等形式探索新的发展路径，各类合作社以入股分红的形式将村庄中的人力、物力以及财力充分组织起来，为村庄协同发展奠定基础。上述两种村庄发展模式皆取得了显著成效，为乡村振兴提供了有益借鉴。元村的发展路径则在上述两种思路的基础上更进一步，以村庄管理层为骨干，将产业转型与村集体经济相结合，将两者高效耦合至村庄的发展与规划之中，形成相辅相成的发展合力，进而创造了可持续的乡村发展模式，这为我国乡村振兴提供了新思路。

第 二 章

村庄精英与旅游村庄的发展

第一节 乡村政治精英构成及其特征

一 元村政治精英的基本情况

（一）乡村政治精英的界定

元村自进入 21 世纪以来，积极响应"发展乡村旅游"和"建设社会主义新农村"的号召，大力发展乡村旅游产业，完成了第二次产业转型。元村旅游业不仅带动农村经济发展，提高农民收入，而且将村庄变成了一个环境优美、文化特色鲜明、可持续发展的社会主义典型新农村。元村人在探索符合自身实际条件的发展道路的同时，也创立出一套保证元村发展机制逐步完善的体系。乡村政治精英作为政府与农民之间的纽带，在乡村旅游发展与村庄转型的过程中发挥着积极的推动作用。

学界关于乡村精英的研究已有不少成果。黄博和刘祖云认为，"我国的乡村治理现象实质上是一种精英治理现象"[1]。郎友兴指出"如果离开对精英的考察，那么就很难正确地理解中国乡村民主化的启动、进展及其特征"[2]。事实上，乡村政治精英是乡村精英的一种类型，王汉生较早研究中国农村精英结构，认为乡村精英由党政精英、经济精英和社会精英组成。其中，党政精英包括乡镇干部和村干部，经济精英有集体企业管理者和农村私营企业主，而社会精英则由在品行、能力、经验、知识

---

[1] 黄博、刘祖云：《中国"乡村精英"研究的脉络和走向》，《湖南农业大学学报（社会科学版）》2011 年第 5 期。

[2] 郎友兴：《民主政治的塑造：政治精英与中国乡村民主》，《浙江学刊》2002 年第 2 期。

等方面具有优势并在社区范围取得较高威望的人组成①。此外，贺雪峰提出了治理精英——非治理精英的二分法②，金太军在此基础上把农村社区精英分为掌握正式资源的体制内精英和掌握非正式资源的体制外精英③。而对乡村政治精英的界定，学界较为集中的观点认为"政治精英"更多地掌握着权威性资源，从而影响组织权力的分配格局，主要指村干部④。高永久、柳建文提出，政治精英的形成必须具备个人品质（如智力、勇气和意志）的因素，在一定价值体系和制度框架中领导者经验、能力和功绩的积累，以及其他社会精英的帮助等条件⑤。因此，可以认为乡村政治精英大多数情况下指的是位于中国政治体制之内，掌握国家和社会所赋予的正式权力，有突出的个人能力，服务于村庄治理且对乡村发展方向有影响力的村干部群体。

关于研究政治精英地位和作用的理论，杨善华总结为："双轨政治""士绅操纵""经纪体制""主人—代理人"理论，"边际人"理论、"保护人、代理人、承包人"理论，"庇护关系"理论等⑥。徐勇的"双重角色"理论认为，农村政治精英充当着上级政府的"代理人"和村庄的"当家人"⑦。将村干部的角色定位为"当家人"和"代理人"，是学界之前研究中比较多的说法，也是中国基层群众自治制度中对村干部职责的基本要求，于上传达国家政策，于下为群众发言，发挥上传下达的作用。

对于元村而言，在乡村旅游业的发展中发挥重要作用的不是某个政

---

① 王汉生：《改革以来中国农村的工业化与农村精英构成的变化》，《中国社会科学季刊》1994 年第 9 期。
② 贺雪峰：《缺乏分层与缺失记忆型村庄的权力结构——关于村庄性质的一项内部考察》，《社会学研究》2001 年第 2 期。
③ 金太军：《村庄治理中三重权力互动的政治社会学分析》，《战略与管理》2002 年第 2 期。
④ 仝志辉：《选举事件与村庄政治》，中国社会科学出版社 2004 年版，第 13 页。
⑤ 高永久、柳建文：《民族政治精英论》，《南开学报》（哲学社会科学版）2008 年第 5 期。
⑥ 杨善华：《家族政治与农村基层政治精英的选拔、角色定位和精英更替——一个分析框架》，《社会学研究》2000 年第 3 期。
⑦ 徐勇：《村干部的双重角色：代理人与当家人》，《二十一世纪》1997 年第 8 期。

治精英，而是一个以村两委为代表的政治精英群体。从他们在元村产业的两次转型、元村关中特色旅游开发与整体设计的行为选择中看，与其说他们是元村的"当家人""代理人""保护者"，不如说他们是元村的"建设者"。他们不仅将国家的政策方针充分吸收，传达给村民，同时充分利用乡土社会中的规则，调动村民的积极性进行元村的硬件设施等物质建设，充分利用农民的心理需求进行精神层面的建设。元村政治精英在乡村旅游业的发展中积极合理规划，通过开发传统文化民俗资源为乡村建设积累集体资本，同时加深村民的集体认同感；在元村旅游业的关键环节——食品卫生、景区安全方面，都将村民纳入了管理和监督体系，并且建立"全民共享"的利益分配机制，使得村民能够享受旅游产业发展的成果，增强元村的凝聚力，元村政治精英还重新制定《元村村规民约》，构建了元村"软约束"机制。当一个村庄的内在精神得以重建，村民之间的联系日渐紧密，村庄的共同建设才成为可能，村民才能共享发展成果，安居乐业。而元村乡村旅游业的发展也正是在这种理念下进行的。诚然，由于村庄所处的自然环境和社会环境的差异，农村政治精英的地位也各有不同，但是如若可以充分发挥农村政治精英"建设者"的角色，必然能有更多像元村一样的村庄，或在乡村旅游业，或在其他领域实现村庄的新发展。

（二）元村乡村政治精英的构成情况

20世纪70年代以前，元村并没有真正意义上的"政治精英"。彼时，即使是生产大队的队长，也常常面临选不出来的局面，只能采取轮流担任的策略。因此，元村队长这一职位的流动性极强，被迫上任导致这些队长对元村的发展并未做出实质性的贡献。据了解，元村在十年间连换35任队长，全村37户中有35户都轮流担任过队长，而剩下的2户则是因为身体健康不允许。

20世纪70年代以后，是元村乡村政治精英的真正崛起时期。事实上，元村政治精英的崛起是以元村的发展转型为背景的。元村的发展所经历的两次转型——从传统农业到村集体工业、村集体工业到乡村旅游业，分别是在以GYL为代表的第一代乡村政治精英和以GZW为核心的第二代乡村政治精英的推动下实现的。

表 2—1　　　　　　　　　元村主要政治精英

姓名	性别	出生年份	学历	是否党员	职位（2015 年）	主要责任
GYL	男	1945	初中	是	原支部书记	统筹全局，谋划发展
GZW	男	1971	大专	是	支部书记	统筹全局，谋划发展
ZJQ	男	1955	初中	是	村委会主任（周东组组长）	政策宣传
GJW	男	1968	高中	是	村委会副主任（元组组长）	政策宣传
YSW	男	1962	高中	是	村委会副主任	食品安全和村务监督
ZM	女	1971	大专	是	党支部委员/会计	财务及基础设施建设
WCZ	男	1986	大专	预备	村委会副主任	接待和基础公共事务
SYJ	男	1986	大专	预备	村委会副主任/团委书记	交通，治安，平安创建
ZZT	男	1967	初中	是	党支部委员（周西组组长）	维稳巡逻

第一代政治精英的出现是以 GYL 的上任为起点的。1972 年，元村成立党支部，GYL 任支部书记。彼时的元村领导班子是以 GYL 为核心，以 GZW、ZX 等人为成员。GYL 出生于 1945 年，于 1970 年开始担任大队长，曾担任党的十一大、十二大、十四大代表，被评为全国先进党务工作者、全国劳动模范等。1992 年还担任了礼泉县县委副书记，是元村发展至今的奠基人。以 GYL 为代表的第一代政治精英在元村农业与村集体工业发展期间，带领村民充分利用九嵕山石灰石藏量极其丰富的优势，大力发展建材工业，建白灰窑、砖瓦窑等，并以建材业为龙头，逐步建立起较为发达的村办工业体系。

第二代乡村政治精英主要指现在的元村领导班子，不同于 70 年代书记统管一切的方式，元村形成了由村党支委会、村民委员会和管理公司三部分构成的完善的管理体系。其中，周东党支部、周西党支部并入元村党支部委员会。基于党为人民服务的宗旨以及村庄日常事务的分类，元村党支部对委员进行了设岗定责。设定政策宣传岗、环境卫生岗、矛盾调节岗、技术服务岗、维稳巡逻岗、财务监督岗等 6 个岗位并分派各委员负责特定岗位工作。元村村委会由三个村组组成：元组、周东组和周西组，各组组长由村委会成员担任，班子成员由 5 名村民组成，除了两人是预备党员外，其余都是党员。元村有 3 个独立的财务：村委会、支委会和关中印象旅游有限公司。村两委的财务虽然各自独立，但为了统筹整合和调度资源，由 ZM 一人兼任两职。而关中印象旅游有限公司作为村集体的经济，财务上不受村"两委"的干涉，公司现任财务总会计是 2013 年正式聘请来的专业人员李某。旅游公司的成本、收益、分红等工作均由公司财务处理，公司注册法人杜某为元村普通社员。集体经济的经营组织与村两委分属不同的权力领域，这样不仅有利于保证集体经济组织的经营效率，也避免了"两委"干涉经济经营、出现以权谋私等腐败问题。除此之外，旅游公司并非完全脱离村庄，在财务上依然接受村委会、支委会、村民和商户们的监督，以公示牌等形式保证集体经济运营的公开和透明。

如表 2—1 所示，包括 GZW、GJW、YSW、WCZ 等的第二代政治精英们，就分布在元村的管理体系中，分别担任一个或两个职务。GZW 于 1971 年出生，自 2000 年起担任元村的支部书记，受教育程度为大专，是元村第二次产业转型的关键人物，在其中发挥了统筹全局、规划发展的作用。村委会工作目前主要有四项：第一，元村景区食品安全的监督工作；第二，村委财务工作，基础设施建设和"一事一议"事务；第三，元村交通、治安、平安创建等；第四，元村的接待和基础公共事务的管理。四项工作分别由副村主任 YSW、会计 ZM、副主任 SYJ 和副主任 WCZ 负责。ZJQ 作为村委会主任兼任周东组组长，负责村内政策宣传工作以及周东组各项事宜，GJW 作为元组组长，主要负责政策宣传的工作，ZZT 作为周西组组长及党支部委员，主要负责维稳巡逻等事宜。这些政治精英交叉分布在支委会和村委会的各个职位上，各司其职、协助处理村庄工作，成为推动元村旅游业发展的核心力量。

二　元村政治精英的特征

总的来说，元村的政治精英主要是以支委会和村委会为代表的村干部群体，他们在各自的职责范围内发挥各自的作用，分工明确。另外，从表 2—1 中也发现，村两委成员又会同时兼任其他村级组织职务，这种现象也是受近年各地在村级组织换届中坚持精简、高效原则的影响。以上是元村两代政治精英的共同特征。除此之外，在性别、年龄结构、文化程度等方面，元村第一代政治精英和第二代政治精英又有所差异。

从性别上看，元村的第一代政治精英均为男性；第二代政治精英中也仅有一名女性。一方面，在特定的年代，女性的文化程度普遍比男性低，所以在村庄政治精英中往往容易缺席；另一方面，社会上存在职业上的性别歧视现象，表现为职业隔离与性别集聚，即根据对"适合"男性与女性工作的普遍理解，将男性和女性分配于不同的职业，由此导致两性在不同职业中的集中情况，职业领域分化出了"男性工作"和"女性工作"。那么村干部显然符合社会定义的"男性工作"。

从年龄结构上看，第二代政治精英明显比第一代年轻化，第二代核心领导——支部书记GZW上任时仅30岁。再者，从受教育程度上看，第一代政治精英多为初中学历，第二代政治精英则多为高中、大专学历，整体文化水平有所提高。将年龄和文化程度两个因素联系起来看，发现随着社会的变迁，在中国的村庄中，年龄不再是获得权威的必要参数。传统社会的村庄中，社会具有高同质性，社会中的个人具有高相似性，人生各阶段的经历差异较少，人们重视经验的积累，经验多少是能否更好生存与发展的重要因素，因而年龄的积累意味着经验的积累，德高望重的老人在中国传统村庄的治理中扮演着重要的角色。现代社会瞬息万变，人生轨道的可选择性各有不同，需要不断学习新的知识和技能，村庄治理与发展也不再是一套人生经验就可以搞定，更加需要一个有知识、有开放宽阔的眼界及领导能力的带头人。显然，元村政治精英的更换，两代的标准有明显差异，是一个从经验到现代知识的转变。例如前任老书记GYL一开始并不支持办旅游业，一是没有资源和发展基础，二是难以管理。后来意识到这方面还是年轻人眼界更为宽广，让年轻人来管理村庄，才能发展得更好。

在政治面貌方面，元村两代政治精英除了两位预备党员外，其余均为正式党员，在元村旅游业的发展中也充分体现了中国共产党的领导核心作用。此外，元村第二代政治精英的核心人物GZW同时也是一位经济精英，2000年以前，在咸阳市秦都公安分局工作，2000年回到元村担任村书记。他在担任村书记以前，是农工商公司的经理，有相当丰富的管理经验，其更为科学和讲究效率的公司管理模式，为村庄治理的有效性奠定了基础。而元村旅游业的良好发展更是离不开带头人的经济敏感度。

元村政治精英群体能够使元村旅游业持续向好发展，一方面，元村的两代政治精英都有为村庄谋发展的精神；另一方面，他们的职责和分工相当明确，同时每个发展阶段都有一位有远见、懂变通的核心领导人物。最重要的是，元村能够根据国家政策的变化和时代的发展选择自身的发展道路和村庄的核心领导人物。元村走上乡村旅游业的发展道路，离不开新一代的元村政治精英们，更离不开这种在村庄政治精英引领下生发的敢于变革的村庄文化。在乡村旅游业的发展道路上，不断地挖掘传统文化资源，引进现代文化要素，创新管理模式，建设创新创业平台，吸引外来人才。在使自身发展的同时，还将周围的十个村庄纳入自己的产业链条，真正实现了村庄的新发展，也成为全国乡村旅游业的模范村庄。

第二节　乡村旅游发展历程与特点

一　乡村旅游相关研究

（一）乡村旅游国内外研究综述

1. 国外乡村旅游研究

国外乡村旅游发展则较为成熟，欧洲联盟（EU）和世界经济合作与发展组织（OECD）将乡村旅游定义为发生在乡村的旅游活动[1]，有学者认为乡村之所以有独特的吸引力主要是因为它能够满足都市居民休闲度假和体验田园生活的心理诉求[2]。国外乡村旅游发展模式各有不同。日本的乡村旅游中政府起主导作用，政府通过政策规划、金融支持、国际合作等措施，促进乡村旅游的快速发展。法国主要是"农户+企业+协会+政府"的发展模式，其中农户是主体，企业是联系游客和农户的桥梁，协会是联系政府和农户的桥梁，政府主要进行政策引导。美国则是依托

---

[1] Reichel, A. and Lowengart, O. and Milman, A., "Rural Tourism in Israel: Service Quality and Orientation", *Tourism Management*, Vol. 21, No. 5, October 2000, pp. 451 – 459.

[2] Peter, M. and Joanne, C., "Residents' attitudes to proposed tourism development", *Annals of Tourism Research*, Vol. 27, No. 2, April 2000, pp. 391 – 411.

优惠政策扶持乡村旅游①。乡村旅游是一种复杂的、多侧面的旅游活动，不同的国家和地区乡村旅游的形式不同；有些城市和景区旅游并不仅限于城市地区，也扩展到乡村，而有些在乡村的旅游却并不是乡村的，如主题公园和休闲宾馆②。乡村旅游的动机主要包括摆脱都市的疏离感、寻找满足感和踏实感、求证自身生活方式和地位、体验乡村文化和乡村生活方式、欣赏自然风光和美景、享受乡村宁静祥和自由自在的环境等，即心理动机、社会文化动机、经济动机和环境动机③。

在乡村旅游发展的影响因素方面，国外学者研究发现，经济利益、社会文化利益、社区利益、旅游者利益、环境可持续性、社区参与、技术和政治因素等影响乡村旅游的发展④，Moric 认为乡村旅游的发展有助于提高当地居民、相关政府部门及其他利益相关者的资源保护意识，对旅游区域的环境保护具有一定的促进作用⑤。Murphy 通过研究提出了影响居民旅游感知和态度的因素：个人对旅游的依靠程度、旅游业对社区的重要程度、社区旅游发展总体程度、主客体之间交往的类型和程度⑥。对乡村旅游产生的影响研究方面，Briedenhann 等认为，乡村旅游能够刺激旅游地相关产业的发展，通过引导当地居民参与旅游发展过程中，进而增加居民收入，提高生活质量⑦。Peter 等认为乡村旅游对当地产生的正面影响主要为创造就业机会、提高收入、增进公民自豪感、帮助遗产保护、增加基础设施供给、扩大人际交往等；负面影响主要为造成交通

---

① 陈雪钧：《国外乡村旅游创新发展的成功经验与借鉴》，《重庆交通大学学报》（社会科学版）2012 年第 5 期。

② Lane, B. and Bramwell, B., *Rural Tourism and Sustainable Rural Development*, London: Channel View Publications, 1994.

③ 王素洁、刘海英：《国外乡村旅游研究综述》，《旅游科学》2007 年第 2 期。

④ Choi, H. C. and Sirakaya, E., "Sustainability Indicators for Managing Community Tourism", *Tourism Management*, Vol. 27, No. 6, December 2006, pp. 1274 – 1289.

⑤ Moric, I. "Limiting Factors of Rural Tourism Development in Montenegro", *Selective Tourism*, Vol. 1, No. 3, 2008, pp. 54 – 3.

⑥ Murphy, P. E., *Tourism: A Community Approach*, New York: Rout ledge, 1985.

⑦ Briedenhann, J. and Wickens, E., "Tourism Routes as a Tool for the Economic Development of Rural Areas – Vibrant Hope or Impossible Dream", *Tourism Management*, Vol. 25, No. 1, February 2004, pp. 71 – 79.

拥挤、物价上涨、噪声污染、垃圾污染、犯罪增多、生活节奏变快等①。此外，Gemma 等认为虽然乡村旅游可以增加家庭农场的收入、为乡村经济注入活力、抵消乡村地区的人口外迁、促进城乡文化交流、强化乡村生活的固有价值、实现乡村经济多样发展，但乡村旅游并不能解决乡村社区面临的所有问题②。

Sharply 认为乡村旅游发展存在的问题主要是缺少支持、缺少训练、缺少当地旅游吸引物和设施、低入住率（季节性强）、低效的市场促销等③。Greenwood 等指出当本地人为了获得报酬而表演传统仪式时，商业化就开始了④。Mathieson 等认为，通过出售手工艺品可以复兴传统的文化或者改变他们并解决就业问题，但是可能到了最后传统文化会变得无法识别⑤。Hall 针对中欧和东南欧地区乡村旅游的可持续发展问题，指出加强政府引导、鼓励当地小企业发展、吸引地方社区居民参与、保护环境，保持文化独特性⑥。

国外乡村旅游的发展比较注重基础理论的支撑和拓展，包括社会交换理论、旅游地生命周期理论、经济学理论、景观生态学理论、可持续发展理论、生态承载力理论、激化传播理论、旅游区位理论等⑦。研究方法方面，国外乡村旅游注重实证分析，通过社会调查方法进行定量分析，普遍应用聚类分析、相关分析、离散选择模型、数理统计方法等，保证

---

① Peter, M. and Joanne, C., "Residents' attitudes to proposed tourism development", *Annals of Tourism Research*, Vol. 27, No. 2, April 2000, pp. 391–411.

② Gemma, C. and Montserrat, V. Canoves and Montserrat Villarino, "Rural tourism in Spain: an analysis of recent evolution", *Geoforum*, Vol. 35, No. 6, 2004, pp. 755–769.

③ Sharpley, R., "Rural Tourism and Challenge of Tourism Diversification: the Case of Cyprus", *Tourism Management*, Vol. 23, No. 3, June 2002, pp. 233–244.

④ Greenwood, D. J. and Smith, V. L., "Culture by the Pound: an Anthropological Perspective on Tourism as Cultural Commoditization", *Hosts & Guests the Anthropology of Tourism*, No. 2, 1989, pp. 171–185.

⑤ Mathieson, A. and Wall, G., *Tourism, Economic, Physical and Social Impacts*, London: Longman, 1982.

⑥ Hall, D. R., "Tourism Development And Sustainability Issues in Central and South-Eastern Europe", *Tourism management*, Vol. 19, No. 5, October 1998, pp. 423–431.

⑦ 姚治国、苏勤、陆恒芹、潘轼、冯书春：《国外乡村旅游研究透视》，《经济地理》2007年第6期。

了研究结论良好的信度和效度①。

2. 国内乡村旅游研究

中国的乡村旅游业发展起步较晚，20 世纪 80 年代逐步兴起，并于 90 年代得到快速发展。国内学者对乡村旅游的概念界定主要有："乡村旅游是以乡村社区为活动场所，以乡村独特的生产形态、生活风情和田园风光为对象系统的一种旅游类型"②；乡村旅游是以村落特有的自然及文化资源为基本特色，逐渐形成集娱乐度假、观光体验等为主体的旅游活动③④，同时，有学者认为乡村旅游是农业文化活动和旅游观光相互结合，主要目的是迎合人们追求文化、亲近自然的需要而兴起的新型产业⑤。自 20 世纪 90 年代中国乡村旅游逐渐得到蓬勃发展以来，学界对乡村旅游的研究日趋成熟，涌现了大量的学术成果，主要体现在以下几个方面。

首先，关于乡村旅游产生背景的研究。何景明从需求和供给两个角度进行分析，从需求角度来看，乡村旅游产生的背景有：一是城市化进程加快，城市现有人口数量急剧增加，城市的基础设施资源紧缺，迫切需要开辟新兴休闲场所以转移过大的人口压力；二是城市居民收入增加，劳动分工逐步完善，拥有了稳定的假日休闲时间，从而产生了相对稳定的闲暇时间进而产生对休闲旅游的重复需要。另外，从供给角度看：第一，由于经营第一产业收益较低，农村迫切需要找寻新的经济增长点并尝试进行产业转型；第二，国家宏观调整时期社会资金寻求新的投资领域，城郊农业为乡村旅游的开发提供了资源条件⑥。杜江等分析了游客主体产生乡村旅游欲望的原因：一是长期生活在紧张而压抑的城市环境之中，城市市民尝试逃避，寻找重回自然的感觉，在乡村中依靠景物欣赏

---

① 杜宗斌：《近五年国外乡村旅游研究进展与启示》，《湖州师范学院学报》2010 年第 2 期。

② 熊凯：《乡村意象与乡村旅游开发刍议》，《地域研究与开发》1999 年第 3 期。

③ 翁伯琦、仇秀丽、张艳芳：《乡村旅游发展与生态文化传承的若干思考及其对策研究》，《中共福建省委党校学报》2016 年第 5 期。

④ 苏飞：《乡村旅游发展中文化内涵研究——评〈乡村旅游文化学〉》，《江西社会科学》2017 年第 9 期。

⑤ 王露：《中外乡村旅游内涵及发展模式比较》，《中国名城》2017 年第 3 期。

⑥ 何景明：《国内乡村旅游研究：蓬勃发展而有待深入》，《旅游学刊》2004 年第 1 期。

与农事活动得到放松；二是长期生活在城市的人们缺乏对乡村的基本了解，为扩大知识视野、开拓生活眼界，所以去往乡村学习、见识相关文化活动与生活方式；三是城市市民产生怀念心理，怀旧是一种普遍的情绪，中国由于种种历史以及发展进程的原因，对乡村有着独特的情怀，因此出于故地重游的心理去往乡村旅游①。同时，有学者认为，随着中国居民收入水平的逐渐提高，游客对农产品质量和服务档次提高了标准，亦愿意支付更高的价格，极大刺激乡村旅游产业的发展②。

其次，对乡村旅游的特点及发展模式研究。王云才等认为乡村旅游有三点主要特征，一是从空间特征上看存在城郊型、景郊型、村寨型三大类型；二是从开发模式上看形成以农业观光和农家乐为主体的格局；三是从开发层次上看乡村旅游仍处于低水平开发阶段③。郭焕成则提出了乡村旅游的 7 个特征：①旅游资源的丰富性；②旅游分布的地域性；③旅游时间的季节性；④旅客行为的参与性；⑤旅游产品的文化性；⑥人与自然的和谐性；⑦旅游经营的低风险性。④ 随着乡村旅游业在中国逐步发展，形成了相应的发展特色与发展模式，刘德谦依据市场与资源将乡村旅游的发展模式划分为客源地依托模式（或者称毗邻客源模式）、目的地依托模式（或者称毗邻资源模式）、非典型模式以及复合模式等四个旅游发展模式⑤。孙枫等根据旅游地域的资源特色、区位特征和经济发展背景等要素，提出"市场拉动型""交通推动型""景区依托型"和"人口驱动型"等四种乡村旅游发展模式⑥。另外，张洪昌等运用"社区能力—制度嵌入"理论分析框架对 3 个典型旅游村庄进行研究，研究发现乡村

---

① 杜江、向萍：《关于乡村旅游可持续发展的思考》，《旅游学刊》1999 年第 1 期。
② 朱长宁：《价值链重构、产业链整合与休闲农业发展：基于供给侧改革视角》，《经济问题》2016 年第 11 期。
③ 王云才、许春霞、郭焕成：《论中国乡村旅游发展的新趋势》，《干旱区地理》2005 年第 6 期。
④ 郭焕成、韩非：《中国乡村旅游发展综述》，《地理科学发展》2010 年第 12 期。
⑤ 刘德谦：《关于乡村旅游、农业旅游与民俗旅游的几点辨析》，《旅游学刊》2006 年第 3 期。
⑥ 孙枫、汪德根：《全国特色景观旅游名镇名村空间分布及发展模式》，《旅游学刊》2017 年第 5 期。

旅游发展主要可分为社区主导型、企业主导型和政府主导型以及多元互嵌组合等四种发展模式①。

最后，关于乡村旅游发展问题和未来趋势的研究。龙茂兴指出乡村旅游业发展的问题具体体现在思想认识层面、规划方面、基础设施的建设方面、人才与管理方面、资金方面和产品效益方面等六个方面②。经过30多年的发展，乡村旅游的发展不可避免地出现了旅游产品及模式同质化日趋严重、传统乡村文化遭到破坏、过度的商业开发导致村庄生态环境日益恶化等现实问题③。林移刚等指出，由于资金、土地、劳动力、技术等旅游生产要素的不合理配置及利用导致资源驱动的乡村旅游开发模式的发展受到严重的制约④。同时，根据旅游发展存在的问题部分学者对乡村旅游的未来发展趋势做出了展望，张辉等在梳理总结中国乡村旅游发展历程的基础上，认为中国未来的乡村旅游将会呈现出产业形态高级、产业水平大幅度提升和日益突出的旅游产业贡献等良好态势，对推动农业农村发展、增加农民收入具有重要意义⑤。

（二）研究述评

中国乡村旅游业于20世纪90年代后期蓬勃发展，旨在优化农业农村产业结构，综合利用乡村资源，实现农民增收，并在期间取得了良好的效果。通过对国内外乡村旅游相关文献的梳理，对乡村旅游的产生原因、发展特征、发展现状、发展问题及与社会学的关系等几个方面展开评述，以期为本书元村旅游的研究提供一定的思考。

---

① 张洪昌、舒伯阳：《社区能力、制度嵌入与乡村旅游发展模式》，《甘肃社会科学》2019年第1期。
② 龙茂兴、张河清：《乡村旅游发展中存在问题的解析》，《旅游学刊》2006年第9期。
③ 李倩、吴小根、汤澍：《古镇旅游开发及其商业化现象初探》，《旅游学刊》2006年第12期；阮仪三、袁菲：《再论江南水乡古镇的保护与合理发展》，《城市规划学刊》2011年第5期。
④ 林移刚、杨文华：《我国乡村旅游精准扶贫困境与破解研究：基于生产要素视角》，《云南民族大学学报（哲学社会科学版）》2017年第2期。
⑤ 张辉、方家、杨礼宪：《我国休闲农业和乡村旅游发展现状与趋势展望》，《中国农业资源与区划》2017年第9期。

1. 乡村旅游的产生原因

（1）客观原因。乡村旅游兴起的多种因素可以归纳为主体原因与客体原因，主体原因是指游客对于乡村旅游的需求，客体原因则是指社会发展的客观因素，二者共同作用推动了乡村旅游业的发展。

第一，城市化进程加快。进入21世纪，城市化逐步加快，根据《社会蓝皮书》预测，2011年12月，中国城镇人口占总人口的比重将首次超过50%[1]，这意味着超过50%的中国人居住在钢筋混凝土交织的世界中，他们长期经受交通拥堵、资源紧缺、环境污染等一系列痛苦与威胁，生活质量严重下降。随着城市化的发展，还会有越来越多的人前往城市谋生，城市现有的土地上承受了超之数倍的人口，原有的基础设施已经不足以供应城市居民进行娱乐休闲活动，迫切需要开辟新兴休闲场所以转移过大的人口压力。

城市化的发展并非只带来消极影响，城市作为区域经济中心，它的发展往往改变着人们的衣、食、住、行。交通方式由汽车到飞机高铁的不断普及，城乡道路交通网络的不断完善，这些都得益于城市化进程。城市化所带来的一系列积极影响为乡村旅游业的发展创造条件。

第二，城市居民收入增加。近些年随着经济水平不断发展，国民经济生产总值不断提高，城市居民收入不断增加。2018年城镇居民人均可支配收入高达39250.5元，相比2017年同比增长7.3%[2]，恩格尔系数随之下降，居民可支配收入越来越多，在基础性需求满足之后，随之而来的是更高层次的消费性需求。与此同时，城市劳动的相关法规政策不断完善，市民生活轨迹趋于固定的状态，拥有了相对稳定的闲暇时间。市民收入增长、消费性需求产生、固定闲暇时间的出现都有助于乡村旅游业的产生与发展。

第三，农村的产业转型。农村自古以来就以农业种植为主，目前世界多数国家的现代化农业尚未发展成型，而传统农业耕种不仅消耗人力、

---

[1] 汝信、陆学艺、李培林等：《社会蓝皮书：2012年中国社会形势分析与预测》，社会科学文献出版社2011年版，第3页。

[2] 中华人民共和国国家统计局："中国统计年鉴（2019）"，2019年，http：//www.stats.gov.cn/tjsj/ndsj/2019/indexch.htm。

物力与土地资源，更带有很强的季节性与不确定性，使农民收益无法得到保障。其次，农民因缺乏必要的技能，无法在村落中发展第二产业，即使在农闲时外出打工也只能赚取苦力费，生活质量难以提升。由于经营第一产业收益较低，如何保证或增加农民经济收入就成为一个问题。农村迫切需要找寻新的经济增长点摆脱该问题，进而提高生活水平，缩小城乡的收入差距，平衡区域经济发展。乡村旅游业结合第一产业与第三产业，支持农民在村落中经营活动，不仅增加村民收入，更作为纽带联系城乡并改善农村相对单一的产业结构。

第四，政府力量支持。1998 年中国国家旅游局将该年度旅游活动的主题确定为"华夏城乡游"，并提出"吃农家饭、住农家院、做农家活、看农家景、享农家乐"的口号[1]，由此掀起了乡村旅游的热潮。2009 年国家旅游局下发通知，决定将 2009 年全国主题旅游年确定为"中国生态旅游年"，主题口号为"走进绿色旅游、感受生态文明"[2]。各地借此机会开展农业生态文化旅游，使乡村旅游业的发展更上一层楼。

第五，旅游形式的增多。在乡村旅游逐渐成熟的过程中，它不断完善与改进自身的缺陷。伴随着游客的增多，乡村基础设施的质量与数量得到提高与增加，景区的服务态度与方式更加优良。科技的脚步一直向前迈进，使人们的欲望也越发增多。为了满足人们日益增长的物质文化需求、吸引更多游客来访，景区活动不断创新，采取科技、文化等多种手段开发乡村探险、回溯时光、仿古建筑等新型乡村旅游的活动，使得各种旅游形式和种类日趋丰富。

（2）主观原因。第一，向往田园风光。长期生活在紧张而压抑的城市环境之中，城市市民承受着巨大的心理压力。繁忙的工作、拥挤的人潮、来往的车辆、污染的环境……随之产生的是令人难以忍受的焦躁、对城市喧嚣生活的厌恶、市民自发产生逃避或想要放松的心理。乡村田园风光以其独有的自然祥和之景与"天人合一"的生活态度对城

---

[1] 魏鸿雁、陶卓民、潘坤友：《基于乡村性感知的乡村旅游地游客忠诚度研究——以南京石塘人家为例》，《农业技术经济》2014 年第 3 期。

[2] 国家旅游局，"国家旅游局确定 09 年为'生态旅游年'"，新浪旅游，2009 年 3 月 10 日，http://travel.sina.com.cn/news/2009-03-10/160968417.shtml。

市市民产生强烈的吸引。越来越多的人开始以感受城郊、乡村生活为乐，以乡村旅游作为假日舒缓压力的主要方式。"开轩面场圃，把酒话桑麻"的生活再次被人们聚焦并提倡，乡村旅游也随之发展。第二，增长知识。进入 21 世纪后，大规模人口向城市转移，农村人口逐步稀少，城市以人口密集而著称。城市青少年从小生长于城市，不曾或较少接触农村；农村父母也为追求教育资源的优势将孩子送入城市念书，孩子生活轨迹与方式更贴近城市。农村文化与传承正在不知不觉中被遗弃，人们对传统耕作方式与生产活动极其陌生。为扩大知识视野、开拓生活眼界，去往乡村学习、见识相关文化活动与生活方式成为城市居民的一项选择。乡村旅游不仅为此提供了参观游览的途径，而且兼具教育、休闲与保护等多种功能。第三，故地重游。现存城市居民由两部分构成，即原有城市居民与城市扩张或搬迁居民。原有城市居民一直生长在城市中，见证了城市高楼大厦的崛起；城市扩张或搬迁居民则是因为城市占地扩张需求，对原有村落进行城市化改造，居民身份由农业转为城市或是长期在城市务工进而成为城市市民。不论哪一种市民，都对农村文化景观并不陌生，而现代化造成鳞次栉比的房屋越来越多，自然淳朴的生活越来越少，城市市民越发产生怀念心理，追求并寻找曾经的生活。而乡村旅游业的发展完美符合这种故地重游的心理动机，使得市民可以在休闲的同时缅怀过往[1]。第四，求证自身社会地位。社会地位指社会成员在社会系统中所处的位置，它可以分为自致地位与先赋地位，先赋地位是通过遗传所得到的社会地位，是从个体出生时就被赋予的无法改变的地位；自致地位则是通过个体后天的努力与成就而判定的社会地位。由于先天的先赋地位无法变更，所以人们会尽力追求自致地位的较高层次，以此来显示自己在社会系统中的优越性。乡村旅游在某种程度上来说正是游客在求证自身的生活方式与地位[2]。游客通过在乡村进行消费与观赏游览，对比自身与当地居民的生活方式，产生社会地位与生活方式上的满足感。

---

[1] 杜江、向萍：《关于乡村旅游可持续发展的思考》，《旅游学刊》1999 年第 1 期。
[2] 王素洁、刘海英：《国外乡村旅游研究综述》，《旅游科学》2007 年第 2 期。

2. 乡村旅游的发展特征

(1) 侧重于农业观光与农家乐。目前乡村旅游的项目多种多样，包括农业采摘、风景观光、农技学习、探险旅游等，未来则趋于多元化与综合化发展。而游客参与率较高的则是农业风景活动观光与农家乐。多数市民偏爱农家饭，既保证食材的健康卫生又可以享受日常生活难以接触的自然美食。农业观光则是出于开阔眼界与缓解疲劳的目的，感受人与自然和谐共处的生活。

(2) 商业化氛围浓重。乡村旅游中，随处可见农家乐与小商铺招揽生意，乡村旅游本是集观赏与消费为一体，而当前过于浓重的商业化气息则破坏了游览观感。在景区中，千篇一律的工艺商品、随处可见的农家乐与多而繁杂的收费项目，使得景区风情严重雷同。更有甚者，盲目模仿成功范例，两处景区的差异之处仅仅在于区位不同。这种重视建筑风格而轻视文化营造的行为为旅游业的发展带来极大伤害。建筑之所以受人喜爱究其本因是建筑内所蕴含的文化底蕴吸引了人们的目光，这种"相似"的景区不仅破坏了原有的田园风光，更导致景区由盛转衰的过程加快，透支了景区可持续发展的生命力[①]。

(3) 旅游经营风险低。乡村旅游是农业与服务业的结合，是建立在现存农业发展基础之上的旅游业。农村既可以最大限度地保持乡土风光，又能够维系原有的生产活动与生活资源。投入较少的资金对房屋设施进行整改与美化，使乡村旅游业集自然环境与便利的出行生活条件为一体。农民只需改变原有的经营方式，丰富经营商品种类并提供完善的服务即可开展旅游。旅游的季节性较为明显，农民即使在旅游淡季也能够依靠土地来盈利，在现有基础上增加了农民的平均收入。这种投入较少、收益较高、盈利周期较短、经营风险低的发展方式具有鲜明特色[②]。

3. 乡村旅游的发展现状

(1) 分布地区。第一，景区边缘地带。世界上名胜古迹多不胜数，

---

① 王云才、许春霞、郭焕成：《论中国乡村旅游发展的新趋势》，《干旱区地理》2005年第6期。

② 郭焕成、韩非：《中国乡村旅游发展综述》，《地理科学进展》2010年第12期。

自然景区比比皆是，这些景区多分布在人迹罕至、未被现代化发展所破坏的郊区中，毗邻农村而远离城市。每逢旅游旺季，一方面，景区人流量巨大，附近农民看到了大量流动人口所带来的商机；另一方面，观景后游客需要休息与消费来放松身心，在景区周边地区开展与之相应的乡村旅游，既保证了客源的庞大数量，又满足了游客消费休闲的心理。依托景区而成的乡村旅游最早出现，至今仍在发展过程中，拥有巨大的消费市场空间与潜力。

第二，边远贫困地带。边远贫困地带是指距离城市与大型景区较远、身处经济落后地区、交通条件相对较差、发展第一产业与第二产业优势较小的地区。由于远离市区，村落中被现代化侵蚀程度小，其自然风貌与传统习俗保存较完整，村中各项生产生活活动自古沿袭至今，建筑风格等都保持着原有的文化景观。在政府出台相关政策的扶持下，村民们纷纷觉醒旅游意识，进而参与经营活动，营造本村落的乡村旅游品牌，同时加强宣传，提高村落知名度，以此来吸引更多游客前往游览参观。

第三，城市郊区地带。乡村旅游的主要内容与游览方式限制了游览的时间，多是1—2天的短时间就近出游。城市市民人口众多，在周末等小型假日，外出短途旅游的市场巨大。而城市郊区已经在一定程度上接触并融入现代化发展，进入现代农业的发展阶段，兼具传统田园风景与现代科技，在经过适当的规划管理之后所形成的生态科技风景拥有着区别于传统的独特风貌。邻近城市的巨大而稳定的客源市场与现代科技农业的特色景观为城市郊区发展乡村旅游业提供了契机[①]。

（2）发展类型。第一，按市场与资源划分。依据市场与资源可以将乡村旅游划分为四类。一是市场型旅游，即依靠毗邻城市的区位优势发展拥有广阔市场空间的乡村旅游，本质上是从城乡景观对比差距与城市客源中发展而来的。二是资源型旅游，指临近大型知名景区，依托景区资源就近发展乡村旅游，优势在于投资成本较小、景区带动力较强，这

[①] 王兵：《从中外乡村旅游的现状对比看我国乡村旅游的未来》，《旅游学刊》1999年第2期。

种旅游地资源品位一般较高、特色较浓①。三为非典型旅游，它既非依靠市场空间也非资源景观，而是在村落之中后期修建营造不同于现代城市的建筑与环境，以休闲娱乐为主要目的来吸引游客。四是综合型旅游，将上述几类交相融合所形成的乡村旅游②。

第二，按旅游对象划分。按旅游对象可以将乡村旅游划为三类。一是自然风景旅游，游客前往乡村参观自然风光游览多以爬山、漂流等为主，对景观的后期人工改造极少。二是农业园区旅游，游客游览多为成片状的园区游览，同时还可以进行采摘、学习等相关活动，园区内现代化元素较多，对自然风光改造力度较大。三为民俗风情旅游，游客主要目的在于体会传统文化与民俗活动。从民俗生活的空间角度，可以将其分为山村民俗游、水乡民俗游、渔村民俗游等；从产品性质角度，又可以分为观览型、参与型、休闲型等③。

第三，按参与主体划分。参与主体是指乡村旅游的主要经营者，按其划分可分为农户主导、政府主导、社区主导与综合主导。按参与主体划分有助于明晰旅游的发展权责，从根本上避免了传统旅游开发中只有部分农民受益或受益少的问题，避免了旅游开发后因土地和资源被占而使农民返贫的现象④。农户主导旅游是指农户是村落发展旅游业的先驱者与领导者，以家庭为单位开展乡村旅游并接待游客，但其接待能力与吸引游客数量有限。政府主导是指地方旅游局为刺激经济追求发展，选定具有优势的地区出台相关政策推动旅游业的发展，这一类型往往推行阻力较小但容易导致政府与当地村民相分离。社区主导也称村委会主导，由当地社区或村委会牵头，组织并培训村民开展乡村旅游，实现村落或社区的总体发展。综合主导是多方合作博弈的结果，农户、社区、政府三方共同推动发展，合理共享利益，最具有可持续发展性。

---

① 肖佑兴、明庆忠、李松志：《论乡村旅游的概念和类型》，《旅游科学》2001 年第 3 期。
② 刘德谦：《关于乡村旅游、农业旅游与民俗旅游的几点辨析》，《旅游学刊》2006 年第 3 期。
③ 何景明、李立华：《关于"乡村旅游"概念的探讨》，《西南师范大学学报》（人文社会科学版）2002 年第 5 期。
④ 郑群明、钟林生：《参与式乡村旅游开发模式探讨》，《旅游学刊》2004 年第 4 期。

4. 乡村旅游发展存在的问题

（1）认知问题。乡村旅游的效益在很大程度上取决于经营者的态度以及认知，关于乡村旅游的认知错误或认知不准严重阻碍着它的发展。首先，虽然乡村旅游发展是建立在城市生活紧张、市民向往田园的基础之上，但并不意味着城市市民会全盘接纳乡村的一切，经营者应取其精华同时改善基础设施，不应盲目乐观，期望过高，导致经营不善、出现亏损。其次，经营者应正确认知乡村旅游的优势与特色所在，不能一味适应城市的生活方式而改变传统的娱乐生活方式，致使忽视在乡村旅游的发展中继续有效地保持"乡村性"和"乡村意象"，出现建筑的城市化、活动的商业化等趋向[①]。这两大文化认知误区导致乡村旅游发展盲目跟风，造成许多不必要的损失。

（2）文化融合问题。城市是先进地区，拥有先进的文化意识与理念；农村还处于较低层次的发展中，传统观念遗留较深。旧难敌新，现代文化的魅力难以抗拒也不应抗拒，要发展就得接受新事物，乡村旅游也不例外[②]。乡村旅游既根植于传统文化，又采取现代先进的经营管理理念，二者如何相融是值得思考的问题。现代生活节奏较快，市民习惯了"速食文化"，为追求便捷而高效率地吸收相关知识，就导致农业观光与农家乐盛行。虽然观光游览与农家乐生活的确带有农村的风土民情，但是只凭借参观与吃住很难真正领悟其内在文化。经营者打造易于被城市市民所接受同时又能蕴含于物的活动与商品，真正实现传统文化与现代文化的结合。

（3）旅游发展的基础问题。乡村旅游发展过程中涉及多种基础性问题，每一方面都需要不断完善与改进。第一，基础设施问题，基础设施决定了景区的承载力与接待力，只有满足游客的基本需求景区才能"留得住人"。第二，管理及制度问题，没有专业管理人员的统一管理和引导，会使原本松散的乡村旅游经营者更加松散并阻碍乡村旅游向前发展

---

① 邹统钎：《中国乡村旅游发展模式研究——成都农家乐与北京民俗村的比较与对策分析》，《旅游学刊》2005 年第 3 期。

② 尹振华：《开发我国乡村旅游的新思路》，《旅游学刊》2004 年第 5 期。

的速度①。第三，产品单一问题，旅游景区出售的工艺品大同小异，缺乏文化底蕴，难以满足游客的多样化需求②。第四，发展缺乏资金，虽然乡村旅游的前期投入较少，但是修建高品位、服务完善的景区也需要大量资金投入，发展特色景区，必须拥有资金保证③。第五，景区接待者缺少训练，服务方式与态度容易造成游客不满；同时，景区的季节性极强，在一定程度上阻碍了它的均衡发展④。

总而言之，要解决乡村旅游的问题，必须要在宏观与微观上对其成因进行梳理，从根源入手，逐一解决，同时又要预防潜在问题的出现，进而推动乡村旅游的良性发展。

5. 乡村旅游与社会学

（1）旅游与社会学。随着社会的发展与进步，旅游由生活中的奢侈品变为日常放松娱乐的休闲方式，小假小游、大假大游成为普遍的认知。每逢周末，人们多会选择就近出游；而春节、国庆等时间较长的假期，被称为"旅游黄金周"，在这期间，甚至媒体报道都会围绕着景区游览人次突破常规、出行车辆到达高峰等。旅游不仅仅是个别的贵族出行活动，它已经具有了普遍性（国民出游率同现代化程度成正比）、客观性（国民出游率不以人的意志为转移）和强制性（国民旅游需求的不可逆转）⑤。在西方国家，旅游已经成为一种受法律保护的公民权利，没有旅游或是休闲度假的机会被看作一种"社会剥夺"。

乡村旅游属于短途旅游的一种，是旅游的重要分支。乡村旅游近三十年兴起并发展，因其经营方式的多样化与参与主体的多元化而受到普遍关注。它既融合了第一产业与第三产业，又构筑了城市与农村的桥梁，既保留了农村的风土人情又发展特色旅游业，实现了传统与现代的有机

---

① 刘爱服：《试论京郊乡村旅游发展中的问题与对策》，《旅游学刊》2005 年第 1 期。
② 龙茂兴、张河清：《乡村旅游发展中存在问题的解析》，《旅游学刊》2006 年第 9 期。
③ 林伯明：《关于发展桂林乡村旅游的思考》，《社会科学家》1999 年第 4 期。
④ Sharpley, R., "Rural Tourism and Challenge of Tourism Diversification: the Case of Cyprus", *Tourism Management*, Vol. 23, No. 3, June 2002, pp. 233–244.
⑤ 王宁：《旅游、现代性与"好恶交织"——旅游社会学的理论探索》，《社会学研究》1999 年第 6 期。

结合。

对于旅游的研究，学者们多从历史学或地理学进行探析，较少使用社会学的专业知识。在旅游领域社会学的主要研究对象众说纷纭，但毋庸置疑它的研究范围广阔而且拥有丰富的研究方式。旅游的普遍性要求社会学必须重视并介入研究，不同于其他学科的理论束缚，社会学可以将旅游置于社会这一整体之下，既可以从宏观入手分析社会结构与社会流动，又能以微观透视个体的越轨行为与心理，其多元的理念与方法论令研究者能从中整合并发现存在的社会问题，以专业的角度分析其背后的内在推力，从而促进社会的良性运行。

（2）社会学视角下的乡村旅游。社会学对于旅游的研究引起国外学者的关注，厄里认为："去思考一个社会群体怎样建构自己的旅游凝视，是理解正常社会中发生着什么的一个绝妙途径，我们可以利用差异的事实去质疑正常世界。"[①] 纳尔逊·格雷本则探求"为什么特定旅游模式的出现总是与特定历史阶段的特定社会群体有关"[②]，很显然，社会学界对旅游研究兴趣的缺乏，一方面在于过度束缚于传统的学科分工，另一更重要的方面，在于还未找到对旅游进行有效的社会学解释的视角和范畴[③]。目前，学界解释研究旅游的流派主要有发展演进流派、迪尔凯姆主义流派、冲突和批判流派、韦伯主义流派、功能主义流派与后现代主义流派等。

由于对旅游现象的认识存在一定的偏差，旅游社会学的研究范围较为狭窄，主要集中于旅游地的社会评论方面，且多停留于探讨部分微观层面的问题[④]。同时，对于游客行为动机与态度等的研究也多是浅尝辄止。社会学家不应当仅仅立足于寻找现象本身的起源，而应去寻找现象

---

① ［英］约翰·厄里：《游客凝视》，杨慧、赵玉中、王庆玲、刘永青译，广西师范大学出版社 2009 年版，第 3 页。

② ［美］纳尔逊·格雷本：《人类学与旅游时代》，赵红梅等译，广西师范大学出版社 2009 年版，第 63 页。

③ 王宁：《旅游、现代性与"好恶交织"——旅游社会学的理论探索》，《社会学研究》1999 年第 6 期。

④ 董培海、李伟：《旅游、现代性与怀旧——旅游社会学的理论探索》，《旅游学刊》2013 年第 4 期。

所象征的现实——社会①。

乡村旅游离不开"乡村"二字，游客在观赏游览时的主要对象——乡村田园归根究底是一种特定的景观符号，游客通过这种景观符号体会、了解符号背后的文化，并由文化而产生喜悦、身心放松之感。社会学可以从符号互动论解释符号与乡村的内涵；可以从现象学分析社会文化中游客与旅游地双向关系的变动；可以联系发展社会学将乡村旅游与中国改革开放后的环境特点（多元体系、时空压缩、观念碰撞、利益纠纷）结合（见图2—1），综合探析乡村旅游的发展。

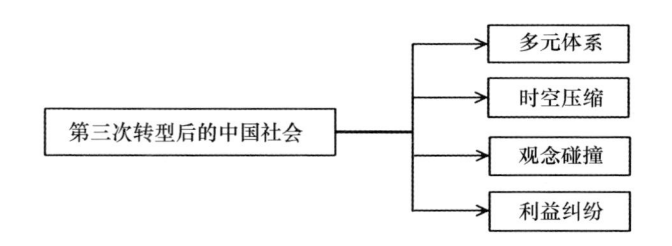

图2—1 社会学与乡村旅游的关系

在自然资源或客源市场丰富地区开展乡村旅游业都极具优势，研究者大多将关注或多或少聚焦在"资源"之上，可以说，资源是发展旅游业（尤其是乡村旅游业）的先决条件。只有拥有良好的地理区位、深厚的历史底蕴、极具特色的建筑群落、闻名遐迩的文化资源，该地才有发展旅游业的基础，才能够踏上旅游经营的道路。然而，元村地理位置偏僻，不具有区位优势；与大城市距离较远，不具有客源优势；地处河滩之上，不具有景观优势同时缺乏建筑与文化优势。发展乡村旅游业至今，元村已经靠旅游业致富并且成为乡村旅游业发展的"教科书"。研究元村的发展条件以及发展轨迹，解析发展的推力与拉力，阐明其文化再生的内在动力机制，由宏观、中观与微观着手，以游客、附近村落与精英为起点剖析元村发展经验。从而更好地促进乡村旅游业的蓬勃发展。

---

① 夏建中：《文化人类学理论学派——文化研究的历史》，中国人民大学出版社1997年版，第102页。

二 元村乡村旅游发展历程

元村位于陕西省礼泉县烟霞镇，地处关中平原腹地。现在的元村有村民62户286人，集体土地630亩。元村中农家乐经营户每年最高收入40余万元，人均农家休闲收入4.5万元，占农民人均纯收入的80%以上，而且元村村民还持有小吃街、作坊街等合作社的股份，每年也能获得一部分的分红收益。元村的成功离不开乡村旅游的发展，2007年元村开始发展乡村旅游，从一个经济不断衰退的传统村庄一跃成为著名的乡村旅游示范村。加拿大学者巴特勒（Butler）1980年提出的旅游地生命周期理论，认为旅游地的生命周期是一个随着时间而不断发生变化的过程，主要经历探索期、成长期、发展期、巩固期、滞留期、塑形或颓废期等6个阶段，其理想状态是一条"S形"曲线①。本文根据旅游地生命周期理论及旅游增长模式②，将元村旅游地生命周期主要划分成发展初期、成长期、成熟期三个阶段（见图2—2）。2007—2011年元村旅游人次年均增长率为71.98%，主要经营项目只有农家乐和作坊街，元村旅游人次逐年增加，但总体上来说游客人数较少，为乡村旅游发展的初期。2012—2015年元村旅游发展迅速，年旅游人次从87.5万人次增长到450万人次仅用了短短4年时间，年均增长率保持在50%以上，仍实现较快的速度增长，这个时期为元村旅游成长期，元村旅游功能分区基本确定，旅游空间格局基本形成。2016年后元村旅游发展逐渐成熟，每年游客增长速度放缓，2016—2019年均旅游人次增长率为5.58%，元村旅游发展模式逐步成型，以元村旅游为核心的旅游全产业链逐渐成熟，并开始转向对外输出，进一步寻找乡村旅游经济的增长点。

（一）元村旅游发展初期（2007—2011年）

2000年以后，国家出台关停"五小企业"的政策，元村的水泥厂、白灰窑厂等村办企业的发展进入瓶颈期，以GZW书记为首的领导班子

---

① Butler, R. W., "The Concept of a Tourist Area Cycle of Evolution: Implications for Management of Resources", *Canadian Geographer*, Vol. 24, No. 1, March 1980, pp. 5-12.

② 汪德根、王金莲、陈田、章鋆：《乡村居民旅游支持度影响模型及机理——基于不同生命周期阶段的苏州乡村旅游地比较》，《地理学报》2011年第10期。

旅游人次（万人次）

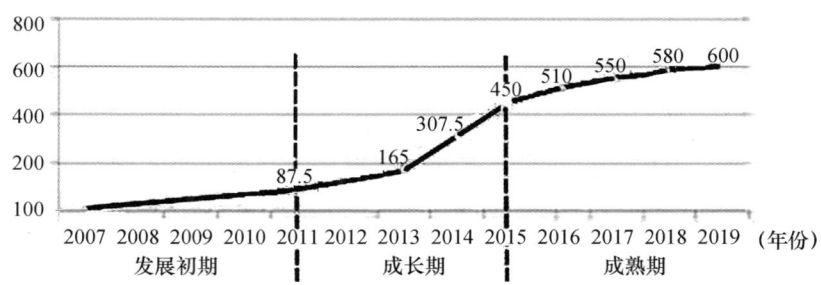

```
800
600                              450  510  550  580  600
400                     307.5
200         87.5   165
100
    2007 2008 2009 2010 2011 2012 2013 2014 2015 2016 2017 2018 2019 （年份）
         发展初期              成长期              成熟期
```

图 2—2　元村旅游地生命周期

意识到元村必须转型。从 2005 年开始，国家实行以社会主义新农村建设为代表，以农村城市化、农村工业化和农村集体产权制度改革为动力，城市支持农村，工业反哺农业，采取"多予、少取、放活"的政策，推动新一轮的经济发展。元村"两委"班子结合当地实际转变发展思路，挖掘关中民俗文化，发展乡村旅游产业，在 2007 年成功打造了关中印象体验地。元村关中印象体验地暨农家乐于 2007 年 9 月 29 日开业，古朴村寨、传统作坊，再加上纯朴的民风，元村作为原生态生活体验地，为元村乡村旅游的发展创造良好的开端。元村乡村旅游发展最初主要以农家乐和作坊街为主，并且成立了"农家乐"协会；2009 年，建成了小吃街，当时共有 66 家经营户入驻。此后，元村农家乐、作坊街和小吃街的规模不断扩大，来元村旅游的游客逐渐增多，旅游人数从 2007 年不到 10 万人次增长到 2011 年的 87.5 万人次，元村乡村旅游发展获得了初步的成功。

（二）元村旅游成长期（2012—2015 年）

2012—2015 年是元村旅游经济快速发展和扩张的重要时期，元村通过进一步引进和挖掘村庄旅游资源，丰富旅游项目，新的资源和项目不断为元村旅游增添光彩，也吸引了众多游客的到来，2015 年游客人数达到 450 万人次，大大推动了元村旅游的发展。

2011 年村两委积极响应礼泉县委第十五次党代会提出的"旅游兴县"

战略和"建设大唐文化旅游名县"目标，元村开始引进酒吧文化，以满足游客晚上休闲娱乐的需求，逐步建成了酒吧文化一条街，并进一步完善了停车、农业观光等配套服务设施。同时，2013 年元村被市县确定为城乡统筹发展试点村，在县、镇两级的领导下，元村和周边九个村建成面积 8.991 平方千米、总人口 10369 人的大社区。元村在发展乡村旅游业的过程中，逐渐意识到单一产业刺激游客消费的效果有限，因此不断拓宽产业覆盖范围，提高产品的经济附加值，通过融合一、二、三产业，形成了相互支撑的产业链，例如，通过大力开发餐饮、小吃、民俗体验、民宿等相关旅游服务产业，进而提高对辣椒酱、麻花等农产品及其他原料的需求。随着产业覆盖范围的扩大，元村探索出"一村带十村"的发展战略，周边村庄逐步被纳入元村的发展共同体中。另外，为了进一步丰富游客体验和满足游客多元化的需求，元村于 2013 年开始逐步建设元村艺术长廊一条街、引进以回族饮食特色的回民街（2015 年修建）以及创建以祠堂文化为核心的祠堂街（2015 年修建）。由此，元村旅游以康庄老街（农家乐）、作坊街、小吃街、酒吧街、艺术长廊、回民街、祠堂街等为核心的乡村旅游空间布局基本成形，游客吸引力大大增加，2015 年游客人数达到 450 万人次，综合收入超过 10 亿元，实现了旅游经济的快速发展。

（三）元村旅游成熟期（2016 年至今）

从 2016 年开始，元村旅游发展开始进入成熟期，年均旅游人次增速放缓，旅游发展模式日趋成熟。在这一时期，元村主要通过挖掘及引进旅游项目以丰富村庄内部旅游资源和向外扩展和输出旅游产业链两个方向发展乡村旅游产业。一方面，2016 年之后，先后引进飞机滑翔、汽车漂移等都市特色体验项目及"星巴克"咖啡屋等都市文化休闲娱乐项目，进一步扩展村庄内部的旅游资源；同时，2016 年元村为建设农业观光园，在东门修建了农业体验园，并于 2016 年国庆期间举办了向日葵花展。农业生产自身的旅游价值丰富，农业、包括手工业的生产过程，以及采摘园、观光园的设置，使得农耕文化成为一种非常重要的旅游资源。加强乡村生态环境和文化遗产保护，发展乡村旅游，建设具有历史记忆、地域特点、民族风情的特色小镇，构建一村一品、一村一景、一村一韵的魅力村庄和宜游宜养的森林景区，有利于保护农耕文化中的生态文明。农耕文化的另一个重要功能就是教育，通过农业劳动和农业体验，可以让人更深刻地感知中国的传统文化。另一方面，为了进一步扩大影响力，元村通过"进城"和"出省"两个关键策略使品牌走出村庄，与城市市场直接对接，同时尝试开发更广阔的省外市场。第一是在陕西省内重点城市开办"元村城市体验店"，使城市居民在家门口就可以享受到健康安全的特色小吃，在体验店同时设有专门区域，售卖元村品牌的菜籽油、面、醋等农副产品。目前，在西安市有15家"元村城市体验店"，年均总产值在4亿元左右，带动1500余人就业。第二是跨省份合作，主要是将元村乡村旅游发展的经验、模式推广至其他省份，因地制宜地打造不同地域文化下的"元村"式的乡村旅游，自2015年开始，陆续在青海、河南、山西、湖北4个省份建立了出省基地，元村的加入为当地乡村旅游发展提供了先进的经营理念，注入了新的活力，明显带动了当地农民致富。

三 元村旅游发展特点

（一）以整合区域特色旅游资源为发展策略

元村乡村旅游业蓬勃发展的主要原因是形成了自己特色，从而在同类型旅游项目中可以成功吸引游客，其特色主要表现在以下4个方面：

1. 各地美味小吃

俗话说，"民以食为天"，在食品安全频出事故的当下，人们尤其注重食品安全，对于食物的选择逐渐谨慎。品尝元村的小吃在游客的各类游览活动中高居榜首，基本上是每个游客的必备选择。元村小吃吸引游客的主要原因有以下几点。

第一，种类繁多。元村的小吃除了小吃街之外还有回民街、祠堂街等地方，在元村不仅可以吃到西北特色美食，还可以品尝到重庆美味火锅、云南鲜花饼、甚至韩国美食、日本美食。在这里人们可以尽情品尝符合自己口味的小吃，元村真正做到了"不出元村，品尝各地美食"。

第二，味道鲜美。这是众多食客选择元村的重要原因。因此，元村商铺入驻都是以技艺取胜，其过程一般如下：打算入驻的商家申报经营项目，村上评估审核其经营资质，确保产品不重复，最后商家把要经营的小吃做出来比赛，由专门人员负责打分，最后得分最高的胜出，才可以入驻元村。在层层把关之下，村委会书记 GZW 自豪地说，"我们真正做到了把最好的味道提供给游客"。正是在这样严格的制度筛选之下，保证了元村小吃味道的鲜美，吸引了大批游客专门品尝小吃。

第三，质量有保证。据现任村委会书记 GZW 介绍，元村小吃街、作坊街建设之初就是为了重建食客与商贩之间的信任，"在元村，你可以放心地吃任何小吃"。笔者了解到，元村小吃所需食材大部分来自元村内部供应，内部没有的就由村上把关，进行集中采购，从源头上保证了食材安全。此外，严格的监管体系也是元村食品安全不可忽视的一方面。诚信是元村的独特优势，元村商户以"毒誓"的方式将写有食品安全承诺书的牌匾挂在门口，以传统中国人最敬畏的、最珍视的东西作保，希望获取消费者的信任，让消费者知晓食品采取真材实料。例如驴蹄子面家的承诺是"本店所用面粉选用优质小麦，由本村面坊加工而成。辣子、菜籽油、纯粮、醋、大料均由元村作坊精心加工而成，纯手工制作，工艺复杂，不含任何添加剂。店主重誓承诺：若有掺假行为，甘愿后辈受穷"。

第四，食品安全。作为元村兴盛发展的生命线，食品安全成为元村每一个经营者共同维护的经营原则。以"农民捍卫食品安全"为口号，元村人从源头上遏制了食品安全事故的萌发，并通过一系列的监督检查以及规章制度来保障食品安全，元村的每一位村民都以自己的实际经营践行着作为元村人所承担的食品安全的责任，这种对食品安全的高度重视，体现着元村人对"信任"的维护，对生命的尊重，也是元村可持续发展的保障。

2. 特色古建筑

整个元村都是文化再造的产物，发展乡村旅游业之前的元村无山无水，没有古建筑，除了水泥厂、白灰窑厂等再无其他，外人看来，根本不具备发展乡村旅游的条件。但是通过文化再造，小吃街、作坊街、回民街、书院街等先后被建立起来，这些建筑刻意采用仿古设计，尽量还原传统关中生活，如店铺里面的小矮桌、小板凳，街道上坑坑洼洼的仿古石板路等，都是后期建造时刻意为之。

元村的仿古式建筑，融合了各地风格，是元村建筑不可忽视的一部分。书院街的一幢在建高楼，据说是山西风格的建筑，这座建筑复制了山西原建筑的比例，同时材料也是和原建筑一样，完全是把山西的建筑"搬"到了元村。同时，2018年国庆节期间开园的向日葵园，园中建筑又是按照民国时期的风格来建，"等到全部建好，进入园中，游客就会感觉回到了民国"。除此之外，街上还有伊斯兰风情、苏州风景园林式的客栈，同时还有日本风格的酒吧，很好地满足了年轻游客猎奇、体验不同风格的需要。

3. 民俗体验

观看民俗表演是节日期间来元村游玩的游客不可不参加的活动之一。高台花鼓是一种古老的汉族民间舞蹈，作为一种非物质文化遗产，高台花鼓传承人苏某带领陈家班团队在元村驻村表演，每天三场，场场都是围观人数爆满，曾听到多名游客抱怨"人太多，压根挤不到跟前"。通过观看高台花鼓，游客对这种古老的艺术形式有了一定程度的了解。

另外，这里还有独具特色的皮影表演。皮影作为一种古老艺术，同时也是国家非物质文化遗产，是中国民间广为流传的傀儡戏之一。表演时，艺人们在白色幕布后面，一边操纵戏曲人物，一边用当地流行的曲调唱述故事，同时配以打击乐器和弦乐，具有浓厚的乡土气息，游客在喝茶休闲的同时还可以欣赏风箱音乐和皮影，给游客带来视听享受。

4. 传统作坊生产

目前元村的作坊生产主要有面、油、醋、辣子、豆腐等富有传统特色的老作坊，其作坊采用传统方法生产，生产过程透明。传统磨面工艺中不含添加剂，人工低速研磨，有效地保留了面粉中的营养成分，色泽微黄，口感筋道，麦香纯正。豆腐坊做豆腐的卢某，利用祖传手艺做豆腐，工艺很讲究，必须选用颗粒饱满整齐的新豆，用浆水点出来。除此之外，豆腐坊还经营豆浆、豆花等，据卢某介绍，他们这里的豆浆、豆花全部无添加，味道醇厚，口感极好。食醋坊目前的经营者是郭某夫妇，他们的酿醋手艺和卢某的豆腐一样，都是祖传手艺，出于不想让手艺失传的想法，他们亲自经营着醋坊。辣椒坊的经营者是袁某，在他的辣椒坊里，一个磨盘，两头驴，上好的红辣椒，洗净晾干烤制，晾凉之后上磨盘研磨，研磨之后就成了味道醇正的元村辣椒。元村的作坊生产所需原料一般都有固定的协作种植基地或供应公司，由村上统一采购、保管，保留协议、票据、检测报告，做到每一种原料都追根溯源、保证质量。一旦发现私自采购的商户，立即取消其经营资格，所有违法违规活动，一经发现一律从严处理。严格的源头保障和传统无添加的工艺生产，成为元村作坊生产的生命线，同时，作坊生产的质量保证了其他以作坊生产原料的小吃等食品的质量。这也成为作坊生产吸引顾客的原因之一，一方面游客可以观看传统工艺，了解生产过程；另一方面，他们可以带走无公害、加工生产过程透明的放心食品。

总体上来看，元村的特色都离不开独具风格的文化建设，元村不仅仅只是做旅游，他们还在做文化。通过让游客品尝小吃，可以感受浓郁的西北饮食文化；通过传统作坊生产，游客可以详细观看整个制作过程，了解传统制作工艺，学习传统的作坊文化；通过观看回民街特色鲜明的伊斯兰建筑以及品尝清真美食，游客可以学习伊斯兰文化。元村通过文化建设，让游客感受不同文化的碰撞，接受不同文化的熏陶，使得游客从心理上产生了对元村文化的认同。

（二）以产业融合为发展路径

1. 个案简介

本节所采用的案例来源于元村"前店后厂"的实体子公司——豆腐坊合作社。访谈对象为现豆腐坊合作社社长——卢某。2007年，卢某在自己村里卖豆腐，元村老书记GYL把他请到了元村，依然以经营豆腐为主，其作坊是元村最早经营的作坊之一，也是目前元村经济效益最好的作坊之一。豆腐坊最初是个体经营，在规模逐渐扩大，经济效益逐渐上升之后，2011年由村干部与豆腐坊老板共同决定成立豆腐坊合作社，实行股份制，入股采取自愿原则，股金没有限制，2012年卢记豆腐加入合作社，店铺里有豆花、豆浆、老豆腐、蘸水豆腐等，每份价格基本在游客可以接受的范围内。同时，卢某强调元村领导干部为了确保食品安全进行了严格的管理,豆子是统一购买的,醋、辣椒、油等都是村里的原材料,每一户买的材料价格都是一样的。现豆腐坊合作社社员共96人、员工18人,平均每人每月工资为2520元,卢某既是豆腐坊的最大股东也是合作社的社长。从他那里我们了解到豆腐坊合作社的分红比例,在豆腐坊合作社的营业额中,股东分红占收入的40%,其中卢某可以分得红利的30%,其余股东按入股比例分配。随着旅游人数的增多,豆腐坊的营业额不断增加,2007年的营业额为1万元左右,2008年增长至1.5万元,2010年达到50万元。2011年成立合作社,豆腐坊规模的扩大,营业额快速上升。2012年的营业额为100万元,2013年的营业额为139.8万元,2014年增长至416.3万元,2015年的营业额为279万元。从卢某那里我们还了解到,周末节假日,豆腐坊营业额可以达到平均1—2万元,游客量大时日营业额可多达3万元。日均营业额为3000—4000元。

豆腐坊的原料主要是豆子,来源于东北五常地区,豆子是由元村旅游管理公司统一筛选、检测,并由其统一调配运输。从豆子进入豆腐坊,需要元村旅游管理公司严格把控,不同地区资源的调配促进了资源的有效利用和产业结构的优化。豆子从生产基地进入豆腐坊合作社,既保证了豆腐坊的原材料供给,又保障了生产基地农户稳定的收入,稳定的供给关系提供了大量的就业岗位。豆子在豆腐坊中进行加工、处理,其加工和制作过程完全透明和公开,游客可以免费参观和体验。同时,豆腐坊合作社的管理模式是由股份制的模式构成,股金没有限制,入股自由。在豆腐坊合作社中工作的人员既有入股的股东,也有附近村庄的返乡青年,有效促进了农村劳动力的充分就业。

2007年元村开始创办关中民俗体验地,村庄实现第二次转型,定位是乡村旅游发展,三产深化融合,产业结构优化。乡村旅游是产业融合实现的模式之一,三产融合也依靠乡村旅游的平台进一步发展,这二者共同作用于农村的发展,增加农户的收入,完善农村的基础设施,促进农村地区的现代化以及村民市民化的转变,有效解决了农村贫困的困境。

2. 产业融合实现路径的分析

农村产业融合应调动农村地区各主体的积极性,通过整合区域范围内的资源，实现优势互补，搭建产业链条、促进产业网络的形成。如图2—3，在乡村旅游的背景下，农村地区的三种业态相互作用、相互融合。以农产品种植为主的第一产业，在农户集中、土地流转的条件下进行规模化经营，为"前店后厂"的公司提供原材料，同时"前店后厂"公司与生产基地形成合作关系，固定收购农产品，保证生产基地农户的就业。"前店后厂"的模式，是销售与参观的结合，农民合作入股形成合作社，合作社依股分红，共同经营公司。股份制合作社为消费者直接提供消费商品，在乡村旅游平台下，同时满足消费者参观的需要。另外，消费者也可直接体验生产基地的采摘，生态农业观光，继而实现第一产业和第三产业融合，乡村旅游的发展复兴农耕文化和农业文明，提升了农民对资源的控制权，三产融合的实践和产业链条的建立促使原来"农户—中间商—市场"模式，变成"农户—市场"或"农户—合作社—市场"的模式，使农民处于主体地位，把农产品带入到加工和销售环节。产业融合提高了农民市场中的话语权，拉近了农民与市场之间的距离，改变农民在流动领域中被挤压的现状。

本书以元村为例，结合豆腐坊合作社个案，从产业融合的成功实践来看，可归结以下五大方面：以乡村旅游为背景，集体经济为基础，乡村精英与村级组织为导向，土地流转为实现条件，农村合作组织为驱动力。

（1）集体经济实现形式有效，个体集体共享发展。薛继亮和李录堂认为农村集体经济的有效实现模式有以下五种：土地流转下的农民自助模式、县域下的"政府组织＋农户运行"模式、循环产业园区模式、各类农民专业合作经济组织和杨凌高新示范园区模式[1]。王德祥、张建忠认为那些超越了村级范围、具有较大包容性与开放性的集体经济形式或发展模式，最有可能成为今后一个时期中国农村集体经济的主要实现形式[2]。元村集体经济的发展经历了两个阶段：传统农业转变为现代工业，

---

[1] 薛继亮、李录堂：《我国农村集体经济有效实现的新形式：来自陕西的经验》，《上海大学学报》（社会科学版）2011年第1期。

[2] 王德祥、张建忠：《我国农村集体经济组织形式发展趋势研究》，《西北农林科技大学学报》（社会科学版）2011年第1期。

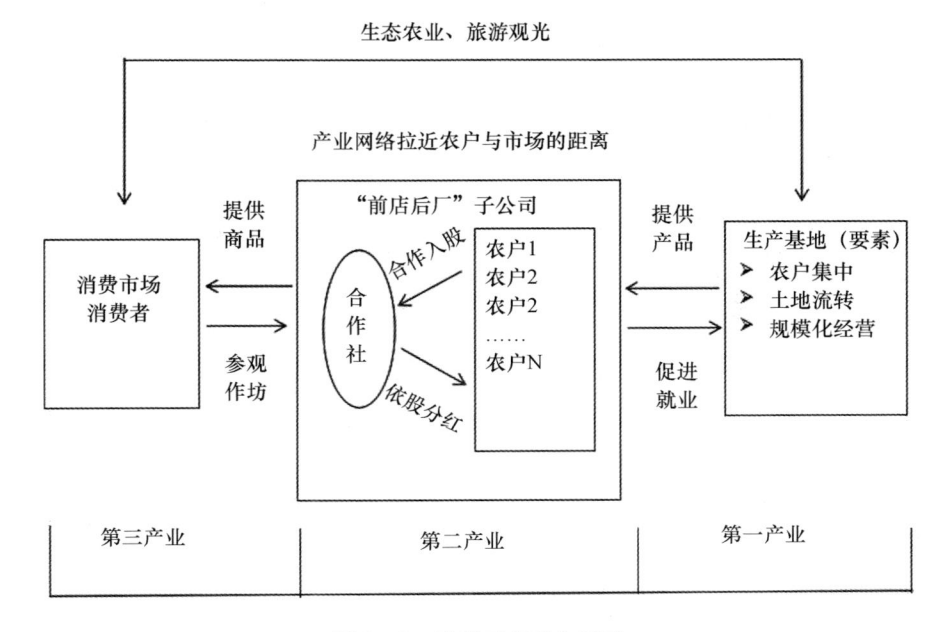

图 2—3　元村三产融合图示

村民的温饱问题得以解决；村集体工业转变为乡村旅游业，村民的富裕问题得以解决。元村集体经济的两次成功转型为村庄的后续发展提供了持续动力，并为当地新农村建设奠定了良好基础。张忠根、李华敏认为，在当前体制下，村级集体经济在保障农村基层组织正常运转、提供农村公共设施和服务、建立和完善农村社会福利和社会保障体系等方面承担着重要的责任，在社会主义新农村建设中起着十分重要的作用[1]。元村集体经济是在原有村集体所有制基础成立集体所有制企业，集体成员既是企业股东又是企业员工。集体所有制企业一方面通过整合各种资源，统筹规划，提高了资源利用率；另一方面又充分调动了集体成员的劳动积极性。村集体经济力量强，实现形式有效，这对两次转型的成功发挥了重要的作用，同时这种历史性的因素增强了村落共同体的凝聚力，村民

---

[1] 张忠根、李华敏：《农村村级集体经济发展：作用、问题与思考——基于浙江省138个村的调查》，《农业经济问题》2007年第11期。

和村集体的共生意识强,通过社区股份合作制和土地股份合作制来实现产权制度的变更,为产业融合提供了基础力量。

(2) 村级组织管理精细,村民参与机制完善。元村产业融合的成果不仅仅得益于其独特的历史因素,同时也是在乡村精英、村级组织与管理公司的合力工作下推动的。在中国农村社会现代化转型和市场经济的迅速发展中,农村精英紧跟时代发展步伐,且由于他们拥有灵活的致富头脑和较高的科学文化素养而在村民中享有较高的威望和较强的号召力,影响普通村民的思想和行为,成为农村社会发展、农民发家致富的领路人①。从卢某那里我们了解到,2007 年,上一任村书记请他来到的元村,刚来时,村里已经建好现成的作坊,消毒设备、冷藏设备、工服、口罩、手套等一应俱全,豆子原料统一供应。村里为留住技术和人才,每月为他发放工资补贴,并且豆腐坊的全部收入也归其所有。卢某借助元村旅游平台把豆腐做大,并且在现书记 GZW 的有序管理和无私服务下,豆腐坊合作社的效益越来越好,现在每年毛利润可达到 200 万元左右。乡村政治精英对元村产业融合的导向作用巨大,从老一任书记到现任书记的精英继替体现了文化资本的代际传承。同时,在产业融合链条的形成中,从原材料的引进、作坊的加工到游客的参观和售出,各个环节都有专业部门负责管理和监督,管理机制的组织化和精细化,形成高效有序的管理模式,促进村庄产业的良性循环。因此,村民对村级组织信任度高,乡村政治精英具有权威性,同时村民的认同感与集体行动力强。

(3) 农业产业化经营有序,股份制合作社模式高效。在中国政府的大力推动下,合作社、家庭农场和龙头企业正崛起为中国农业的新型经营主体,成为中国农业发展的重要驱动力②。自《农民专业合作社法》于 2006 年颁布,农村合作社的数量就出现了迅速增长。截至 2014 年 2 月,

---

① 倪超英、王惠:《试论农村精英与农村社会发展——以吉林省为例》,《行政与法》2013 年第 11 期。
② 严海蓉、陈义媛:《中国农业资本化的特征和方向:自下而上和自上而下的资本化动力》,《开放时代》,2015 第 5 期。

全国农村合作社的数量超过了 2010 年的 3.5 倍，达到 100 万家①。2016 年，元村有 14 家股份制合作社，8 家"前店后厂"实体子公司，2013 年豆腐、辣子、醪糟、酸奶等专业公司利润率平均超过了 50%。合作社规模大小不等，入股金额和股东的地域没有限制，形成一种利益共享、风险共担的监督机制，元村打造成为"滚雪球"式发展的"农民创业平台"。股份合作社的模式使得农户和市场之间的距离缩小，农户既是生产者又是经营者，打破了"农户+公司+市场"的模式，使农民挣脱出在流通领域所遭受的挤压，进而成为直接的盈利者。对于元村豆腐坊的发展，以及从其在产业融合实践中的作用来看，豆腐坊合作社成为连接第一产业与第三产业的中间环节。借助元村的旅游平台，大面积种植的豆子有了固定的收购商，豆子种植户有了致富渠道，豆腐坊经过加工，把豆腐、豆腐脑等产品卖给游客，同时游客又可以深入参观体验豆腐的加工过程，促进了元村旅游业的发展。豆腐坊合作社产供销一体化是结合东北豆子的种植、"后厂"中豆子的加工，"前店"豆制品销售以及融入游客体验为主的旅游业，其平均每年556700斤的产品销量，不仅为豆腐坊合作社自身带来了良好的经济收入，还扩大了元村旅游业的影响，同时也促进了豆子种植业的规模化发展，三种业态彼此依托，互相推动，形成农村发展的新业态。这种互相给养的模式增辉了乡村旅游品牌。

（4）搭建乡村旅游平台，建构网络经济模式。元村以关中民俗体验地开展乡村旅游，构建特色旅游平台，促进村民"非农化"转变，由之前从事果园种植业到现在 100% 就业于农家乐，从第一产业转变到了第三产业。在农村地区完成加工和销售以缩短食品供应链，通过构建巢状市场（Nested Market）来直接联系消费者。这种新型的市场不仅需要使用更多的劳动力进行生产，还需要在乡村旅游中款待城市居民，从而形成新的农业生产实践，并增加农业活动的附加值②。元村通过产业融合构建出的巢状市场，缩短了农户和市场的距离，满足了农户和城市居民双方的

---

① "中国农民工资收入首超家庭经营纯收入"，财新网，2014 年 4 月 11 日，http://china.caixin.com/2014-04-11/100664314.html。

② 叶敬忠：《农政与发展当代思潮（第二卷）》，社会科学文献出版社 2016 年版。

需要，形成乡村旅游和产业融合二者的良性互动。同时，元村的小吃街、作坊街给外村的农民、大学生等提供了良好的创业平台，保证本村村民100%就业的同时给其他群体提供3000多个就业岗位。乡村旅游促使企业落镇、人力资源回流乡村，整体上促进农村地区的发展。在乡村旅游的平台下，现在已经有豆腐、酸奶等10家作坊孵化成为农产品加工企业，正在做QS认证。并且一些经过筛选的、相对成熟、高端的餐饮品牌已经被引入元村，如2013年德懋恭落地元村，让游客不断保持新鲜的游览与消费体验，使农村地区既可以保持其"乡村性"，又具有极大的发展潜力和机会。通过乡村旅游组织建设保证乡村居民参与旅游、受益旅游的权力，延伸产业链条，强化以乡村旅游为纽带的乡村三产的高效融合，充分提高乡村居民的物质和精神生活水准[①]。

（5）非农就业机会增多，土地流转意愿增强。多样元素合作打造出来的多元化、多样化的村落面貌，这些都成为元村旅游的新亮点。元村旅游村落的建立使得产业融合有了更大的空间，村民的非农就业机会增多，打破原来被土地束缚的现状，开始从事第三产业，土地流转的意愿增强，使得农业规模化生产和农业产业化的链条得以建立。唐仁健强调农村实行以家庭承包经营为基础、统分结合的双层经营体制以来，"分"的层面分得彻底、激励充分，但"统"的层面统得不够、明显滞后，要积极发展生产、供销、信用"三位一体"综合合作[②]。土地流转是产业规模扩大和产业融合的重要条件，有利于农业产业的统筹规划，促进多种业态共同发展。根据实地调研发现，元村除了村集体共同拥有的630亩土地之外，还通过土地流转的方式将周边村庄的部分土地纳入旅游经济发展规划当中，而土地流转的形式则有固定租金和一次性支付租金两种，前者主要是采取固定地租的方式使用周边村庄土地种植特色农产品，后者则采取一次性支付租金以长期获得农户土地使用权，主要用于停车场和游客中心等旅游景区基础设施建设。随着基础设施的不断完善，游客

---

① 尤海涛、马波、陈磊：《乡村旅游的本质回归：乡村性的认知与保护》，《中国人口·资源与环境》2012年第9期。

② 唐仁健：《农业供给侧结构性改革 怎么看怎么干》，《人民日报》2017年2月6日。

数量增多，旅游业进一步发展，从而形成旅游业与城镇化相互促进的良性发展局面。根据元村现有资源整合特征、发展现状以及产业关联性进行功能布局，各个功能区域的合理布局使元村各个功能区相互映衬，彼此依托，实现了各个功能街区之间的彼此联合，各种业态相互融合，最终促进元村的整体发展。

（三）以食品安全为发展宗旨

礼泉县元村2007年率先提出打造关中民俗文化旅游第一品牌的目标，以村庄为载体，以村民为主体，建成民俗浓厚、特色鲜明的"关中印象体验地"，开陕西乡村旅游先河，成了关中旅游景区亮点，成功实现了村域经济转型。经过近10年的发展，元村已成为基础设施较为完备、服务功能较为齐全，既有民俗风情、又有创意文化，既有田园乡愁、又有都市时尚的乡村旅游和休闲度假胜地。元村有陕西美食近300种，且每种只有一家，绝不重样。自2007年元村确立发展乡村旅游的目标以来，兼具安全与美味的特色小吃，为元村带来持续发展的可能。

元村有店铺124家，有传统作坊生产的食材：面、茶、油、醋、辣子、豆腐，也有凉粉、麻花、粉汤羊血、锅盔、石子馍、橄子、蓼花糖、砖茶、臊子面、馍豆豆、蝎子酒、摊黄等关中传统小吃，为了避免恶性竞争，每家不重样。此外，还可以随处看到磨盘、上马石、影壁、门墩、柱础、墀头等传统关中标志性物件。还建成了"小吃街"、"康庄老街"、"回民街"、"酒吧街"、"祠堂街"及"书院街"等多元化街区。

元村以"农民捍卫食品安全"为口号，以最严的标准，监督、处罚、问责为之保驾护航。元村旅游业发展初始，GZW书记就有个目标，"元村首先要成为首府西安700多万人的大餐桌"。为了完成这个目标，元村每一个村民、每一个经营者都需要严守食品安全的防线，从源头抓起，将制度与监管相协调，全民共同捍卫食品安全。

1. 关注食品源头，明确检测规范

一方面，为了从源头上保证安全，元村所有食品经营户所需的原料，全部由元村的作坊统一生产供应，严禁私自从村外采购食品，如大米、红薯、大豆等一般都有固定的协作种植基地或供应公司，整个元村的蔬菜供应与小梁、宝良、发余三家供应商有合作往来，货源均从东门进入，有专门的检查人员负责农药残留的检测，保障蔬菜的质量。对于从村外采购食品的商户，取消其经营资格，所有违法违规活动，一经发现一律从严处理。回民街自入驻元村时，就签订了食品安全协议，服从元村的一系列食品安全的管理，要求商户保障店面卫生及环境卫生，及时清扫垃圾杂物，保证店内及环境卫生干净整洁，定时定点地对消毒设施进行检查，经营者还必须与公司签订食品安全责任书。GZW说："食品安全管好'出'与管好'进'一样重要。"元村除了格外重视生产原料和生产过程的安全外，对于废弃物的处理也有相应的章程。元村筹集资金，买了垃圾运转车，并且建成了一个垃圾处理场，统一处理，有效杜绝餐厨废弃物的非法回收利用，也使得景区环境更加干净整洁。

另一方面，元村对专门负责食品安全检测人员的具体职责进行了制度规定：第一，认真学习专业技术，熟练掌握快速检测操作规程；第二，负责检测设备的保养、维护和保管；第三，对样品进行取样，按规范和流程实施检测，并填写检测记录；第四，清楚、准确地填写食品安全快速检测报告，不得任意涂改，检测报告实行签字负责制度；第五，对检测不合格的食品填写快检不合格食品处置登记表，将检测结果及时报告负责人做进一步处理。对于食品安全快速检测工作制定的规范有：第一，检测样品前操作人员应先对样品进行登记；第二，在进行检测时，根据检测项目的不同，必须严格按照说明书的要求进行操作，认真观察检测过程，不得擅自离开现场；第三，取用试剂的工具要做到"一试剂一工具"，取出未用完的试剂不能放回原瓶；第四，检测完毕，及时清理现场，使用过的检测仪器应切断电源；第五，玻璃器皿应刷洗干净，晾干放归原处；第六，工作完毕后，应用肥皂清洗双手；第七，对检测结果进行认真分析、准确判断、真实记录，不得伪造和涂改，专人负责填写食品安全快速检测报告登记表和可疑（问题）食品处置登记表，登记表保存期不少于2年；第八，检测记录应妥善保管，不得随意丢弃，以备检查；第九，经快速检测认为不合格的食品，要立即停止制售，按要求封存，将样品送往有资质的检验机构进行检测，经检测合格的食品可继续使用，不合格的食品报县食药局查处；第十，如经快速检测认为不合格的食品数量较少，价值较低且送检费用较高，应在本单位负责人的监督下进行销毁，并做好登记。

2. 多级监管格局，保障食品安全

元村党支部、村委会深刻认识到食品安全是元村旅游发展的生命线，是保护元村原生态食品品牌的法宝。元村以高频率多层次检查保障食品安全，进行严格的监督。各级组织各司其职，各管一头，分头负责，层层衔接，形成了多位一体的管理模式。

村上成立了农家乐协会和小吃街协会，形成了"综合办公室—村委会—旅游管理公司—农家乐（小吃街）协会"多层级管理格局。综合办公室由县政府抽调工商、质检、食药、公安等人员组成，食药局派一名同志常年驻村蹲点，每天在村干部协助下对食品加工经营点进行常规巡查。村上成立以村党支部书记为组长，村两委及其他主要成员全部参加的食品安全工作领导小组，村委会干部每人负责一条街，日常抽时间巡查，负责经营户的联络和违法活动的处理。旅游管理公司负责乡村旅游的规划设计，对食品经营户进行宣传培训，统一检查工作衣帽和餐具消毒等。农家乐协会和小吃街协会发挥行业协会自律作用，由经营户自行推选代表每天对商户店铺进行检查，逐一检查服装、工具摆放、地面清洁度、食材新鲜程度等，一旦发现问题，会及时找到店主，当下整改。在检查过程中，会进行相应的文字记录，例如"桌面卫生差"、"地面有烟头"、"凉粉没加纱盖"等……所有的信息汇总到村委会，在每周例会上公布。

除了元村自行的一套监管制度外，礼泉县食品药品监管局每季度还对村上大宗原材料抽检一次，县食药监局和旅游局每季度联合对元村从业人员集中培训一次，主讲餐饮食品、小作坊食品的操作规范、基本知识以及食品相关法律法规。对新人员重点培训，还对新许可小餐饮户人员进行岗前培训，考试合格方可上岗就业。为了提高经营户的服务意识和行业素质，元村组织经营户到云南、山西、四川以及国外（如泰国、日本）等多地进行考察学习。县食药监局根据元村回归传统，突出乡土气息的旅游理念，对元村小餐饮许可时，不在店铺面积大小和墙壁色彩上设置限制，重点核查影响食品安全的设施、设备等，并要求保证食品加工操作的规范。村上根据各经营户的客流量有偿发放一定数量的筷子，对筷子更换频率设有强制性要求。如 2013 年检测发现某油炸食品的过氧化值超标，村上立即罚款 2 万元。对采购原料把关不严的一家有名小吃则停业一周，令其损失好几万元。

3. 明晰制度规范，细化安全标准

元村先后出台一系列制度规范，对于违法经营的，在县食品药品监管部门依法查处的基础上，由村里对经营户进行另外的惩处，一旦发现非法添加行为将取消在元村的经营资格。每家商户墙上除了有健康证公示栏之外，还有《食品质量安全公开承诺书》和《食品原料采购与索证制度》。

在《食品质量安全公开承诺书》中承诺：第一，依法取得餐饮服务许可证、照，严格按照许可的经营范围亮证、照经营；第二，坚决杜绝使用非法添加剂及滥用食品添加剂；第三，严格落实进货检查制度、索证制度、进销货台账制度，所经营的食品来源一律做到有合法资质证明、有产品质量检验合格报告；第四，经营、使用中发现供货商提供的问题产品，做到不藏匿、不销售，及时清查上缴，并主动向县食品药品监督管理局报告；第五，坚持依法诚信经营，不销售使用过期、变质等不合格的食品，对保质期处于临界期的产品，坚决不销售及使用；第六，每年对食品从业人员组织培训，学习食品安全法律、法规、规章、标准和其他食品安全常识，强化守法诚信经营意识，提高食品安全管理能力和水平；第七，每年对本店从业人员进行健康检查，做到持证上岗。在《食品原料采购与索证制度》中对商户的要求有：第一，采购人员要认真学习有关法律规定，熟悉并掌握食品原料采购索证要求；第二，采购食品（包括食品成品、原料及食品添加剂、食品容器和包装材料、食品用工具和设备），要求按照国家有关规定向供方索取生产经营资质（许可证）和食品的检验合格证明，同时按照相关食品安全标准进行核查；第三，所索取的检验合格证明由单位食品安全管理人员妥善保存，以备查验；第四，腐败变质、掺杂掺假、发霉生虫、有毒有害、质量不新鲜的食品及原料以及无产地、无厂名、无生产日期和保质期或标志不清、超过保质期限的食品不得采购；第五，无《食品生产许可证》《食品流通许可证》的食品生产经营者供应的食品不得采购；第六，采购乳制品、肉制品、水产制品、食用油、调味品、酒类饮料、冷食制品、食品添加剂以及食品药品监督管理部门规定应当索证的其他食品等，均应严格索证索票，生肉、禽类应索取兽医部门的检疫合格证，进口食品及其原料应索取口岸监督管理部门出具的检疫合格证书；第七，验收员在验收食品时，要检查验收所购食品有无检验合格证明，并做好记录。

严格的食品安全管理制度，不但保证了元村食品的传统自然风味，也收获了消费者的口碑，增加了商户的收益。如今在元村，可观的收益和来之不易的经营机会使得商户们自发地遵守相关法律法规，行业自律已蔚然成为新风气。

4. 全民共同参与，共筑信任保障

走在元村的街道上，每隔不远就可以看到墙上张贴的合作社名单，上边明确写着入股人的姓名、地址和入股金额。从规模上看，合作社规模大小不等，小则20人，大则300人；从入股金额上看，合作社合作资金也没有限制，有2000元、5000元，也有100000元、200000元；从成员身份上看，有元村村民，也有礼泉县其他镇村以及附近市区来元村的商户，商户和村民既能自行经营，也可以入股到各个合作社当"老板"，建立起了元村村民和商户利益共享的纽带。

食品安全，作为元村兴盛发展的生命线，是元村每一个村民、每一个经营者共同捍卫的道德观和义务。元村人始终以"农民捍卫食品安全"为口号，强调从源头上遏制食品安全事故的萌发，并通过一系列的监督检查及制度来保障食品安全，元村每一位村民以自己的实际经营践行着作为元村人所承担的食品安全的责任，这种对食品安全的高度重视，体现着元村人对"信任"的维护，对生命的尊重，也是元村可持续发展的保障。元村豆腐脑经营者CPF提到，"豆腐脑在关中是一种很普遍性的食品，大街小巷都有，但大家从来没有想过食品安全的问题，认为只要弄得干净些就行。但到了元村后，豆子、辣子、油、盐等原料必须统一供应，而且顾客用完的碗也要经过消毒才能用。做了几十年豆腐脑营生，第一次办了健康证，每天头一件事是检查村里配的灭蝇灯、消毒柜是不是正常使用。你肯定不相信，3元一碗的豆腐脑，我一年毛收入86万元。因为元村豆腐脑，大家吃得放心"。66岁的"新村民"CPF，是元村豆腐脑的经营者，如今，他和两个儿子都融入元村小吃平台的生意里。

（四）以"创业创新"为发展源泉

近年来，农民已经成为中国"大众创业、万众创新"的重要组成部分，这也是为农村储备和培养各类人才的必然选择。在"大众创业、万众创新"的时代浪潮下，元村为各类人才积极打造创业平台，创造良好的创业环境，营造开放、自由的创业氛围，吸引了众多人才带着自己的特色项目来到元村，开启创业之路，共同推动元村的发展。在2006年，村委会投资500万元注册关中印象旅游有限公司并兴办农家乐。然而，实践证明独立的农家乐无法支撑起元村的旅游业，因此村委会在2009年首先建设了小吃一条街的商铺，将其免费提供给村民入驻经营。此后，村委会投资大量资金先后建起康庄老街、书院街、回民街、祠堂街、酒吧街与艺术长廊，为村民甚至更大范围内的人提供了创业就业的平台，大幅度提高了村民的收入。

1. 元村的创业环境

在2014年9月的夏季达沃斯论坛上，李克强总理提出，要在960多万平方千米土地上掀起"大众创业""草根创业"的新浪潮，形成"万众创新""人人创新"的新势态。推动"大众创业、万众创新"，既可以扩大就业、增加居民收入，又有利于促进社会主义和谐发展。元村响应时代的号召，大力推动农民自主创业。鼓励当地、外地农民在元村创业，接纳大学生创客、青年创业团队入驻并提供创业扶持。老书记GYL在座谈会上谈到元村创业的核心是人才，为了吸引人才，元村抓住机遇，打造了"两创"平台。

为了打造"两创"平台，营造一个创业新环境，元村建设和完善了基础设施，如村级文化健身活动广场、进柿（士）林生态停车场、星级公厕、村史馆、游客服务中心等，使游客和经营户受益。元村同时打造了创业的免费平台，例如店铺免租、免税，农民创业平台的固定摊位、水果流动摊位等。同时根据元村的发展规划，选择项目入驻"八大街区"。经营项目需要进行筛选，农家乐主要是由当地村民经营；小吃街的商铺则采取招商入驻的方式进行，同类小吃不能重复，有相关手艺者皆可竞争；酒吧街和祠堂东街主要是以青年创业项目为主。项目入驻需要申请项目、撰写计划书、审核产品,由村委会开会协商决定项目。项目具备的条件是:"一户一品"、独具特色、与元村文化元素相融合。元村是一个让不同文化背景的人们思想相互碰撞的平台,同时,多元主体的加入也更加促进元村的创新意识和创新能力。

2. 元村的创业现状

元村有"中国十大最美乡村、中国十佳小康村、中国乡村旅游创客示范基地"等荣誉称号,元村在村干部的带领下,全村村民团结一致,艰苦奋斗,把元村建设成集餐饮、民俗文化、住宿、娱乐及旅游于一体的示范乡村,元村凝聚了集体智慧,是"大众创业、万众创新"的经典范本,同时也是全国乡村创业发展的一面旗帜。

从2007年到2016年,农家乐由原来的5家发展到60家,基本上达到饱和状态;小吃街主要包括康庄街、祠堂街和回民街三条街,酒吧街于2011年建成,已有13户,酒吧现有茶馆17家;元村在原来的布坊、醋坊、磨面坊、油坊、茶坊、豆腐坊、辣子坊7个作坊基础上增加了醪糟、粉条、酸奶3个作坊;除了店铺,还有街道旁的26家固定零售摊位和根据游客量变化的流动摊位。一个具有原住村民286人的元村吸引了近3000个生意人长期固定聚集在此,形成了元村现有的发展规模。元村创业群体以农民为主,主要集中在小吃街、作坊街、农家乐和农民创业平台,年轻创客和大学生主要集中在酒吧街和祠堂东街。

从景区的商户运营类型来看,我们可以区分出合作社、个体商户、外招公司等三种形式。第一种形式,包括了小吃街合作社和各作坊合作社,由村民入股,小吃街、康庄老街与作坊街的店铺属于这种管理类型。店铺由景区免费提供给村民,景区财务统一进行监督和管理,并负责一年两次的分红,最后提取一定比例的收入作为景区运营资金。第二种形式,个体商户主要分布在酒吧街、艺术长廊、书院街、祠堂街等街面。此类商户获得免费店铺的同时,在符合景区的要求下独立经营,自营自利,景区不收取任何费用。第三种形式,以回民街为代表。回民街在遵守整体发展规划的前提下,入驻元村,并由回民街自主管理,自主经营,直到回民街收回入驻元村时的投资后,旅游公司才向其征收一定费用。

元村打造了自己的食品品牌,例如元村的面、油、辣子、醋、粉条、酸奶、雪糕等，将优势项目股份制，村民自愿加入合作社，实行分红，缩小贫富差距，促进公正公平。元村还有关中印象体验品牌和旅游产业，通过不断地创业创新，达到可持续发展，已形成"大众创业"的良性循环。

3. 元村的创业者类型

来元村创业的人群多样化，主要有农民创业者、青年创业者、返乡创业者和大学生创业者等，针对这四类人群选取了五个具有代表性的案例进行深度访谈。

（1）农民创业者。元村主要是为农民打造创业平台，以创业带动就业，形成创业新趋势。农民创业者主要集中在农家乐、小吃街、作坊街、固定零售摊位。元村的创业成功案例影响了外地村民，因此外地村民积极加入元村，已经成为主要力量。

案例 2-1：麻花店经营者刘先生是元村本村人，在元村开始建设小吃街后，由于元村可以免费提供店铺，2011 年开始选择自主创业，专门经营麻花店。随着元村旅游市场不断繁荣，游客出现了爆发式的增长，游客对麻花的需求量剧增，现在店铺已经扩展到两家，麻花店每天用掉十几袋面粉，员工现场和面制作麻花，一根 2 元，日营业额达到 8000—12000 元，成为村庄成功创业的典范。

（2）青年创业者。青年创业者年龄大多在 26—35 岁，以经营酒吧、咖啡厅以及具有现代气息的精品屋为主。青年创业者已经成为元村发展支柱，他们是一群充满激情，有创意，善于整合资源，敢于创业、勇于创业的新时代青年。

案例 2-2："如此"系列小店老板陈某在本科毕业三年后，与大学同学带着文化创意类项目来到元村，结合特色给元村定制了文创产品，如手绘地图册、产品包装设计、手工制品等，2014 年 2 月"如此手工"艺术小店顺利开业。陈某提到带有元村特色的文创产品深受游客的喜爱，游客需求量大，具有很大的市场潜力，因此他们又在艺术长廊街和祠堂街开设"如此陶艺"和"如此生活"两家小店。由此,"如此"创业团队由最初的3人发展到现在的15人。

(3)返乡创业者。农民通过外出打工、工作,积累一定的技术、资金等要素回乡创业,这类创业者已经比较普遍,主要集中在农家乐、小吃街、祠堂东街。辞职返乡主要是为建设家乡贡献力量。

案例2-3:休闲农家13号经营者王某在2009年辞职回到元村创业,她希望能够回到家乡为元村的发展做出自己的一份贡献。王某提到农家乐是元村发展乡村旅游初期开发的旅游项目之一,主要是通过口碑来赢得游客,以提供原汁原味的农家食品为特色,同时注重引入游客对现代化民宿的服务需求,随着游客人数的不断增多,元村的农家乐也越办越红火。客源由最初的陕西省的宝鸡、咸阳、西安、铜川、渭南,扩展到甘肃、河南、河北等其他省份。

(4)大学生创业者。最近几年,大学生创业者已经成为元村发展的新生力量。这类人群集中在祠堂东街、艺术长廊和酒吧街。包括留学归来创业的居酒屋的何老板、追逐梦想的大学生创业团队等。

案例2-4:位于祠堂东街的居酒屋是由从日本留学归来的何某创立的,他提到创业的初衷是希望能够把日本元素巧妙地与元村的文化特色融合起来,给予游客一个全新的文化体验项目,如亲自体验和服是店里的一个独具特色的活动。他谈到在创业之初确实会面临很多的困难,但在元村的支持和帮助下,他一直坚持做好服务,坚持把服务做到极致、做到舒服的服务理念,同时他坚信元村是一个很好的创业平台,只要坚持下去一定会成功,而且事实上也证明他获得了成功。

案例2-5:"走走听听"App项目负责人王某是陕西某高校的一名在校大学生,元村是他们App的第一个景区试点,该项目取得了一定成效。王某提到App项目推广的成功离不开元村的支持,特别是元村为他们团队在村里提供了推广平台并免费为他们提供住宿和餐饮等，元村提供的种种便利让他们免除了后顾之忧。他提到元村拥有良好的创业环境，而且还有诸多优惠政策，有助于帮助大学生团队实现创业梦想。

4. 元村的创业政策与采取的措施

（1）打造创业平台，激发创业想法。积极打造平台，让农民创业有舞台。在元村里建设了农民创业街，农民前来创业，元村改善投资硬环境，打造了创业服务平台，依托元村的公共基础设施和公共服务，建立健全农民创业服务体系。元村积极整合部门资源，帮助农民搜集市场信息，免费为农民提供信息服务，构建有效的信息平台。元村营造了良好的农民创业环境，增强了农民创业安全感。元村打造创业大平台，激发农民的创造活力，萌发创业想法，形成"大众创业、万众创新"的生动局面，同时紧紧抓住发展机遇，增强创新意识，发挥村干部的带头作用，促进全村创新意识。

（2）加大创业扶持，吸引人才入驻。元村根据农民创业创新政策，梳理政策"干货"并集中宣传、结合元村的实际情况采取措施，做到了整合资源项目，形成合力，共同推进。为了达到全村共同创业共同富裕的目标，村组织先后出台了一系列的创业支持政策，如为先行启动农家乐装修改造的农户，提供一半的补贴费用。由村组织筹集资金建设新街，为进入街区的商户提供全部免收租金和其他的创业扶持；外来社会资金投入元村旅游建设，村组织免费为其提供土地，并给予大力支持等。此类政策吸引返乡创业者、大学生创业者、青年创业者等众多人才积极加入元村创业浪潮中，为元村的发展注入了新血液。

（3）注重理念教育，强调技能培训。元村在"大众创业、万众创新"的背景下倡导加强教育和创业培训，运用政府购买服务的机制帮助返乡创业人员改善经营，开拓市场。为了开阔村民的视野，达到理念的创新，元村建设了农民学校，教育的重点是全村村民的思想能与时俱进，教育出一批思想好、有文化、有见解的新时代农民。为了让农民增见识、长本事，元村组织了专业的创业培训队伍，鼓励村民参加培训，提供有针对性的创业指导，提高大家的创新意识、服务意识和安全意识，培训的重点是青年农民创业，培养一批基础好、有激情、有潜力的青年农民，将其培育成农民创业的领头人。

（4）集中优势资源，拓展创业空间。增加农民收入是发展的核心，元村紧密结合当地实际，整合各类资源，致力于打造关中民俗体验地，发挥优势项目，突出个性特色，走一条真正属于自己的发展路子。元村善于在转型中捕捉创业机遇、困境中创造创业条件，不断整合新资源、发展新优势、拓展新空间，引领村民共同创业共同致富。元村以"一村带十村"的发展要求，辐射带动周边9村发展区域板块经济，目前已扶持发展起了山底御杏生态观光园、花果氧吧东坪村、龙眠福地陵光村等一批乡村旅游示范村。村庄之间相互帮助、相互扶持、相互影响，使创业空间得以拓展。

元村以乡村旅游为主体的发展模式，开创了城乡融合发展的新路径。以关中文化品牌为引领，为招贤纳士打造了丰富的创业平台并以开放的、自由的姿态接纳他们，尽可能为他们提供政策支持、管理服务和人文关怀。元村以极具包容的胸怀接纳多元文化，将乡土特色与国际化元素巧妙地融合起来，带给游客多样化的体验。

四 小结

元村发展乡村旅游伊始，政府政策支持力度较小，但元村仍耗资1700万元打造了特色作坊街、农家乐、小吃街等，所用资金均来自村集体经济收入。大规模资金的投入充分显示了村集体经济的优势，为元村向发展乡村旅游产业的转型提供了经济支持，随着后期回民街、酒吧街、书院街等的建造，推动乡村旅游空间布局的进一步完善，提高了元村对外来游客的吸引力，推动元村旅游经济的快速发展，同时使元村拥有更加雄厚的资本进一步扩展和挖掘旅游资源，形成一种不断循环、可持续的乡村旅游发展路径。同时，由于集体经济凝聚力强的特点，元村村民在旅游业发展过程中呈现高积极性、高参与性的特点。在这次发展乡村旅游过程中，村民既可以自己经营店铺，又可以以资金、土地等形式入股，收入结构更加丰富，呈现多元化特点，基本上能够使每一个村民得到相对平等的发展。可以说，村集体经济的奠基作用是元村成功向旅游产业转型的核心力量，它作为村庄发展的动力，在村民凝聚力的形成与社区认同感的建构上发挥了重要的作用。

除了强大的集体经济和广大村民的高度参与之外，村庄政治精英对元村旅游的发展具有重要的推动作用，以老书记 GYL 为核心的元村第一代政治精英通过发展乡村工业塑造了强大的村集体经济，为乡村旅游产业的发展奠定坚实的基础。而元村旅游的成功离不开以 GZW 为核心的第二代村庄政治精英的引导，他们在不同的发展阶段始终坚持以整合区域特色民俗资源、促进产业融合为行动导向，以最严格的食品安全措施、提供良好的创业创新环境，正是因为这群乡村旅游发展推动者和建设者凭借敏锐的市场意识，坚持长远导向的发展目标，在发展过程中重视旅游资源挖掘与开发，坚持打造旅游全产业链条，并以满足游客需求为根本宗旨以及提供优质的创业创新平台等全方位的旅游发展目标，最终才能推动元村旅游不断走向成熟。

第三节　乡村旅游发展中的政治精英

乡村政治精英作为政府与农民之间的纽带，在乡村旅游发展过程中发挥着积极的推动作用。元村乡村旅游的发展具有明显的"精英治理"特点，其中政治精英尤显重要。乡村政治精英在乡村旅游发展过程中更多扮演的是"推动者"与"建设者"的角色。其带动村民建设的不仅仅是制度文化，还有旅游得以存续发展的精神文化。他们作为国家与农民的中介者，上传农民意愿，下达国家政策。同时，作为村庄的精英，他们通过规划乡村旅游发展蓝图，开发传统文化民俗资源，完善旅游区管理与监督机制进行物质性建设。在此基础上，通过集体经济的分配、鼓励村民参与、利益关联机制的建构、精神纽带的凝结等软约束机制建设，将村民与乡村旅游的发展紧密结合，实现利益共享。

一　乡村旅游的"推动者"与"建设者"

（一）开发传统文化民俗资源

"农村精英的流失历史上自古有之，但却因中国现代化进程的加快而加剧了"①。精英流动割裂了村庄的精英资源,对农村的经济、政治、文化等方面的发展都产生负面影响②。"农村为什么发展不起来,是因为'能行人'都走了,而元村是'能行人'都回来了",元村书记 GZW 如是说,而他本人就是这批回来的"能行人"之一。杨开道先生曾在《农村领袖》中提出,对于农村领袖而言,相较于超群的智力,他们更需要的是创造力,这种创造力能将国家的方略政策具体化并落到实处③。在中国社会发展过程中,"三农"问题一直占据着重要位置,国家对农村的政策支持力度也在不断加大,但是所取得的成果却并不显著,究其根本,很大一部分是因为基层政府在政策的解读与落实上有所欠缺,乡村政治精英的"创造力"不足。

2000 年以后,元村的水泥厂、白灰窑厂等村办企业的发展进入瓶颈期,同时,果业、养殖业效益下滑。从 2005 年开始,国家大力推进社会主义新农村建设,2007 年礼泉县委、县政府做出大力发展乡村旅游的战略决策,时任书记的 GZW 结合自身在外的经历,连同元村"两委"班子依托当地的大唐贞观文化和关中民俗文化特色,确立了"休闲文化兴业、旅游富民增收"的发展思路,大力挖掘原始的关中农耕民俗文化,推动了乡村旅游产业的发展,于 2007 年成功打造了关中印象体验地。此后,更是不断挖掘关中美食、服饰、方言、信仰、艺术等方面的特色文化习俗,既传承发扬了传统民俗,又丰富了乡村旅游的内涵以及游客的体验。除此之外,2011 年村两委积极响应县委第十五次党代会提出的"旅游兴县"战略和"建设大唐文化旅游名县"目标,建成了酒吧文化一条街,完善了停车、农业观光等配套服务设施。与周边村落形成互相联系、互相依靠、互相融合、互相推动的乡村旅游有机体。政治精英将目光聚焦在传统文化资源上,不仅为村庄的发展带来新的增长点,同时也丰富了村庄的内涵和形象,为村民个人的发展提供了机会和资源。

---

① 李培林:《农民工——中国进城农民工的经济社会分析》,社会科学文献出版社 2003 年版,第 134 页。
② 任敏:《流出精英与农村发展》,《青年研究》2003 年第 4 期。
③ 杨开道:《农村领袖》,世界书局 1930 年版,第 58 页。

（二）创新多元管理与监督机制

以乡村政治精英为核心，元村形成了两委会、协会、村民的三重管理及监督体系。乡村旅游发展以来，村委会专门设有一名副主任负责景区的卫生、安全、管理方面的监督与协助工作，两委会既是各项规章制度的制定者，也是实际实施的监督者，通过一系列机构设置和措施来确保元村的生产、卫生等方面的健康和安全。而全民股份制的发展模式使得元村更像一个"公司型村庄"[1]，将每一位村民完全纳入乡村旅游管理和服务的监督体系中。由于村民是店铺的股东，因此每一家店铺的经营状况都关系到村民自身的利益，促使村民从自身利益和全局利益出发既约束自身，又进行互相监督。由此，两委会、村民协会、村民三方面形成了元村乡村旅游发展的防护网，权力资源的共享既调动了利益相关者的积极性，也保障了乡村旅游的可持续发展。

（三）建立"全民共享"的利益分配机制

从威权式治理向参与式治理转型是社区治理转型的发展方向[2]。而在乡村地区提倡通过参与实现赋权，激发村民和村庄的自主发展能力[3]。元村通过建立村民共同的利益关联机制，即"股份制+分红+补贴"的模式吸引村民积极参与到乡村旅游的建设中，最终实现"股份分红+经营性收入+租赁收入"的多重收入格局。

元村大大小小的股份制公司有几十家，有醋坊、油坊、豆腐坊、辣子坊、醪糟坊、粉条坊、面坊等，都是股份制。股份制经营模式主要有两种合作社构成：第一种是小吃街合作社，由小吃街、作坊街、酒吧街和艺术长廊构成。以小吃街合作社为例，村委与公司经过研究，在2015年4月28日正式成立小吃街合作社。小吃街合作社以每户20万元的标准为62户村民设置3000万元的股份，每户所占股份除其入股金额决定外还

---

[1] 郑风田、程郁、阮荣平：《从"村庄型公司"到"公司型村庄"：后乡镇企业时代的村企边界及效率分析》，《中国农村观察》2011年第6期。

[2] 周庆智：《论中国社区治理——从威权式治理到参与式治理的转型》，《学习与探索》2016年第6期。

[3] 孙莹：《以"参与"促"善治"——治理视角下参与式乡村规划的影响效应研究》，《城市规划》2018年第2期。

有因为土地被占用的村民分得股份作为赔偿；第二种合作社是作坊街的各类作坊合作社。与小吃街不同的是，每个作坊都是一个单独的合作社。2012年，村委会与公司经过与商户协商，将油坊、酸奶坊等收益可观的作坊改为合作社，由村民入股，进一步将这些作坊做大、做强，提高产量和收入。以作坊街的豆腐作坊为例，一开始的时候生意并不好，做出来的豆腐常常要挑到其他村庄去卖，那时候收入全归商户，村委会还会给商户每个月500元的补贴。后来生意逐渐好转，2011年的时候在村委会的建议下成立了合作社。

在兴办股份制企业之初，"村民和商户都不敢投资入股，是村干部不断做工作，村民看到收益后才接受了股份制"。可见，一开始村民并不懂股份制企业的含义，村支书将思想传达给村干部，村干部再向村民解释，最终带动村民入股，实现全民股份制。交叉入股使得每个股东都希望自己能够为集体经济的增长做出贡献，集体的收益关系到个人的收益，每个人都试图努力把"饼"做大，试图从中分到更多。每位村民，以及在村庄生活达到一定期限的商户都可以选择同时入股元村的所有合作社。如公司财务总会计李某除了工资性收入外，通过投资不同的合作社，每年可以获得可观的分红收入。股份制将村民与商户组合到一个共同的利益链中，年底的分红更是让大家看到了这种制度的巨大优越性，从而形成了"我为人人、人人为我"的全民参与、共建共享的发展格局。除此之外，村民还有经营收入和房屋租赁收入。因此，"股份制+分红+补贴"的分配形式不仅消解了村民之间的利益冲突，还吸引村民更加积极地参与到村庄乡村旅游业的发展当中。

（四）构建"以教促约"的凝聚机制

为了团结村民，提升村民思想认识，元村成立了专门的农民学校。"教育农民是村庄可持续发展最为重要的环节，而农民学校就是化解各种矛盾、转变思想、及时解决各种思想问题的地方，"支部书记GZW说道。农民学校在国家政策的解读与传达、村民知识的普及、农民主动性的激发以及村庄动员工作的顺利进行等方面均有积极作用。为打消乡村旅游发展初期村民对创办农家乐的质疑，村支部将"支部引领、党员示范、骨干带头、群众参与"作为一种启蒙模式，一方面组织村民先后多次赴其他成功做农家乐的地方参观学习；另一方面鼓励村干部做村民的思想工作。最终在党员家庭的带领下，农家乐逐渐发展起来。

同时，乡村政治精英阶层是乡规民约的倡导者、制定者和执行者，农村群体则是乡规民约贯彻实施的主要力量①。"元村村规民约"从约束村干部和村民两方面进行，包含了18条内容。其中明确规定"当干部要始终坚持'为人民服务'的宗旨，处处事事要先为集体和群众着想，坚持原则不谋私利"。另外，对村民的教养和赡养问题、个人卫生问题等方面均有具体规定，言辞简单朴素，通俗易懂。农民学校与村规民约作为联结村民与村干部、村民之间的精神纽带，将大家牢牢地团结在一起。

二 乡村旅游发展中的问题

在乡村政治精英的引领下，元村一方面制定相关的政策制度吸引优秀人才回流，规范旅游区管理；另一方面，在完善现有旅游资源的基础上不断开拓新的旅游发展领域，满足不同游客需求，已形成了农家乐、作坊街、小吃街、祠堂东街、酒吧街、回民街、书院街、酒店住宿等8大特色区域，不仅让元村焕然一新，还使得原住村民仅有286人的元村吸引了3000多人长期固定聚集在此"以发展乡村旅游为业，以元村为家"。然而，即便如此，作为乡村旅游发展的整体规划师以及主要实施者，乡村政治精英的局限性导致元村旅游业的发展还存在一些问题。

（一）基础设施有待完善

与其他景区不同，元村的旅游业由村两委和旅游公司共同经营，甚至村两委的作用要远远大于旅游公司。村干部极为重视整个乡村旅游发展，大到旅游业的整体规划，小到每一户商户的入驻，村两委都会反复斟酌。而且投入了大量的集体资产完善基础设施建设，如村级文化健身活动广场、进柿（士）林生态停车场、星级公厕、村史馆、游客服务中心等。但是研究发现，目前仍有一些基础设施建设不到位，无法满足游客的需求。例如，游客反映元村的美食很多，可以沿路品尝不同的美食，

---

① 党晓虹、樊志民：《传统乡规民约的历史反思及其当代启示——乡村精英、国家政权和农民互动的视角》，《中国农史》2010年第4期。

但随手产生的垃圾却无处投放。由于元村本身面积较小，厕所数量并不多，再加上旺季游客众多，厕所就不够用。此外，元村的街道较多，但是可供休息的椅子少。停车场的车辆容纳量较大，但是停车场缺乏管理导致停车位紧张。元村要长远有序地发展，需要不断地完善村庄里的基础设施。这说明，乡村政治精英的身份较村民、游客特殊，有时在制定规划时无法设身处地进行合理的安排，而且由于乡村政治精英社会资源的有限性，在规划方面还有局限。

（二）宣传力度有待加强

研究发现，游客对元村旅游景区的了解主要来自周围人的介绍，通过互联网、户外广告牌、旅游宣传册等途径了解到元村的游客所占比例很小。这说明元村在发展旅游时，宣传力度还不够，主要是通过他人介绍的推荐渠道来获取对乡村旅游景区的了解，再通过游客的口碑来拉回头客。如大学生刘某，"我虽然在西安读书三年，却是第一次来元村旅游。是我同学听其他人介绍才知道这个地方的。来了之后发现美食很多，但是元村最特色的应该是关中文化，剪纸、品茶、做茶等，但这却被很多游客忽略了"。可见，尽管元村旅游业极富特色，但宣传渠道较为单一，游客的来源地、范围都极为有限。而这主要在于村干部深信"金杯银杯不如老百姓的口碑"，认为口口相传是最为长远的，而忽略其他渠道的宣传。此理虽不假，但却导致元村的游客来源主要来自本省，其他省份的游客较少，并且参观元村前对其了解程度较浅，限制了元村的长远发展。

（三）文化体验亟需丰富

元村有店铺 124 家，街面上既有富有传统特色的老作坊，也有烙面、麻花、酸奶等关中传统小吃，"一家一品"，每家不重样儿。知名企业"德懋恭" 2013 年入驻元村，回民街从西安回坊邀请 46 家优质商户进驻，让游客在元村就可以体验到纯正的回族风味，祠堂街集中了全国范围内的各种特色美食，更有日本酒屋、韩国料理、酒吧咖啡等时尚元素，南货街主要以长江以南地区的美食为主，让游客在元村体验江南美食。各种美食应有尽有，游客来元村品尝了各式各样的小吃，对美食的印象深刻。然而，元村是以发扬"关中文化"为宗旨的，作为关中地区的形象名片，在实际发展仅体现了饮食文化，导致大多数游客记住了美食，却没有感受到浓郁的关中文化。而事实上，关中文化极为丰富，并非单纯的"饮食文化"，在这一点上，明显政治精英谋划之初在知识、能力方面具有局限性，没有有效、充分表现关中其他文化特色。而通过民俗表演、民俗展览等形式可以增强游客体验，营造更浓郁的关中文化氛围。

（四）纪念品缺乏创新性

如今，乡村旅游遍地开花，与此同时，景区纪念品也比比皆是。但是，很多乡村旅游景区的纪念品没有特色，元村如是，代表元村特色的纪念品很少，大多数游客只能选择带回元村的美食。例如，游客离开元村时，会排队买酸奶，带回去一两件。元村的邮局里有出售印有元村的明信片，但是销量并不乐观。景区的艺术长廊有很多手工艺品，建设初衷是让游客购买作为纪念品，但是随着全国乡村旅游的发展，这一类纪念品变得极为普遍，甚至在城市中很多艺术创意店也能看见。如"如此手工"艺术小店的陈某，与同学一起给元村定制了文创产品，如手绘地图册、产品包装设计、手工制品等。在创业初期，小店只有手绘地图册，当时游客多的时候一册10元，一天能卖2000元，需求量较大，但是过了几年，尽管手绘地图册不断更新变得更美观，买的人却不多。这一方面是因为游客的审美水平不断提高，见识更广，手绘地图在其他景区也有，游客产生了审美疲劳；另一方面则是因为游客来源单一，多为回头客，不可能多次购买同一种产品。而沿街摊贩所售卖的工艺品更是在各个景区皆能看见，这也是摊贩抱怨"生意越来越难做"的原因。总体看来，景区纪念品较少，缺乏特色，且更新换代较慢。元村政治精英在发展乡村旅游之初，借鉴了其他地方的发展模式，但是在纪念品的开发方面引进相关人才不够，导致具有宣传效应的纪念品缺乏创新性，而这也是元村政治精英本身文化水平有限，缺乏足够的创造力，在纪念品方面并没有投入过多的精力所致。

（五）具体管理不够科学

尽管元村关于旅游发展的规章制度极为严格，但大多数是针对商户和村民，目的在于让他们严格遵守，共同维护元村的利益。但是，研究发现，旅游旺季游客增多，缺乏科学的管理，导致部分游客的不满。例如，停车场没有固定工作人员管理，导致游客停车不便；小吃道路狭窄，餐位少，人多的时候游客间发生了争执事件，而店铺员工置之不理。诚然游客增多会使管理难度增大，但是这些问题并非游客或者商户能解决，对于政治精英而言，在规划制定之时，应该预见会出现的问题，并且制定好相应的应对方案。这样，游客增多的时候才能体现出管理者的智慧。也就是说，乡村政治精英在进行管理时，不应是家长制管理，应该经常进行反思，及时发现问题，并重视科学管理，听取村民、游客的建议完善管理制度，尽可能为游客提供满意的服务。

第四节　小结

20世纪90年代以来，在市场经济刺激下，农村地区的经济发展迫在眉睫，为了实现村庄致富与村民增收，乡村开始涌现出一批能力卓越的"致富能人"或"政治能人"。从元村的发展历程上看，元村旅游从发展初期到逐渐成熟，直至最后成为中国乡村旅游"名村"，并在中国乡村旅游发展进程中留下"浓墨重彩"的一笔，与村庄精英密切相关，精英群体在村庄转型发展进程中发挥着举足轻重的作用。

首先，村庄精英的个人魅力是元村旅游发展的核心所在，具体表现为：以GYL为核心的元村第一代政治精英通过发展乡村工业实现了村庄经济的繁荣发展，为村庄集体经济积累奠定坚实基础。在2000年之后，以村办企业为核心的村庄经济发展模式面临新的困境，而此时正是GZW这一极具魅力和能力的村庄精英返回村庄，凭借超前的市场敏锐性突破原有发展思维的限制，迈出发展乡村旅游的第一步，并且采取诸多措施使元村实现了从村庄工业向乡村旅游产业的顺利转型；其次，以村庄精英为核心的领导班子是村庄旅游始终能够按照正确轨道发展的关键力量。元村自2007年发展乡村民俗旅游伊始，就逐渐形成以书记GZW为核心的第二代村庄领导班子，此后在不同的旅游发展阶段，村庄精英始终能够坚持以整合区域民俗文化资源为核心，通过不同产业的有效融合以及可持续发展目标的制定，实现了村庄旅游经济的内生式增长，保证了村庄集体经济的持续壮大；最后，元村旅游经济的发展离不开制度的约束，在村庄精英带领下所制定的"正式"与"非正式"制度成为稳固元村旅游业的关键保障。元村精英带领本村村民以及外来商户共同制定了诸多具备"硬约束力"和"软约束力"的制度与规则，例如制定了最严格的食品安全措施、惩罚制度、元村新村规民约、商户行为准则以及"共建共享"的利益分配理念等，使元村始终能够朝着健康的方向发展。

在元村精英群体的带领下，乡村旅游发展获得了巨大的成功，但也产生了诸多值得进一步讨论的问题，即元村的精英群体在旅游发展过程中获得了极大的权威，由此对村庄基层民主治理将会产生何种影响？村庄精英的激励和监督机制又该如何构建？

一方面，元村精英群体个人威望的不断提高导致村庄内部的基层民主治理受到相应限制。元村旅游业的发展始终由村干部等村庄精英群体来主导，因而村庄的发展方向和旅游业的运作模式在很大程度上依赖于村干部自身的能力及其所拥有的资源，进一步导致村民主体在发展过程中逐渐丧失村庄管理的话语权。同时，从政治精英的构成情况上看，元村的第一代和第二代政治精英群体之间存在密切关系，因此新一代政治精英更多地是在父辈们的"拉动"下发展起来的，不同时期的村庄精英具有明显的家族代际传承关系，不利于村庄民主政治的发展，也进一步对新一代的村庄精英群体培育造成影响。值得思考的是，元村乡村旅游成功发展的关键在于政治精英群体的较强综合素质及长远的发展目光，但是，随着这类精英群体的逐渐卸任，新的精英群体又无法及时获得培育，村庄的发展必然会陷入困境。

另一方面，村庄精英群体个人能力的差异性使其在村庄旅游发展中发挥的作用又有所不同，由于其在村庄发展过程中拥有极大的权威，因此如何针对村庄精英群体构建出一套较为完善的激励与监督机制将是保证村庄稳定发展的关键所在。村庄精英从本质上亦是村中的一份子，在村庄发展进程中有自身发展的需求，一味地要求他们"无私奉献"必然导致其产生懈怠心理，进而影响到村庄整体的发展。所以对于村庄精英的激励机制可以从物质层面和精神层面上入手，前者主要是指除必要的工资收入之外，根据村庄发展实际给予额外的补贴；而后者则主要强调精神上的奖励，比如荣誉激励或村民情感认同等。同时需要注意的是，村庄精英往往在元村的旅游规划和发展中扮演着多重角色，他们既需要维护本村村民的根本利益，又要想方设法整合多方资源，采取多种手段吸引商户入驻，保证旅游经济的持续与繁荣，而如何平衡不同身份角色中的利益分配将至关重要。从这个意义上讲，对村干部进行有效的监督，可以从政策制定、制度完善以及村民和商户协同参与等方面出发积极构建起对村庄管理主体（村庄政治精英）的监督机制，进而确保乡村政治精英引领作用的有效发挥。

第三章

文化发明与乡村市场体系重建

近年来乡村旅游发展迅猛,是实现乡村振兴的重要途径之一。文化和旅游部发布的《全国乡村旅游发展监测报告(2019年上半年)》显示,2019年上半年全国乡村旅游总人次达15.1亿次,总收入0.86万亿元,带动约886万人就业。随着工业化和城市化进程的加快,乡村旅游将农村、农业与旅游业有机结合,成为人们回归自然、释放压力的有效方式。在乡村振兴背景下,乡村旅游是促进乡村经济发展、改善乡村生态面貌、复兴乡村文化的重要途径[1]。

欧洲联盟(EU)和世界经济合作与发展组织(OECD)将乡村旅游定义为发生在乡村的旅游活动[2]。作为一种休闲娱乐主导的享受型消费产业,乡村旅游只有在一定的社会经济条件下才会兴起,Cevat研究发现,现代社会中固定工作时间制、双休日的实施、收入增加、交通基础设施的改善、人均寿命延长、旅游需求多样化等是乡村旅游得以发展的重要原因[3]。发展乡村旅游产业往往受到当地各种自然资源和文化资源的限制,Rysayeva等通过对芬兰的研究发现,全境历史文化资源的整合利用以及各种文化场所和古建筑的开发,均对提升芬兰旅游业的吸引力起到积

---

[1] 陆林、任以胜、朱道才:《乡村旅游引导乡村振兴的研究框架与展望》,《地理研究》2019年第1期。

[2] Reichel Arie, Oded Lowengart and Ady Milman, "Rural Tourism in Israel: Service Quality and Orientation", *Tourism Management*, Vol. 21, No. 5, June 2000, pp. 451–457.

[3] Tosun Cevat, "Roots of Unsustainable Tourism Development at the Local Level: the Case of Urgup in Turkey", *Tourism Management*, 1998, pp. 595–610.

极作用①。乡村旅游发展有多种形式，Simpson 提出了乡村旅游的 CBTI（Community Benefit Tourism Initiative）模式，该模式认为政府、非政府组织、私人企业和社区 4 个利益相关者都是建设乡村旅游不可或缺的力量，而乡村旅游发展的水平则取决于游客、旅游从业人员、企业所有者、当地居民、政府 5 个主体在旅游产业当中所拥有的权利、对乡村旅游发展的依赖性以及乡村旅游发展中的各种投入②。在该模式基础上，Litvin W. S. 在对美国皇家街区开放问题进行研究后，发现商业开发确实为乡村旅游的关键内容，但公众参与则是关系开发成功与否的关键要素③。Pegas 等从巴西的经验中总结出股权式投资旅游模式，希望通过股份制的形式刺激公众参与到旅游开发与建设当中④。无论哪种乡村旅游的发展模式，事实上都试图将村庄内外的多元主体引入村庄旅游产业的发展当中。由此很多研究证明，乡村旅游之于乡村的意义已经超出了单纯的产业范畴，不同的旅游发展模式整合了不同的乡村主体，往往会在一定程度上改变当地的社会结构。Christoph 认为宗教是美国旅游业的重要推动力量，并通过引力模型证明了二者之间的互相影响机制⑤。Deller 整理了美国 1990—2000 年间乡村贫困率变化数据，进一步说明了乡村旅游的发展能降低贫困率、促进经济发展⑥，此外，Jenmy 等还认为乡村

---

① Rysayeva, A. M., N. G. Bagautdinova, I. I. Ziganshin, "Cultural – Historic Resources as a Factor of Entrance Tourism Development Finland", *Asian Social Science*, Vol. 11, No. 11, December 2015, pp. 198 – 205.

② Simpson M., "Community Benefit Tourism Initiatives – a Conceptual Oxymoron?", *Tourism Management*, Vol. 29, No. 1, February 2008, pp. 1 – 18.

③ Litvin W. S. and Jenna D. F., "The 'Malling' of Main Street: The Threat of Chain Stores to the Character of a Historic City's Downtown", *Journal of Travel Research*, Vol. 53, No. 4, April 2014, pp. 488 – 494.

④ Pegas, F. D. V. and David, B. W. and Guy, C., "Domestic tourism and sustainability in an emerging economy: Brazil's littoral pleasure periphery", *Journal of Sustainable Tourism*, Vol. 23, No. 5, May 2015, pp. 748 – 769.

⑤ Vietze, C., "Cultural Effects on Inbound Tourism into the USA: A Gravity Approach", *Tourism Economics*, Vol. 18, No. 1, January 2012, pp. 121 – 138.

⑥ Deller, C. S., "Rural Poverty, Tourism and Spatial Heterogeneity", *Annals of Tourism Research*, Vol. 37, No. 1, January 2010, pp. 180 – 205.

旅游能加强社区参与合作，提升乡村居民的生活质量①。

中国的乡村旅游业可以追溯至20世纪80年代，并在90年代后期蓬勃发展。从产业目标群体来看，市民是乡村旅游主要的消费力量，随着城市化进程加快、城市人口数量增加、劳动分工逐步完善，中国市民逐渐拥有了稳定的假日休闲时间，进而产生对休闲旅游的需要②。因此从本质上说，乡村性（Rurality）是吸引游客的基础，也是界定乡村旅游的重要标志③。然而传统的乡村旅游项目比较单一，随着游客需求日渐多元化，又不断衍生出新形态，比如主题农园与农庄、乡村主题博物馆、乡村民俗体验与主题文化村落、乡村俱乐部、现代商务度假与企业庄园、区域景观整体与乡村意境梦幻体验等④，各种新形态的乡村旅游较之传统旅游来说，均试图在休闲娱乐的基础上融入文化元素，丰富旅游内容，提升旅游地档次，使之更加富有韵味。乡村旅游逐渐向"文化创意产业"融合，并突出文化对经济的支持与推动⑤。Joel Best 和 Lowney 提出，文化消费能够对市场需求产生刺激，资本打造吸引消费的文化产品，同时也期待着能够刺激新的消费需求⑥。但值得注意的是，乡村旅游在具体实践中，必然会对传统民俗文化或乡民的生活方式予以某种程度的"民俗主义"改造，使这些民俗文化的继承与演出都是"二手性"的⑦，为了满足市场的需求和自身产业发展的需要，这些"二手性"的文化形式杂糅了各种各样人的需求和想象，使人类社会自然继替下的文化变成了"想要的文化"，乡村旅游逐渐从一种依托天然资源的产业向一种挖掘和创造

---

① Briedenhann, J., Eugenia, W., "Tourism Routes as a Tool for the Economic Development of Rural Areas – Vibrant Hope or Impossible Dream", *Tourism Management*, Vol. 25, No. 1, Six 2004, pp. 71 – 79.

② 何景明：《国内乡村旅游研究：蓬勃发展而有待深入》，《旅游学刊》2004年第1期。

③ 任世国：《我国乡村旅游可持续发展中存在的问题及对策分析》，《农业经济》2015年第9期。

④ 王云才：《中国乡村旅游发展的新形态和新模式》，《旅游学刊》2006年第4期。

⑤ 于秋阳、冯学钢：《文化创意助推新时代乡村旅游转型升级之路》，《旅游学刊》2018年第7期。

⑥ Joel, B., Kathleen, S. L., "The Disadvantage of a Good Reputation: Disney as a Target For social Problems Claims", *The Sociological Quarterly*, Vol. 50, No. 3, Augst 2009, pp. 431 – 449.

⑦ 周星：《乡村旅游与民俗主义》，《旅游学刊》2019年第6期。

资源的路径上转变。

通过对目前旅游的相关文献梳理发现，学者们更乐于关注那些具有优势地理条件、历史资源、文化底蕴等丰富内生资源的村落，对那些自身资源禀赋不强，但却成功兴办乡村旅游的村庄关注较少。本文正是从这一视角与问题出发，对一个通过文化发明而兴起的旅游型村庄进行4年的跟踪调查，探寻其文化发明的历程、机制与后果，剖析其旅游事业发展背后的逻辑以及由此引发的乡村社会变革。

第一节 文化发明的理论阐释

文化发明来源于人类学概念，Roy Wagner 在 *The Invention of Culture* 一书中认为，人类学家通过解读人类行为而推进自己的研究成果，早期人类学家们所探寻的非文明区域的种族本身并没有关于文化的概念，而是这些外来的研究者将其生活方式、价值观念、风俗习惯等活动进行记录、归类、总结，从而形成所谓的"文化"，人类学家所从事的这项工作即"文化发明"，文化发明是人类创造力的表现，将那些原本用于反映现实的文化假设转变成一种创造性的艺术[1]。不难看出，人类学对文化发明概念的运用绕开了将文化作为一种社会事实的讨论，将其认为是研究者作为创造文化的主体去记录、描述了另一群体社会生活的科研活动。

本文将文化发明引入乡村旅游研究范畴内，并将文化作为一个社会事实加以讨论。乡村旅游视域中的文化发明是在文化本身存在的条件下，重点关注文化的可塑造性，通过整合与创新，生产出旅游文化产品，最终实现文化的商品化。反观人类学对文化发明的概念，他们更加重视通过定义的形式达成文化的显性表达（见表3-1）。

---

[1] Roy, W., *The Invention of Culture* (Revised and Expanded Edition), Chicago: The University of Chicago Press, 1981, p. 17.

表3-1　　　　　　两种研究视域中文化发明的内涵辨析

	人类学研究	乡村旅游发展
动机	学术研究	发展旅游产业
关注对象	文化的载体——人	文化本身
前提条件	尚未形成文化体系	已有明确的文化形式
方法	观察、总结、提炼	生产、整合、创新
表现形式	文本、仪式、语言	旅游产品
结果	文化的显性表达	文化的商品化

即使本文所运用的文化发明与人类学的概念存在偏差，但毋庸置疑的是，两者原理和本质都是人通过发挥主观能动性围绕文化进行的"发明"活动，因此，与其说本文是对文化发明的另一种解读，不如说是文化发明在日常社会生活领域的延伸。

一　文化发明的背景与前提

文化发明是在特定的环境和社会需要下，人们通过借用或创造一种特殊符号，并迅速在社会体系当中构建出一定的象征意义，从而满足其初始需要。

首先，文化的发明要在特定的背景与环境中才有可能被激活，第一种情况是在当地本身没有文化而社会发展又需要文化的时候，第二种情况是旧文化不足以满足新需要，急需新文化的加入以填补空白。霍布斯鲍姆认为，旧传统与它们机构载体与传播者不再具有充分的适应性和灵活性时，或者已被消除时，新的传统便随之确立了[①]。以乡村旅游为例，在历史名城和少数民族地区，都是在本地原有文化的基础上进行挖掘和改造，从而形成一种特色的文化体系，并开发各色的文化产品，如果没有文化基础的普通村庄想发展旅游，那就需要创造一个文化形式作为发展旅游必不可少的系统。总之，当文化需求和文化供给发生变化并产生差距时，文化的发明便顺利登上舞台。

---

① ［英］艾瑞克·霍布斯鲍姆：《传统的发明》，顾杭、庞冠群译，译林出版社2004年版。

其次，这些背景为文化发明的行动者提供了一定的动机。毋庸置疑的是，文化发明的行动者无条件认同文化是社会运行的关键要素这一前提假设，并对建构并完善文化系统表现出浓烈的兴趣。文化发明在人的主观能动性主导下推进，其过程涉及文化基础、符号表达、象征含义、现实目标四个环节，行动者在既有文化的基础上，赋予符号一定的象征意义，并通过这一过程不断与现实目标之间相互呼应，从而实现文化的发明。

最后，文化发明还需要具备一些其他的前提条件。第一，实现文化的发明需要基于一定的文化基础，这种文化基础一方面来源于行动者本身的文化，从群体内部继承、改造并表现为新形式的文化，另一方面来源于一个特定的文化参照系，从参照系中迁移、借用，通过类比筛选从而实现文化的本土化并为我所用。第二，文化的发明需要在一个政治、经济、社会系统均较为稳定的环境中进行，重新建构出的文化需要强大的物质基础和坚定的民众认同作为支撑。

二　被发明的文化特征

被发明的文化作为人的创造物，相对于自然继替下的文化，首先具有更强的工具性。上文中谈到，文化发明是在一种特殊的背景中产生的，其发展路径也直接指向新近形成的目标，行动者始终在工具理性的支配下行事，他们以需求为导向，将利益置于情感和精神价值之上，来建构一种新的体现自我意识的意义系统。发明的文化以创造特定的利益为首要目标，追求效率，借助理性以期达到自己的需要，行动的强度也随着目标的强弱而逐渐发生变化。正因如此，被发明的文化在新环境中也具有变化了的功能，这种功能只在特定目标确定的情境下变得有意义，然而当特定的目的改变或者消失以后，这种被发明的文化也将在社会大众的忽视当中逐渐退场。

其次，被发明的文化往往借助于旧文化及其载体而建构出新形式。发明的文化源自旧有的意义世界，行动者在原有的基础上运用已有的意义，继承、延伸并转化传统，建构其潜意识里可理解的表现形式，使人们参与到新建立的文化系统中。一般认为文化由信仰、价值观、规范、符号、技术和语言六部分构成，发明的文化在相近目标的驱使下有选择地汲取旧有文化中的元素，运用到现有的意义体系中，以其特有的规范和符号影响人们。

最后，文化发明与文化传统之间存在内在矛盾。原本的生活文化会受到这些被发明文化的威胁与攻击，反之，原文化也会阻碍文化发明推进，当两者之间的矛盾暴露的比较明显时，文化发明的行动者将会重新调整发明策略，以弥合两者之间的隔阂。两者的结合需要一个磨合的过程，在这过程中容易遭受破坏或扭曲，具体表现在两个方面，一方面是传统文化的内在抵制，特别是在旧有文化还在发挥作用的地方，新文化的输入必定会遭遇一定抵制；另一方面是文化融合过程的偏差，文化的差异性将会导致新、旧文化融合时出现偏差，甚至被扭曲。

三　文化发明的机理

文化发明的过程涉及各种复杂的主体和因素，这些因素互相交织、相互影响，沿着特定的运行规则以完成循环往复的发明活动。具有资本积累的主体在智力支持下进行文化发明的战略谋划，基于一定的文化基础，激活区域内部文化因子，整合外部文化因子，借助文化载体，通过继承发明、整合发明、迁移发明等具体路径，创造出新的文化形式传递给文化接受者。一旦文化接受者接纳并消费了这些被发明出的文化，即出现了文化的商品化转向。由于文化接受者向文化发明者利益输送的出现，被发明的文化成为再造资本的原材料，继续为发明者提供资本以实现下一阶段的循环。

在旅游文化发明这一议题中存在多个不同分工的发明主体，村干部和村民是乡村旅游的最主要影响群体，在村落空间内发展旅游产业会极大影响到村庄的发展规划、地理布局、常住人口结构、劳动分配、社会生活等诸多问题。部分旅游型村庄选择自主发展旅游产业，但大部分村庄选择委托给旅游管理公司代管经营，这些旅游管理公司是另一重要的文化发明主体，旅游管理公司背后附带着资本增殖的逻辑，会依据国家政策的风向和市场规律进行策略布局，其直接目的是将旅游文化符号转化为可被游客消费的经济产品。大多旅游村本身拥有一定的文化要素，但是本地的文化符号从体量上来讲往往难以支撑产业的继续扩大发展，发明主体将会考虑迁移并整合外部文化因子以扩大文化要素的种类，并通过景观、文创等实物的形式展现出来，成为供给游客购买的商品或服务。为了满足各类型游客的多元化需要，这些文化形式必须具有普遍性、包容性和灵活性，能够随时进行调整和变更。

毫无疑问，在旅游文化发明的早期阶段，发明主体一般具有韦伯所谓的"目的理性"而非"价值理性"。韦伯认为，"目的理性是通过对周围环境和他人客体行为的期望所决定的行动，这种期待被当作达到行动者本人所追求的和经过理性计算的目的的条件或手段"，也就是韦伯所谓的"理性的经济行为"[①]。因此，发明主体在发明旅游文化时，主要关注游客预期、旅游市场和经济利益，对旅游文化发明的手段则有欠考虑。实际上，发明者所采纳的手段并非完全合理，比如邀请其他地区的非物质文化传承人来该地发展、整合地区文化和迁移都市文化等，这在某种程度上挤压了其他地方的文化发展，具有争夺文化资源的行为动机。

显然，文化发明主体刚开始的发明动机是在发展旅游经济，推动乡村旅游市场，但是随着旅游文化发明规模和体量不断扩大，市场规模也越来越大的时候，被发明的文化也慢慢被重视起来，得到潜在的保护，并且形成特色的文化映像。所以说，在旅游市场建立之后，被发明的文化会成为吸引游客的主要因素，发明主体则开始重视文化本身的价值和发明文化的手段，即出现"目的和手段的转换"，文化发明和特色旅游文化品牌成为目的，旅游市场则成为辅助手段，原因是只有吸引力强的文化资源和文化景观才能源源不断地拓展旅游市场空间，打造独具一格的旅游文化品牌，从而实现乡村旅游的可持续发展。

第二节 案例概况与研究方法

一 案例概况

元村位于陕西省礼泉县烟霞镇，地处关中平原腹地，全村62户286

[①] ［德］马克斯·韦伯：《经济行动与社会团体》，康乐、简惠美译，广西师范大学出版社2010年版，第51、117页。

人，集体土地 630 亩，人均住房面积 52 平方米。元村自 20 世纪 70 年代起通过两次产业转型，从一个贫困村逐步走上了一条日渐富裕的道路，从 1970 年开始，全村大力发展粮食生产，通过挖坡填沟、打井积肥，把坡地改造成了旱涝保收的水浇地，粮食亩产从 1970 年的 160 斤提高到 1978 年的 1650 斤。改革开放后，元村依托村集体经济积累，兴办乡镇企业，大力发展建材工业，至 90 年代末，全村 90% 以上的劳动力转移到第二、三产业中，农业仅占总产值的 0.5%，工商业则占 99.5%。然而，1999 年后，国家出台关停"五小企业"（指浪费资源、技术落后、质量低劣、污染严重的小煤矿、小炼油、小水泥、小玻璃、小火电等）的政策，元村的水泥厂、白灰窑厂等村办企业被迫关停。2006 年，国家旅游局将当年的旅游主题确定为"中国乡村旅游年"，提倡将乡村旅游同新农村建设紧密结合起来，元村抓住这一机会，2007 年开始着力打造以关中民俗为核心的乡村旅游，先前集体经济打下的稳固基础使该村初期发展如鱼得水，农户自营的农家乐在最初的几年内收入十分可观，然而，单纯农家饭菜对游客的吸引仍然不够，元村旅游业一时遭遇了瓶颈。通过村集体的调研与决议，2009 年开始先后整合打造出了小吃街、酒吧街、祠堂街等多样的旅游项目（见图 3—1）。

2007年	2009年	2011年	2013年	2015年	2016年
康庄街农家乐	小吃街	酒吧街	艺术长廊	回民街祠堂街	书院街

元村旅游业发展历程

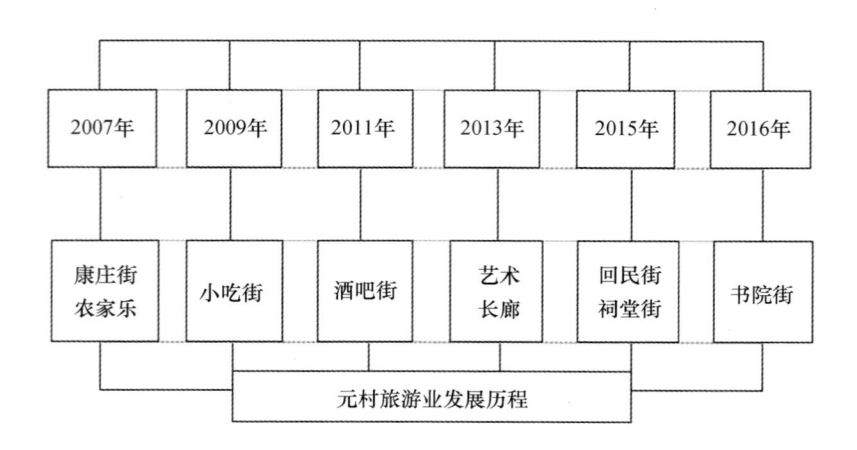

图 3—1　元村旅游业发展历程示意

通过几年的发展，游客数量从 2007 年最初的 10 万人次增加到 2019 年的 600 万人次，2018 年旅游总收入达 10 亿元（见图 3—2），人均可支配收入为 10 万元。除了本村旅游基地的建设外，元村制定了"进城"、"出省"两大发展规划，目前已经在西安、宝鸡等周边大城市开办了 15 家"元村城市体验店"，并在湖北、山西、河南、青海 4 个省份投建了元村省外基地，因地制宜地打造不同地域文化下的"元村"式的乡村旅游。

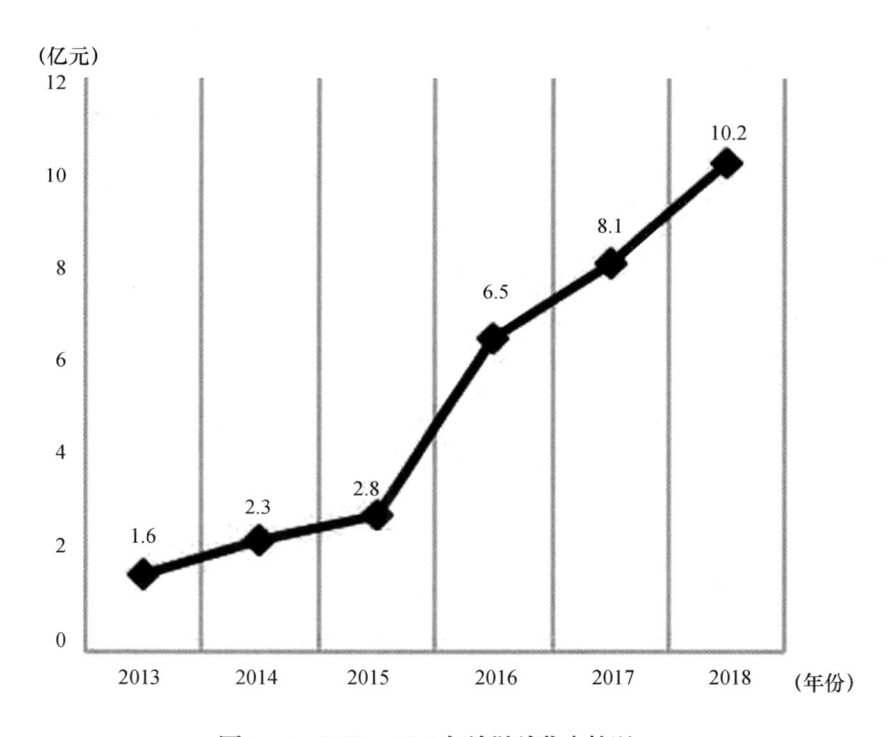

图 3—2　2013—2018 年旅游总收入情况

二　研究方法

笔者及研究团队从 2016 年 8 月到 2019 年 8 月对元村持续跟踪研究，以质性研究为主要研究方法，辅之以定量研究补充相关数据。资料搜集方法为访谈法和问卷法。本研究将访谈对象分为村干部、本村村民、周边村民（未在元村就业）、外来商户及务工者四大类别，并进一步将外来商户及务工者分为周边村民、省内人员和省外人员，共收集访谈案例 119

例（如表 3-2），发放问卷调查，总计发放问卷 440 份，收回有效问卷 400 份，其中游客问卷 205 份，周边村民问卷 195 份（本调查数据来源于 2016 年 8 月试调查期间）。通过定性研究与定量研究相结合的方法，不仅可以从整体上把握元村乡村旅游的总体概况和一般特征，也有利于深入探究乡村旅游发展中各个主体间的互动机制，便于为研究提供论证依据。

表 3-2　　　　　　　　调查案例收集情况

案例类别		数量（人）
村干部		2
本村村民		14
周边村民（未在元村就业）		41
外来商户和务工人员	来自周边村镇	39
	来自本省境内	16
	来自外省	7
总计		119

第三节　元村文化发明的三条路径及其经济基础

文化元素的巧妙运用使元村从一个工业村迅速转变成一个极具特色的民俗旅游村庄。元村以文化发明为动力，重构了本身文化特征，塑造了关中旅游形象，同时也将传统村庄与现代市场有机衔接。

一　村庄原生文化的继承发明

元村作为一个传统的关中农村，农民日常的生活空间、生活习惯本身就代表了一种特色文化。文化记忆对空间具有一定的依赖性，当文化记忆的内容、形式、功能等与具体的场所发生联系时，更易达到地方的身份认同[1]。发展民俗文化伊始，元村率先对本村的文化资源进行挖掘和改造。首先是修缮地标建筑，始建于公元 751 年的佛教古寺宝宁寺坐落在

---

[1] 吕龙、黄震方、陈晓艳：《乡村文化记忆空间的类型、格局及影响因素——以苏州金庭镇为例》，《地理研究》2018 年第 6 期。

元村村口，由于年久失修一直破败不堪，元村从2005年开始逐步修缮古寺，目前成为游客游览元村的第一站。其次，整村实施关中传统建筑复兴计划，元村根据老照片将全村门面房改造成关中传统的合院式建筑，并以旧式石板街道代替了水泥街道，沿街新建仿古式的建筑作为商铺出租，使景区整体呈现出传统关中农村风情。再次，为了进一步营造景区整体文化氛围，2015年投资重建了土地庙，并平掉元村老坟坟头，仿照南方宗族地区建设一座"元村祠堂"，里面供奉着元氏、郭氏、王氏等元村8个姓氏的祖先，每年春节在祠堂举行统一的祭祖活动，该仪式也成为元村乡村旅游的重要看点之一。元村将村落文化极力融入乡村旅游产业当中，最大限度激发了村民对这项产业的认同，营造出一种极具凝聚力和感召力的社区精神和社区意识，并以此调动激发社区成员的热情和信念[1]，发挥集体的力量为乡村旅游业服务。

二 地区传统文化的整合发明

元村对关中传统文化的整合从两方面入手，第一，大力开发关中饮食文化，延长农业产业链。元村乡村旅游的核心项目是餐饮，从最初主打农家饭菜的农家乐，到建成小吃一条街，以及同步开发的"前店后厂"的农产品加工作坊，元村不断丰富旅游餐饮的内容，延长农业产业链，以多种形式将农村符号以及农业文化展示并传递给游客。目前，元村有60家农家乐，167家小吃街店铺，分别经营不同品类的关中特色小吃。第二，引进地区民俗艺术、非物质文化遗产。元村提供免费商铺及手工场地，广邀关中手艺人进驻。从2007年到2015年，元村陆续从礼泉县、兴平市、泾阳县等周边县市引进了西府皮影、关中剪纸、手工织布等项目（见表3-3），一方面解决了手艺人们的生计问题，另一方面也促进了非物质文化遗产的保护与传承。

---

[1] 刘倩：《南街社会》，上海学林出版社2004年版，第321页。

表 3-3　　　　　　　　　元村关中特色文化项目一览

项目	引进时间	来源
童济公茶楼	2011 年	山西茶楼
老作坊	2007 年	关中特色
关中戏楼	2007 年	关中地区建筑
西府皮影	2007 年	礼泉县
手工织布	2008 年	兴平市
剪纸	2015 年	泾阳县

整合关中地区传统文化是元村发展民俗旅游最关键的一步，通过对回收的 205 份游客问卷分析发现（见表 3-4），游客游览目的主要倾向于关中文化体验，47.8% 选择了体验关中民俗文化，有 63.9% 的被访游客选择品尝小吃，可见"关中印象体验地"是元村最吸引游客的产业项目。

表 3-4　　　　　　　　　　游客的游览目的

游览目的	频数	响应百分比（%）	个案百分比（%）
体验关中民俗	98	23.2	47.8
品尝小吃	131	31.0	63.9
观光旅游，休闲娱乐	90	21.3	43.9
体验乡村生活	36	8.5	17.6
学术研究（写生、调研等活动）	7	1.7	3.4
了解创业环境	9	2.1	4.4
观赏古村落的特色建筑	42	10.0	20.5
其他	9	2.1	4.4
总计	422	100	

文化发明本质上是一种追求形式化和仪式化的过程，其特点是与过去相关联，即使只是通过不断重复，元村打造的"关中印象体验地"，再现了传统文化，推动地区文化在元村的落地生根，增强了自身的文化资源优势，打造了乡村旅游特色品牌。

三 现代都市文化的迁移发明

元村本身是一个名不见经传的传统关中农村，以乡村农家特色为卖点的旅游难以满足众多类型游客的需要。为了进一步扩大市场面向，满足诸多城市游客对享受型消费的需求，元村自 2011 年开始，逐步在"农""土"为特色的基础上，引进多项受都市所喜爱的旅游项目，以期打造当地城郊休闲旅游的第一选择。目前元村拥有游乐场、滑雪场、室内冲浪、咖啡屋等多种休闲娱乐场所，城市游客来到元村不仅可以感受到独特的乡村风情，也能感受到自己熟悉的文化形式。元村迁移都市文化的另一原因来源于村内其他旅游项目的配套需要。比如，2009 年小吃街建成后，大部分游客到元村后直奔小吃街消费，少有游客在元村过夜，直接导致老街上农家乐的生意遭遇危机，留不住游客成为元村农家乐发展滞后的关键。为解决这一问题，元村于 2011 年投资建成酒吧街，主打元村夜生活休闲区，丰富的夜间娱乐项目把游客留在元村，农家乐的客房收入有了较为明显的提升。

都市文化的迁移发明是一次传统与现代的融合，村庄原生文化、地区传统文化与现代都市文化在乡村旅游场域中不断互构，逐步被赋予和建构出新的象征含义与游客体验。一方面都市文化的加入为乡村文化增色，另一方面乡村环境又将现代元素遮蔽在传统元素的面纱之下，从而满足游客们逃离都市、拥抱自然、回归传统的心理需要。自 2016 年以来，元村加大高端民宿的建设，这些高端民宿通过精美的外部装饰打造传统民居风貌，内部的公共空间和客房中以复古怀旧的饰品、挂画做装饰，而在事关游客切实入住体验的硬件设施方面，比如卫浴、网络等，则表现出强烈的现代与都市风，以期为游客提供最便捷、完善的住宿服务。元村的这些高端民宿在营造乡村氛围的同时更注重给游客提供行业领先服务，如此细节的服务带来的自然是高昂的价格，实际上形成了一种旅客的过滤机制，高收入游客群体入住高端民宿，而普通游客则更乐意选择农家乐客房。

引进并改造现代都市文化弥补了乡村旅游享受型消费的盲区，象征着高端与时尚的多种旅游形式提升了元村的档次，也为游客提供了多重选择。同时，这也是元村主动融入城市的一种显性表达，通过复制城市的消费理念、商业模式与生活方式，远离城市的农村也能够提供城市服务，全面的旅游服务供给不仅促进了元村产业的进一步突破，使之成为城郊休闲娱乐的第一选择，同样也进一步推动了乡村都市化进程。

四　集体经济：文化发明的经济基础

乡村旅游难凭一种力量运行，需要调动村域空间内大量的自然资源和人力资源。从所有制的实现形式方面来看，"中国特色社会主义集体经济是土地等资源和其他共有资产分别归乡（镇）、村、组三级农民集体所有，采用成员优先、市场调节等多种手段配置资源，实行统分结合的双层经营体制和'多元化、多层次、多形式'的经营管理方式，按集体经济规则和生产要素相结合的分配方式分享收入的公有制经济"①，因此村集体经济平台对于调动大体量的公共资源具有得天独厚的制度优势。集体经济一直是元村产业发展的基础，旅游发展中亦不例外。元村旅游业的启动资金来源于集体经济的原始积累，同样也在集体化的经济结构中展开。元村发展伊始政府政策支持力度较小，村集体经济投资了1700万元建起作坊街、农家乐、小吃街，随着后期回民街、酒吧街、书院街等的建造，元村的乡村旅游初具规模效应。旅游业带来的巨大利润刺激了村民高昂的参与激情，集体经济制度优势给予了村民更多的参与选择，村民既可以自己承包经营店铺，又可以通过资金、土地等形式入股，使农户收入结构更加丰富多元。

集体经济除了经济功能以外，也决定了村庄政治形态。集体经济的带头人同样是村庄的政治精英，政治精英承担起村庄的"建设者"与"保护者"双重身份。由精英领导的集体决策为文化发明扫清了障碍，特别是为土地规划、资金统筹以及新旅游项目开发方面提供了便利。另外，元村的政治精英也是旅游产业重要的管理者和经营者，以食品安全检查为例，元村组织村干部和德高望重的村民组成食品安全检查监督队

---

① 王景新、彭海红、老田等：《集体经济村庄》，《开放时代》2015年第1期。

伍，随时到农家乐、小吃街检查食品安全和卫生情况，对于出现食品安全隐患的商铺给予严厉处罚。无论是本村人还是外来人口在此经营，村集体制定的各项规定均一视同仁。为了使大量的外来人口保持与村庄的密切联系，并快速掌握村中规定，元村实行每周三例会制度，包括党政教育、业务培训和商户经验分享三大主要内容，要求全体商户派代表参加。

村集体经济是元村文化发明与乡村旅游成功的重要基础（见图3—3），它作为村庄发展的平台，对村民凝聚力的形成与社区认同感的建构发挥了重要的作用，并在集体经济制度要求下形成了一整套严格、完备的管理体系。

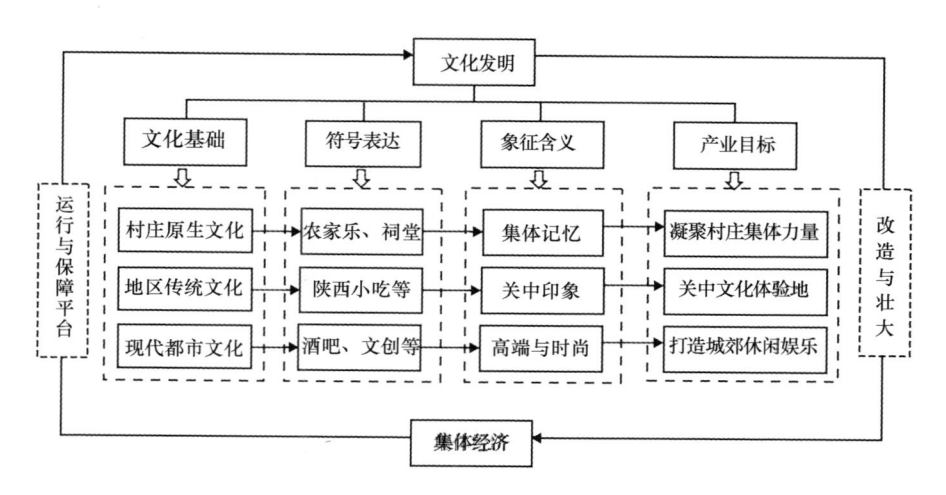

图3—3　元村文化发明过程机制示意

第四节　元村市场引发的乡村市场体系重建

文化发明总带有一定的目的性，正如 Eric Hobsbawm 在《传统的发明》中认为，人们会为了相近的目的而使用旧材料来建构一种新形式的被发明的传统，郑杭生将被人类所发明的产物与当代的社会相联系，他认为，被发明的新传统与过去相联系，是"活着的过去"，现代人发明传统的目的是利用它作为社会整合剂、作为合法性依据、作为应对问题的手段和作为社会准则规范的四种功能①。文化发明亦是如此,渴望通过发明达成一种预设的效果,元村通过文化发明的形式,核心指向其民俗旅游业的发展,而乡村旅游业并非单纯存在于经济生态中,它往往通过游客、环境、资本三种要素的协调形成一个可持续的"旅游—社会"生态系统②。在元村强大的集体经济调配下,被发明的文化一部分被寄托在建筑、工艺等非营利载体中,以公共文化物品的形式出现,而另有一部分文化则借助物质载体实现了文化的商品化。文化商品化为产业发展注入源源不断的生命力,同时也将文化纳入资本增殖的轨道③,核心指向其民俗旅游市场的发展。

市场在中国村庄中的发展具有悠久历史,其类型多样,规模不一,不同程度地嵌入乡村社会当中并发挥着举足轻重的作用。通过文献梳理发现,中国传统的乡村市场体系具有以下几方面的特征。第一,村庄范围内的市场规模微小,所售商品种类有限且无法满足村民的多元化需求。施坚雅将其称作"小市",也叫"菜市",专门从事农家产品的平行交换,不提供劳务或输入品,很多必需品在这里难以见到。《江村经济》中描述的江南村庄内部也存在类似的交换市场,它同村庄社区职业分化有密切联系,村民职业分化程度较小,生产专门货物和提供专门服务的村民限于少数,使得社区内部的市场非常狭窄,无法满足村民的多元化需求。无论是小市还是乡村的内部市场,它的规模皆受到村域地理空间的限制,有限的职能使其处于较大市场体系的边缘地位。

第二,在传统乡村体系中,围绕中心集镇,村庄之间形成彼此独立而相互平行的发展关系,它们所承载的资源和功能有限,不产生直接的贸易往来,通常借助集镇这一中间媒介实现商贸互通。费孝通在江村研究中发现,震泽镇与周边村庄保持着密切的商品交易,这一市场网络必

---

① 郑杭生:《论现代的成长和传统的被发明》,《天津社会科学》2008 年第 3 期。
② 李佳、陈佳、杨新军:《旅游社会—生态系统的运行机制——以西安市上王村为例》,《地理研究》2015 年第 5 期。
③ 徐望:《文化生产的商品化转向——消费社会文化生产图景分析》,《理论导刊》2016 年第 4 期。

须依靠航船交通才能够得以维系,因此活跃在集镇和村庄之间的航船成为村庄的代购机构,船夫们既保持着与村民的良好人际关系,又保持着与镇上店家稳定的主客关系,是村民与店家之间的中介,成为连接城乡商贸关系的经纪人①。因此,集镇更多的是一种贸易互通的媒介,一方面村民通过集镇售卖自产物品,可以获得比村级市场更高的利润;另一方面,那些村内市场买不到的物品也可以在集镇市场上购买。如杨懋春在对山东台头村的研究中发现,台头村同其周围的村庄围绕着辛安镇这一集镇联结起来,每逢镇上的集市日,来自周围村庄的商人、农民们带着农产品、家畜、农具、手工制品等在此进行交换,同时又购买上等布料、进口皮货、特殊药品等②。

第三,根据交易方式、商品种类、集市功能等要素的综合考虑,传统市场可分为不同的层级,并形成上下贯通的城乡贸易体系。施坚雅在川西平原的研究中,根据中心地类型区分了市场的多个层级,在一般的村庄当中,底层的市场类型是小市或幺店,当农民有更多的需要时,则会到附近的基层市场当中采购,大部分基层市场是在乡镇当中,也有部分基层市场由交通要道上的小市发展而来③,基层市场成为农家产品输出上层市场、必需品输入农民家庭的交易平台。在此之上还有中间市场和中心市场,分别代表了更高级的市场等级、更大的空间覆盖区域、更全面的商品供给以及更繁忙的商品交换等,随着中心地等级的提升,中心城镇和省城中还会形成更大的城市贸易区和地区贸易区(见表3-5),但是这些高级别的市场离农民和农村都比较远,对于普通农家来说,最日常的交易场所在小市、基层市场和中间市场三个层级当中。

---

① 汪和建:《社区经济社会学的建构——对费孝通〈江村经济〉的再探讨》,《江苏社会科学》2001年第6期。
② 杨懋春:《一个中国村庄:山东台头》,张雄、沈炜、秦美珠译,江苏人民出版社2001年版,第190-191页。
③ [美]施坚雅:《中国农村的市场和社会结构》,史建云、徐秀丽译,中国社会科学出版社1998年版,第7页。

表 3-5　　　　　　　　　　施坚雅关于市场类型的划分

中心地类型	市场类型	最大属地
[小市]	[小市]	[小市场区域]
基层集镇	基层市场	基层市场区域
中间集镇	中间市场	中间市场区域
中心集镇	中心市场	中心市场区域
地方城市	—	城市贸易区域
地区城市	—	地区贸易区域

一般情况下，市场等级与行政等级呈相关对应关系，但也有部分特殊情况出现，即便施坚雅一直将中心地等级与市场等级做对应阐释，但他同时发现在杨庆堃等人对邹平集市的研究中，行政级别较低的中心地可能会出现高级别的市场类型，因此他认为没有严格意义上的等级对应，而要通过分析一个具体地区的市场结构才能确定①。陆益龙的研究从侧面对施坚雅表露的市场中心的地理分布规律提出质疑，认为市场中心的出现主要与特殊的地域经济活动和文化认同有密切联系②。从这个角度来看，元村旅游市场所具备的市场功能、辐射范围、交易周期远远超过了村庄中心地中小市的水平，反而在村域范围内快速成长为一个庞大的市场交易场所，形成了乡村"中间市场"，并进一步重构了周边乡村市场体系。

一　作为乡村"中间市场"的元村

元村文化发明过程同乡村旅游产业紧密相连，文化商品化将文化消费从单一、抽象的符号消费中剥离出来，衍生出各种实际的文化产品，比如元村品牌的辣椒、豆腐、面粉、菜籽油等，这些产品的生产和流通都在无形之中扩大了元村与外界的交易范围，逐渐改变了传统的市场交

---

① [美]施坚雅：《中国农村的市场和社会结构》，史建云、徐秀丽译，中国社会科学出版社 1998 年版，第 9—10 页。
② 陆益龙：《从乡村集市变迁透视农村市场发展——以河北定州庙会为例》，《江海学刊》2012 年第 3 期。

易体系。

高级别市场往往兼顾低级别市场的功能，中间市场自然会承担市场属地范围内基层市场的功能。元村并未因为旅游市场的极大发展而抹杀了其原本作为一个基层市场的功能，它拥有同其他普通村庄一样的低价商店，街边陈列着农民自家种植的剩余待售农产品，为村民提供基本产品贸易服务，在农民生活的意义上，元村依旧是一个基层市场。然而从这一市场的功能和辐射范围来讲，它已然具备了中间市场的诸多要素与特征，但本节关注的重点不在元村何以发挥基层市场功能，而更关心作为中间市场的元村具备何种功能。

首先，从交易时间上来看，施坚雅通过集期对比，证明了中间市场的交易频率高于基层市场。当前很多农村地区依旧靠集市完成大部分的日常用品购买需要，然而元村全天候开放商铺，每天都允许周围的人到这里从事需要的贸易活动，从交易时间及其开放程度来看，元村市场提供了更多时间选择。

其次，从商品的品类来看，元村提供丰富多元的商品。在元村水果店可以购买到多种南方水果、超市提供更高档的零食、饭店提供更精致的餐饮等，这些都是基层市场甚至原本的烟霞镇中间市场所不具备的。在元村，最显著的交易链条存在于各类农产品加工产业中，以面粉磨坊为例，元村从关中地区引进了传统面粉加工工艺，并将这一工艺作为一处文化地标向游客展示，更重要的是将磨坊加工的面粉打包出售。出售主要有两个渠道，第一是内部销售，在元村经营的小吃、农家乐等一切餐饮行业必须使用元村生产的面粉作为原料，以实现原料溯源清晰，保证食品安全；第二个渠道是作为特色产品面向游客销售。元村通过合作社的形式将这类农产品加工作坊整合进村庄集体经济当中，逐步形成规模效应，体量庞大的农产品加工产业要求元村必须同外部村庄加强大宗农业原料的交易，小麦、油菜、大豆等原料大部分是以订单农业的方式从周边农村，甚至省外农村地区采购。

再次，从市场所提供的劳务服务水平来看，以装修为例，在元村兴起以前，农户需要装修新房，一般是到烟霞镇或礼泉县联系装潢公司，而现在多个设计公司和装修队把办公室设立在元村，一方面针对元村景区内的装修业务，另一方面也满足了周边村民的装修需求。另外，元村还提供更丰富的享受型消费项目，比如周边村民可以到元村的酒吧、茶馆、娱乐城等休闲场所，而在之前只有地区市级中心市场才具备这样的功能。

最后，道路网络的不断完善和快速交通工具的普及加快了周边村庄对元村核心市场位置的接受与认同，使元村的经济辐射范围得到进一步扩展，使其中间市场辐射范围得到扩张。这些商品本意是配套旅游业的发展，供游客消费，但这并不意味着产生身份排外，村民只要进入这一市场交易的场域之内，便能够获得与游客同等的权利，享受到同等的服务，所以元村市场的发展也并没有放弃其作为乡村基层市场的基本功能。

二 吸纳与挤压：形成跨越社区的权力中心

文化发明是元村市场开发的核心，形成的中间市场使元村日益成为区域的权力中心。这一过程由文化要素发端，通过旅游产业实现了向资本的转化，在有限的经济辐射范围内也伴生出新的权力系统，而被催生的权力系统又进一步强化了市场的辐射带动能力，吸引资源聚集和更大范围内的文化加入，文化发明、市场扩展和权力集聚三者在元村相互交织。促进元村支配能力向外扩展的关键事件发生在2013年，由于旅游市场带来的巨大经济效益和发展成果，政府的目光逐渐聚焦于元村，将其树立为标杆，并确定其为城乡统筹发展试点村，在县、镇两级的领导下，元村和周边10个村庄实行"一村带十村"的发展战略，组建成为以元村为中心的"元家社区"，社区占地面积8.991平方千米，总人口共计10369人。"一村带十村"的确立从政策层面上给予了元村更广阔的扩展空间，使其在该区域内资源配置的能力空前提升。

元村对周边村庄资源的配置集中体现在土地资源和人力资源两个方面。第一，土地资源是元村瞄准的核心资源。2007年后，元村通过每亩地一次性补助55000元，陆续从周边村庄征地20亩建成生态停车场和游客中心，并准许失地农户经审批后元村摆摊经营，周西村冯某常年在元村零售自家苹果，2016年市场收购价为每斤0.7元，在元村可以卖到2元/斤以上，早熟苹果也能及时就近出售，他认为虽然失地导致种植面积减少，但零售渠道单价提升大大提高了种植利润。元村对周边土地资源的利用是多元的，除了小部分用于征收建设以外，大部分土地则作为元村的农业原料基地，元村每年与周边农户签订协议，规定每年的种植品种和收购价格，用当地人的话说："元村没有农田，村庄以外都将成为元村的农田"。第二，人力资源是元村关注的另一资源，不仅是劳务资源，还有很多周边村庄的乡村精英加入元村，对普通劳务的支配以吸纳为主，为其提供就业岗位，而乡村精英们则不满足于简单地务工，他们更愿意承担元村和本村村民之间的"经纪人"，为元村联系更多可用资源，以从中分享到更多利益。

然而，在繁华的外表下，周边村庄实则处于依附性发展当中，与元村长期进行着不对等的交换。周边村庄主动或被动地被征用土地资源，直接打散了村庄集体资源，使其丧失了以土地作为生产资料独立发展的机会，农民也失去了最后一道生计保障，只得求助于长期外出务工，而元村所能提供的岗位比较有限，无法实现所有失地农民全覆盖，而旅游服务业存在性别偏好，男性劳动力在其中更难以找到合适的位置。从夕一村等9个村庄总计195人的调查中发现，只有55人参与了元村的旅游业，只占到受调查总数的28.2%（见表3-6），可见元村只能在一定程度上给予就业岗位，大部分村民无法直接参与元村产业。

表3-6　　　　　　周边村民参与元村旅游业人数

所属村庄	受访人数	参与到元村旅游业人数	百分比（%）
夕一村	14	2	14.3
夕二村	20	5	25.0
周西村	17	9	52.9
周东村	12	3	25.0
古村	46	12	26.1
观村	20	4	20.0
严村	32	10	31.2
山地村	21	9	42.8
张村	13	1	7.7
总计	195	55	28.2

另外，这种依附发展很大程度上造成了对周边村庄的压制，比如，在观村调查时，村民刘某比喻到："元村的发展类似于夜空中的月亮，周围的星光根本无法与其相比。观村曾计划兴办农家乐乡村旅游，但是元村的旅游业发展太成熟了，连接了很多稳定的供货资源，基础设施配套也比较完善，并且来这儿的游客只认元村，观村要重新开始实在太难了"。元村在周边范围内独树一帜，权力逐步跨出本村边界进而支配周边资源，在一定程度上挤压了其他村庄的发展机会。

三 元村对周边乡村市场体系的重构

元村通过不断扩大旅游市场规模，丰富旅游市场商品与服务，逐步成为一定地域范围内的商业中心，重构了传统乡村市场体系。首先，元村旅游市场的出现直接削弱了烟霞镇餐饮行业。一方面是对客流量的吸引，元村有丰富的餐饮品类，且有多家小吃店铺和农家乐餐馆，能够同时容纳近万人就餐。另一方面，元村餐饮业配套有极其严格的食品安全体系，这也是提升其竞争力的关键所在，比如，以麻花为例，元村麻花用料考究，面粉来自周边村镇种植的旱地小麦，元村面坊收购并加工，菜籽油同样也是元村油坊生产，均由作坊直接配送到麻花店铺，确保食材运输过程的安全高效，炸麻花的油炸三锅后即会弃用换新，保证每天用最新鲜的原材料加工成食品出售。而烟霞镇的麻花店铺则很难做到这些，消费者对麻花的用料、用油都没有完全的信任，因此即便烟霞镇麻花1元1根，而元村麻花2元1根，大部分村民和乡镇居民还是会选择支付高出一倍的价格到元村购买放心食品。

其次，元村民俗旅游的发展极大冲击了当地乡镇市场的文化娱乐产业。比如每年春节前后，元村都会举办关中古庙会，除了销售手工艺品、农副产品等年货商品外，还举办传统民俗表演，周边村镇的戏班子、鼓乐队都被邀请进元村与游客和村民们一起欢度春节。相较于传统村庙，元村所提供的娱乐项目种类繁多，不仅有传统的街头娱乐项目，还有室内冲浪、VR体验馆、滑雪场等，这些项目有固定的店面场地，并由专业的工作人员负责，经过安全验证之后才允许入驻元村，保证消费者在享受娱乐活动时的人身安全。相比之下，烟霞镇的文娱产业远不及元村，从体量规模、正规程度和消费人数上来说都逊色了不少。并且，元村还额外提供了多种休闲服务，比如茶馆、咖啡屋、酒吧、电玩城等休闲场所都是乡镇市场所没有的，元村给当地居民提供了享受型消费的诸多选择。

不仅如此，为了进一步扩大市场辐射范围，元村通过"进城"和"出省"两个关键策略使品牌走出村庄。第一是在陕西省内重点城市开办"元村城市体验店"，让城市居民在家门口就可以享受到健康安全的特色小吃，并在体验店设立有专门区域，售卖元村品牌的菜籽油、面、醋等农副产品，目前在西安市有15家"元村城市体验店"，年均总产值在4亿元左右，带动1500余人就业，将乡村贸易顺利扩展至城乡贸易。第二是跨省份合作，将元村乡村旅游发展的经验、模式推广至其他省份，因地制宜地打造不同地域文化下的"元村"式的乡村旅游，自2015年开始，陆续在青海、河南、山西、湖北等地建立了出省基地，元村的加入为当地乡村旅游发展提供了先进的经营理念，注入了新的活力，明显带动了当地农民致富，并实现了元村跨区域产业发展。

元村通过发展乡村旅游奠定了其在区域内经济、文化、权力和服务中心地位，成为一个声名远播的"超级村庄"。折晓叶等曾针对20世纪末东南沿海地区的工业型"超级村庄"进行研究，研究中发现这些村庄在发展过程中，逐步表现出了"非城非乡"的中间形态，从村庄生产方式、村民职业结构、社区基础设施、组织体系以及建筑景观等多方面来看，均有别于传统的乡村地区，表现出了"准城市"形态[①]。元村的成长之路是建立在第三产业兴旺的基础之上，以集体经济作为基础，进一步联合外界多重资本以维持自身发展，不到300人的本村村民不断与超过3000人的外来从业者磨合出一种持续有效的共业机制，而这些生活在村庄的从业者每天也要同成千上万的游客互动，这些复杂社会关系的出现也在悄然改变村庄内部的社会关系，紧密、频繁的业缘关系使得传统乡土关系逐渐被人遗忘和淡化。事实上，元村正在从一个传统乡村伦理共

---

① 折晓叶、陈婴婴：《超级村庄的基本特征及"中间"形态》，《社会学研究》1997年第6期。

同体迈向现代商业共同体,一个理性的市民社会形态在"元家社区"逐渐形成。

第五节 小结

元村通过传承原生村落文化凝聚了村庄集体认同,又进一步整合了笼统、抽象、零散的地区文化,打造了极具特色的旅游文化场所,并通过连通乡村文化与都市文化实现了传统与现代的有机融合。文化发明是元村发展乡村旅游的核心内容,村集体经济为文化发明提供了稳定的经济基础,凝聚了集体的力量,消除了被发明的文化与原生文化之间的隔阂。旅游产业的兴旺使得元村逐步成为"乡村中间市场",为周边村庄社区提供更完善的商业服务,同时,这一中间市场也生产出了跨越村庄边界的支配权力,文化发明、经济增长与权力支配三者相互依赖并互相建构。元村也伴随着它的吸纳与扩张逐步走上建设"元家社区"的乡村都市化道路,在乡村振兴背景下,元村不仅仅是旅游产业发展的模范,也是乡村都市化的一种新形态,乡村不再一味地追求从空间上向城市的靠拢,而是通过主动建造属于自己的富裕与文明,从而进一步融入都市化的生产生活体系当中。

然而,值得进一步去发现和讨论的是,元村的模式也并非极具完备性。首先,文化的发明是建立在满足新近目的前提下,以"旧瓶装新酒"的模式达成的工具理性行为,这种文化原本不属于村庄内部的任何一个群体,它被其发明者所操控,缺乏持久稳定的社会基础与群众认同。其次,元村的产业的蓬勃发展并未使之完全达成乡村振兴的综合预设,村庄仍然面临着环境污染、原住人口流失、外来人口管理等问题,元村的发展模式将一个本应该集生产生活于一体的村落共同体,逐步打造成了一个各种商业联盟集中的快餐式旅游中心,缺乏了乡村田园牧歌式的生活体验。这是一种对乡土的侵蚀还是一条乡村都市化的新路,仍留待讨论。

第 四 章

乡村市场共同体的形成与村庄治理转型*

第一节 元村旅游市场基本概况

一 研究缘起

元村位于陕西省礼泉县烟霞镇，地处关中平原腹地，距唐太宗昭陵约10千米，元村现有村民62户共286人。2007年后，村庄以发展乡村旅游业为核心，经营范围覆盖农家乐、作坊街、小吃街、祠堂东街、酒吧街、回民街、书院街、酒店住宿等8大特色领域。2018年元村接待游客580万人次，村庄旅游总收入超过10亿元，村民人均收入10万元左右，是目前陕西省最具代表性的民俗村落，也是关中地区乃至全国乡村振兴的模范样本。元村如今的辉煌成就与其两次产业上的成功转型密不可分。自20世纪70年代开始，生产环境恶劣、生活条件贫困的元村在老书记的带领下通过发展产业探索村庄转型之路。至今，元村产业发展历经传统农业到村办企业，再到乡村旅游业两次转型，村民生活实现了从温饱不足到富裕小康的质性飞跃。

为了对旅游型村庄产业结构、人员构成、社会关系及相关治理问题进行详细的揭示，本研究采取个案分析的方法从2016年开始对陕西省元村进行了长期跟踪研究。元村在2006年后抓住国家大力支持发展乡村旅游的机遇，依托强大的集体经济平台发展乡村旅游，实现了村庄产业发

---

* 本文部分内容已在《中国农村观察》2020年第1期中发表，特此说明。

展的转型。此后，元村凭借其打造的村落传统文化、关中民俗特色文化和现代都市文化旅游平台，吸引了周边村落村民以及其他外来商户进驻，进一步壮大村庄旅游发展规模及辐射范围，形成了原住村民、村委会、外来商户、旅游投资公司等组成的乡村旅游发展共同体。同时，随着乡村旅游在元村的快速发展，市场要素迅速向村庄社会渗透，以旅游为核心的元村不断吸引着大量商户、投资者、务工人员等外来人口，村庄原本的经济结构、人口构成以及社会关系等皆发生巨大的变化，以元村为核心的"乡村市场共同体"逐渐形成。在旅游市场的冲击之下，原本基于半封闭下熟人社会的传统乡村治理模式正在逐步被割裂，村庄的治理对象、治理主体、治理对象、治理内容、治理方式等要素皆面临新的挑战，元村的治理逐渐发生转型。为了进一步探究元村这一旅游型村庄"市场共同体"的形成过程及对村庄治理产生的影响，尝试解释其背后的演进逻辑，对当前旅游型村庄的治理转型路径提供些许思考，研究课题组于2019年8月至10月再次进驻元村进行调研，文中所涉及的资料均来源于对元村的跟踪调查研究成果以及此次调查的调查数据、各类访谈、文献查阅以及参与式观察。

二 元村旅游市场基本特征

（一）以本地游客和学生为消费主体

一方面，在被调查的对象中，来自陕西省的游客占到样本总体的67.8%，来自陕西周边省份如山西、甘肃和四川的游客分别占到2.0%、4.9%、0.5%。来自河南省的游客占8.8%，只有个别游客来自距陕西较远的南北方省市，问卷缺失6份，占样本总体的2.9%（见表4—1）。前往元村的游客主体为本省的居民。通过访谈了解到，他们大多是咸阳市人和西安市人，在假期期间就近旅游，其中有很多当地游客不是第一次来元村，对元村的旅游发展已是相当了解，也见证了元村自发展旅游业以来的变化。

表4—1　　　　　　　　游客来源统计

省份	频数	百分比（%）	有效百分比（%）
北京市	2	0.98	1.01
天津	1	0.49	0.50
重庆	2	0.98	1.01
辽宁	2	0.98	1.01
河北	4	1.95	2.01
山东	3	1.46	1.51
山西	4	1.95	2.01
河南	18	8.78	9.05
安徽	2	0.98	1.01
江苏	1	0.49	0.50
江西	1	0.49	0.50
浙江	1	0.49	0.50
福建	2	0.98	1.01
陕西	139	67.80	69.85
甘肃	10	4.88	5.03
内蒙古自治区	1	0.49	0.50
新疆维吾尔族自治区	1	0.49	0.50
广西壮族自治区	1	0.49	0.50
云南	1	0.49	0.50
四川	1	0.49	0.50
海南	2	0.98	1.01
总计	199	97.07	100.00
缺失	6	2.93	

案例4-1：张某和王某老两口是附近村的人，两位老人今年都是72岁，张某认为元村在发展乡村旅游后，村庄发生了很大的变化，他认为元村不仅是年轻人旅游体验的好去处，也是他们这些老年人休闲的好地方，只要有空张某便会开着三轮车来元村休息闲逛。王某和张某说道："每年来的游客有很多，大部分是以陕西省内为主，好多游客是西安的，他们都自己开车来的，一家老小来这里游玩，城市人把这里当作休闲放

松的地方。"

另一方面，在被调查的对象中，学生占样本总体的28.8%，个体户占到14.4%，这两类人群在样本总体中所占比例较大，这是因为与其他游客相比，他们的学习工作时间相对自由，有自己的假期时间安排，特别是国庆节期间游客主体多为在校学生。通过访谈了解到，这部分学生包括小学生、高中生和大学生，小学生多是跟随家人来到元村游玩；高中生学业压力大，亲人带他们出来放松；大学生多是与家人、同学和朋友一起前来参观元村。这三种学生群体来元村旅游有着不同的愿望诉求。例如，案例4-2中大学生马某不仅陪着父母来到元村游玩，还完成了相关的调查问卷，对她来说，这次的国庆节过得很有意义。

案例4-2：马某，女，26岁，山西侯马人，目前在长安大学旅游管理专业读研三，她这次来元村一方面是陪着父母游玩，另一方面也是趁着假期游客量大为自己的毕业论文发放问卷，收集资料。马某在父母的帮助下完成了所有的调查问卷。马某作为大学生游客，给出了自己对元村的评价，马某认为元村最好最成功的一条街是小吃街，集全国各地的各种小吃于一处，且价格公道、味道好、分量足，游客可以选择各式各样的美食，极大地满足了不同年龄层次的游客需求。同时小吃可以打包带走，没有品尝到的或者味道好的美食可以选择性地带回去同亲人、朋友、同学一起分享，即使他们没来元村，也能吃到元村的美食。另外，元村旅游的特别之处在于融入了诸多现代元素，实现了村庄与都市的交融，她提道"游客白天可以到小吃街吃小吃，晚上可以来酒吧街泡吧听歌，元村并不会使人觉得远离城市，但事实上我们并未在城市"。相比茯茶小镇、马嵬驿这些同类景区，马某觉得元村最大的特色在于它的小吃，不仅有陕西的特色小吃，还有全国各地的小吃，另外元村的食品监督相当严格，游客在这里可以放心品尝，这是同类景区都做不到的。

（二）元村对游客的吸引力强

坐落在中国西北关中地区的元村因其快速的发展引起了社会各界的

关注，其旅游业的发展经历了从"无"到"有"、从"无名"到"有名"的阶段，元村的发展模式是"乡村旅游+原住民+新住民+商户"多元主体共同致富，是具有引领性的发展模式。元村的发展经历了两个阶段：第一个阶段是传统农业转变为现代工业，村民的温饱问题得以解决；第二个阶段是村集体工业转变为乡村旅游业，村民的富裕问题得以解决。元村挖掘自身资源，转变发展思路，确立了"休闲文化兴业、旅游富民增收"的发展思路，成功打造了关中印象体验地。元村有"中国十大最美乡村""中国十佳小康村""中国乡村旅游创客示范基地"等荣誉称号，元村在村干部的带领下，全村村民团结一致，艰苦奋斗，将元村建设成了集餐饮、民俗文化、住宿、娱乐及旅游于一体的乡村示范村。近年来，元村吸引了众多游客前来参观，乡村旅游业发展速度较快。通过此次对景区游客吸引力的调查可以得出（见表4—2），79%的游客是专程来元村游览的，11.2%的游客是在游览其他景点时顺路来到元村，这表明元村的民俗文化与建筑对游客有较强的吸引力。

表4—2　　　　　　　　　　出游的目的地情况统计

出游目的	频数	百分比（%）	有效的百分比（%）
专程来元村游览	162	79.0	79.4
游览其他景点顺路来游览	23	11.2	11.3
其他	19	9.3	9.3
总计	204	99.5	100
缺失	1	0.5	
总计	205	100	

（三）拥有健全的旅游产业链体系

乡村旅游开发能力是乡村旅游的核心竞争力，积极开发旅游资源也能为乡村振兴战略注入新动能，产业的全面融合是乡村旅游开发的一种重要手段[①]。农业产业化是指农业及其产业化经营以市场为导向发展农村

[①] 厉新建、马蕾、陈丽嘉：《全域旅游发展：逻辑与重点》，《旅游学刊》2016年第9期。

经济,按产业系列组织发展农村经济,是实现农业与相关产业系列化、社会化、一体化的发展过程,即农、工、商一体化,产、加、销一条龙的过程①。元村以一、二、三产业融合为主要产业形态,是集农业体验、农业教育、休闲旅游于一体的乡村旅游产业融合模式。一方面,元村在产业链高端不断输出元村旅游产品,提高元村品牌的影响力。另一方面,元村旅游在村庄内部实现集生产、加工及销售为一体的产业循环模式,具体表现为元村小吃街和作坊街所有商户的产品原材料大部分来自元村周边生产基地或在其他区域固定的生产基地,而这些产品则优先满足元村内部的原料需要,使关中小吃、面、油、油泼辣子、酸奶、醪糟、豆腐等加工、销售都能满足元村游客体验及消费需求。因此,元村通过乡村餐饮、度假休闲、旅游、娱乐等第三产业的发展极大地带动了对农副产品加工及消费的需求,同时第二产业带动了元村对周边农产品原料的需求,进而在元村实现一、二、三产业的融合发展。

元村的作坊街所采取的"前店后厂"经营模式就是一、二、三产业融合发展的集中体现。例如作坊街中的辣子坊,原料主要是辣椒,来源于陕西兴平,辣椒是由元村旅游管理公司筛选并由固定农户种植,其种植技术与要求严格按照元村的食品安全标准与技术要求,种植面积为1000—2000亩。辣椒进入辣子坊还需要元村旅游管理公司严格把控。辣子坊的经营管理,实现了辣椒种植、加工、销售、旅游游客体验的结合,元村的乡村旅游发展把第一、二、三产业紧密地融合在一起,实现了三产融合。兴平大面积的辣椒种植基地和元村合作,辣子坊经过加工,把辣子卖给游客,同时游客又可以深入体验辣椒的加工过程,促进了元村旅游业的发展,实现了产业的融合。乡村旅游应以乡村为背景,以农民的生产方式和生活方式为核心对象②。乡村旅游的发展促进了农村地区多种业态相结合,从农业发展到第二产业的加工处理,最后落脚到第三产业的销售业、服务业及旅游业。在农村地区推进产业融合有助于提升农

---

① 谢代银、刘辉:《关于农业产业化经营的再认识》,《农村经济》1999 年第 6 期。
② 朱启臻:《充分发挥乡村旅游在保护与传承乡村文化中的作用》,《农村工作通讯》2016 年第 10 期。

业的基础地位、提高农业的价值、延长产业链条、拓展农业空间,促进农业产业的升级和农民的生计资产的增加。

(四)元村品牌辐射范围不断扩大

2015年之后,元村开始实施"进城出省"战略。一方面,元村通过在西安、咸阳等省内大城市开设"元村城市体验店",将元村的美食和农产品送到城市当中,进而增加元村旅游产品的销售量和进一步输出元村"品牌"。同时,元村在选择"进城"的特色产品时,采取的是"比赛制"的选拔方式,即想要进城店家经营的产品必须经过村委会的层层选拔,将同类食品分在一起进行比赛,经过匿名投票选出味道最好的美食进驻元村在城里的店铺,以确保元村的"品牌"不掉色,为城市居民提供更好的服务。就如我们访谈对象农家乐的老板王某强调:"元村现在已经成为一个品牌,现在'不是元村找别人,是其他地方的人来找元村加盟,当选好地址后,元村相关负责人会去考察,考察后觉得地段还不错,就会同意加盟要求,以保证元村的品牌;如果说商场盖得很好,但是位置太偏,顾客太少,元村是不会同意加盟的,以免砸牌子'。元村目前在青海、山西、河南、河北等地均有进城店,未来10年全国30个省份都要有元村进城店,就陕西计划有50家店。他认为,进城店并不会影响元村小吃店的经营,元村以后是'中央厨房',将原材料源源不断送到外面,将食品安全贯彻到底。"

另一方面,2016年以后,元村区域范围内的市场和需求已经基本达到饱和状态,为了进一步扩大集体经济实力,元村开始向外输出"元村模式",即向外输出元村的经验和做法,将元村品牌和其他地区的旅游开发主体进行合作,创建元村"特色小镇",实现元村品牌的输出,就如元村领导人所强调的"我们以后不会再往本村投钱,要让外面的人投钱壮大我们的经济;我们自己的钱要向外投,让元村的影响力不断扩大",因此元村加快了对外资本和品牌对外输出的进程。特别是在2017年,元村发起了"乡村振兴百村联盟"行动,在全国范围内推广"元村模式",如青海海东的"河湟印象·元村"、河南郑州"同盟古镇·元村"和山西省"忻州古城·元村"等项目都打上了元村品牌,成为当地文化、饮食特色明显的旅游村庄,带动了当地经济的发展,助推了乡村振兴的实现。

总而言之,"立足乡村、推向城市、走向全国"是元村品牌输出的战略布局。通过把元村人的美食送上城市居民的餐桌,城市居民更加方便地购买元村的农产品,进一步将元村的品牌和口碑走出去。同时,复制元村旅游的发展经验和模式打造出一个个不同地域文化的"元村",不仅对当地的乡村旅游、特色小镇、乡村振兴等方面产生积极的影响,也使元村品牌的辐射范围不断向外扩展。

第二节 元村市场共同体的形成

一 乡村市场共同体的理论阐释

（一）村落共同体的提出及发展

在社会学中,最先提出"共同体"一词的是德国的社会学家滕尼斯,他认为社会是"一种有目的的联合体",共同体产生于众多个人思想和行为的有计划协调,而且个人聚集在一起共同行动对自己是有利的[①]。同时,滕尼斯认为共同体可以分为三种,分别为地缘共同体、血缘共同体和精神共同体。所谓地缘共同体是基于自给自足的封闭生活环境下形成的,直接表现为共同居住在一定区域的居民形成的共同生活区域。血缘共同体便是由血缘关系,基于熟人和半熟人信任的基础上展开的往来活动。精神共同体是在特定环境下所达成的最高境界,是为了达成特定的目的且符合大众的需求,在思想上达成高度的统一。"共同体"概念自被引入中国农村研究以来,产生了许多二级概念,如"乡土共同体"、"乡村共同体"、"村落共同体"、"村庄共同体"、"农村共同体"、"基层市场共同体"、"关系共同体"及"生活共同体"等,但当前对其内涵上的差异并未做出明确的界定[②]。杜赞奇认为,在村落共同体下,村庄封闭性特征明显,集体认同感强烈,集体生存利益优位,内部互动密切,是下层

---

① [德]斐迪南·滕尼斯：《共同体与社会》,林荣远译,商务印书馆1999年版。
② 胥永强：《论作为"生活共同体"的村庄》,《贵州民族大学学报》(哲学社会科学版) 2015年第3期。

合作的中心和道义的权威中心①。费孝通更是直接把村落看作乡土社区的基础单位,是由血缘、地缘关系结成的一个相对独立的社会生活圈子②。

然而,在另外一些学者看来,中国村落共同体的存在是既定假设与事实,更加关注的是传统村落当代的命运。与此不同,还有一部分学者关注的是村落的终结,而非村落共同体的当代命运。李培林认为村落终结过程更重要的是产权的重新界定与社会网络重组③。田毅鹏对"村落终结"做了明确定义,认为存在三种形式的村落终结:第一种为城市边缘地带的村落被迅速扩张的城市吸纳;第二种为在政府规划主导下,通过村落兼并而走向终结;第三种为远离城市的过疏化村落走向终结④⑤。第三种形式下的村落终结最大的不同点在于前两种是当前社会大发展大变革所导致的被动性终结,而非自愿选择的结果,是村民基于当前的时代背景下为了谋求自身的发展需要所自愿做出的抉择与改变。村落共同体现代转型的顺利进行关乎基层社会的良性运作以及基层治理的有序推进。进行积极的农村社区建设,不仅能够促进农村的变革,而且有助于国家与社会关系的调整。

总之,随着市场经济的不断发展,中国传统村庄受到巨大的冲击,封闭的小农经济逐渐解体,传统乡村社会式微,农村人口不断向城市集聚⑥。为了重焕村庄活力,实现传统村落的现代化,村庄的转型已是必然之选择。在工业化与城市化作用的推动下,诸多村庄因地制宜地创造出新的生产与消费方式,新的市场要素进入村庄内部,促使村庄产业、人员构成、管理结构等因素发生转变,村庄治理的主体、内容和方式在不

---

① [美] 杜赞奇:《文化、权力与国家——1900—1942年的华北农村》,王福明译,江苏人民出版社1996年版。
② 费孝通:《江村经济》,戴可景译,群言出版社1999年版,第9页。
③ 李培林:《巨变:村落的终结——都市里的村庄研究》,《中国社会科学》2002年第1期。
④ 田毅鹏、韩丹:《城市化与"村落终结"》,《吉林大学社会科学学报》2011年第2期。
⑤ 田毅鹏:《"村落终结"与农民再组织化》,《人文杂志》2012年第1期。
⑥ 李裕瑞、刘彦随、龙花楼:《中国农村人口与农村居民点用地的时空变化》,《自然资源学报》2010年第10期。

同程度上发生分异①。因此，在市场规律的作用下，传统的村落共同体逐渐发生异变，资本、劳动力、土地、人才等市场要素进一步在村庄内部汇集，传统的村庄逐渐形成以血缘、地缘、业缘关系为主要特征的乡村市场共同体。

（二）由村落共同体到市场共同体的演变与村庄治理转型

人是天生的"划分边界的动物"②，边界建立是指社会差异得到区分的最初社会过程，同质社会的分化或者异质社会之间的接触是边界形成的具体社会情境，以身份认同和归属感为社会边界形成一个隔离和封闭的社会和文化空间，即共同体③。李培林指出一个完整的传统村落具有高度重合的五种边界，即社会边界、文化边界、行政边界、自然边界和经济边界④。与此研究视角不同，施坚雅有意识地消解了共同体的地域边界，认为以集市为纽带的乡村经济社会关系网络才是打开理解中国乡村社会的关键⑤。施坚雅认为关注村落共同体的变迁就应该更多地置其于与市场、与国家的联系与互动之上。在市场力量的冲击之下，必然会引发村落共同体经济生活的调适，以及村落成员的家庭生活、社会生活的变革与重组⑥。

近些年来，随着市场的多元化发展，越来越多的村庄通过第三产业走上转型之路，其中以乡村旅游业最为典型。乡村旅游的发展不仅仅在改造着农业社会的基础，更多的是引发诸多市场要素进入传统乡村，不断瓦解着传统村庄内部的社会结构，并由此产生新的社会关系。值得注意的是在传统村庄向旅游型村庄转变的过程当中，重要的不是参与主体的数量，而是各个利益相关者之间的合作。因为在乡村旅游的市场中，多方主体皆参与其中，由于在市场原则下存在旅游分红的不公以及村落

---

① 张磊：《"新常态"下城市更新治理模式比较与转型路径》，《城市发展研究》2015年第12期。
② 参见毛丹《村落共同体的当代命运：四个观察维度》，《社会学研究》2010年第1期。
③ 陆保良：《村落共同体的边界变迁与村落转型》，博士学位论文，浙江大学，2012年。
④ 李培林：《村落的终结——羊城村的故事》，商务印书馆2004年版。
⑤ [美] 施坚雅：《中国农村的市场和社会结构》，史建云、徐秀丽译，中国社会科学出版社1998年版。
⑥ 蒋小杰、赵春盛：《村落共同体现代转型的逻辑与政策回应——基于弥勒山兴村的观察与思考》，《云南民族大学学报》（哲学社会科学版）2019年第1期。

保护制度的失效等问题①，进而忽略各个主体之间的合作与协调，就可能造成利益主体的权利失衡和矛盾冲突②。村庄的治理是基层治理中的典型，相比于其他村庄只有村民、村两委二者构成的主体，旅游型村庄涉及更多的利益相关者，包括居民、商户、投资公司、游客和政府等③。在市场规律的作用下打破封闭的界限，治理范围也由此进一步扩大。村委会作为村庄治理的主导者，在多元利益主体的协调方面发挥着至关重要的作用。随着乡村旅游产业的进一步发展，村庄便会产生传统治理模式失灵的现象，而导致这一现象的根源便在于多元利益无法得到有序调和④，村庄内部当前面临较为严重的问题是收益分配和利用结构的失衡⑤。因此，在市场规律的作用下，存在有道义性的相互扶持，在互助之下将分散的个体整合起来，形成相互扶持的利益共同体。为保证整体的利益最大化，需要个体之间相互协调，发挥适当的功能，他们的关系不是纯粹意义上的竞争关系，村庄旅游市场内部各个主体处在同一"乡村市场共同体"当中，更多的是体现一种独立且共生的关系。因此，要鼓励各个主体进行相互合作，建立利益相关者的网络、平等的管理并分享乡村旅游的经济利益⑥。只有在这种情况下，将共同体理念贯彻其中，在"乡村市场共同体"系统内部实现村庄治理的现代转型。

二 元村市场共同体的形成

陕西省元村从20世纪70年代末开始发展至今，经历了从传统农业向

---

① 周春发：《乡村旅游地居民的日常抵抗——以徽村拆建房风波为例》，《旅游学刊》2012年第2期。
② 朱华：《乡村旅游利益主体研究——以成都市三圣乡红砂村观光旅游为例》，《旅游学刊》2006年第5期。
③ Kayat, K., "Stakeholders Perspectives toward a Community Based Rural Tourism Development", *European Journal of Tourism Research*, Vol. 1, No. 2, 2008, pp. 94 – 111.
④ 王翔：《共建共享视野下旅游社区的协商治理研究——以鼓浪屿公共议事会为例》，《旅游学刊》2017年第10期。
⑤ 吴冠岑、牛星、许恒周：《乡村土地旅游化流转的风险评价研究》，《经济地理》2013年第3期。
⑥ Bramwel, B. and Sharman, A., "Collaboration in Local Tourism Policy Making", *Annals of Tourism Research*, Vol. 26, No. 2, April 1999, pp. 392 – 415.

发展村庄工业，再向现代乡村旅游业的转型。自从中国实行家庭联产承包责任制后，村落共同体的传统治理资源经过村落单位化已经消耗殆尽，去集体化弱化了国家对农村的控制，村落一度出现权力真空现象，而元村却仍然坚持走集体经济的道路，使得元村仍然具有强大的凝聚力和统一协作的能力。特别是在 2006 年后元村借助政府出台发展乡村旅游业的政策优势，依托雄厚的村庄集体经济积累开始发展乡村旅游，使元村实现从农业到村庄工业，再到旅游服务产业的两次转型。此后，随着资本、劳动力等市场经济要素在元村社会的逐步渗入，传统的村落共同体发生改变，共同体关系在市场力量的介入下与经济因素产生密切关联，以血缘、地缘关系为纽带的社会关系逐渐演变为地缘、血缘、业缘关系为主要特征的社会关系。在市场的作用下，村庄内部的经济关系不断向外扩展，土地和劳动力逐渐作为一种市场要素自由的流动，整个元村社会无处不弥漫着市场的气息。同时，元村传统的社会制度根据市场的需要逐渐朝着适应社会经济发展的方向改变，传统农业社会转变为一个以乡村旅游为核心的市场社会，随着元村市场辐射范围和市场规模的逐步扩大，元村社会逐渐转变为乡村市场共同体。

从村庄与市场的关系上看，传统村庄实体意义上的市场集中体现在集市当中，承载着商品交换及社会交往的重要功能，但这一市场结构简单且规模有限，这一乡村市场内嵌于乡村共同体当中。施坚雅认为"农民的实际社会区域边界不是由他所住村庄的狭窄的范围决定，而是由他的基层市场区域的边界决定"[①]，不同的村落之间的社会交往活动以其周边的基层市场为平台，基层市场是传统村落与外界产生联系的主要渠道。然而，就现代意义上的市场而言，市场是现代经济发展的一个重要特征，市场的容纳程度决定了经济的发达程度。市场的主体是理性的个人及其组成的自由联合体，在经济利益的刺激作用下，按照价值规律的作用，市场自发地调配生产要素和资源，成为链接超出小型、封闭共同体范围的社会关系的一种有效方式，导致了各类交往型共同体的出现，逐渐取

---

① ［美］施坚雅：《中国农村的市场和社会结构》，史建云、徐秀丽译，中国社会科学出版社 1998 年版。

代了以文化和规范为边界和行动取向的各种传统共同体①。随着市场的成熟，独立分散的小商户在市场经济的规律下逐步凝聚为一个团结的整体，形成了相互不可分割的利益共同体。元村向旅游服务业的转型使传统的村落共同体向着成熟的市场共同体演进，元村逐渐形成了以乡村旅游产业为核心的利益共同体。同时，村庄共同体形态的转变，必将引起元村相应社会结构的变化。如表4—3所示，元村在从传统村庄共同体向乡村市场共同体转变的过程中，其人口、劳动力、技术、土地、信息等基本构成要素均发生了转变。

表4—3　　　村庄共同体与市场共同体要素比对

要素		村庄共同体	乡村市场共同体
人口	总量	自然继替的人口增减速度	受社会经济因素影响短时间内增减
	户籍结构	本村人口	有外来户籍人口参与市场
	年龄结构	自然继替的结构	年轻劳动力比例上升
劳动力	种类	以农业劳动力为主	以非农技术型劳动力为主
	整体素质	水平低	有所提升
	流向	劳动力外流	有劳动力流入
	收入	农业收入、自负盈亏	商业雇工
技术	技术类型	传统农业技术	外部技术输入
	技术原理	经验型乡土技术	专门型科学技术
土地	开发方式	农田、宅基地	工业用地侵占了部分农田用地
	运作方式	村集体运作	商业资本介入规划
	分配原则	平均、公平、稳定	综合经济利润最大化
信息	总量	少	多
	内容	生活信息	市场信息
	获取方式	无偿、口耳相传	部分有偿、专业传播
资金	总量	资金总体水平低	有所提升
	流动	村内无商业资金流	外部资金注入，盘活村庄资本
产权	产权归属	集体产权	公司产权、个体产权等多元产权形式

---

① 陆保良：《村落共同体的边界变迁与村落转型》，博士学位论文，浙江大学，2012年。

首先，从人口方面来看，传统的元村受到人口自然继替规律支配，村庄人口的性别结构、年龄结构大致维持相对稳定的状态。但在村庄形态逐渐演变成乡村市场共同体后，村庄人口随着村庄旅游产业的发展不断吸引外来商户、投资者、外来务工人员的入驻，逐渐形成62户286名元村的原住居民以及由外来商户、务工人员等组成的元村3000多名"新村民"人口，而且由于外来从业人员多是青壮年劳动力，在一定程度上导致村庄常住人口的年龄结构发生变化。其次，两种村庄"共同体"形态在劳动力特征上也有明显不同。传统的元村以农业为产业基础，劳动力自然以涉农劳动活动为主，整体素质偏低，且由于农业收入低，大部分劳动力选择外出打工。然而，经过发展村集体工业及乡村旅游的两次产业转型之后，以元村旅游为核心的乡村市场体系逐渐被构建起来，元村人基本上已不直接从事农业的生产活动，而是从事餐饮、民宿、旅游项目投资等服务型产业。同时，商业的繁荣吸引了大量劳动力流入村庄，非农技术型劳动力成为元村主要类型，以经验积累为基础的乡土专业技术逐渐被外来输入的专业性科学技术所取代。另外，在土地运作方式上，元村的土地资源均归集体所有，以农田和宅基地的形式分配给村民。在乡村旅游的带动下，土地成为一种重要的资本，商业资本进驻到农村土地的规划和运作当中，追求综合经济利益最大化，盘活了农村的土地资源，如元村在发展乡村旅游的过程中为了进一步扩大旅游空间场域，凭借自身雄厚的资本逐渐将周边农村的土地囊括进元村的旅游发展规划当中，以便更好地发挥土地的经济价值。此外，乡村市场共同体的形成也使元村社会的信息交流发生了转变，传统村庄农民日常传递的生活信息也逐渐转变为传递专业且有偿的市场信息为主。最后，传统村庄共同体的资金、产权等其他要素也因市场的繁荣发生变化。传统农民一贯坚持保守的财富观，元村在发展乡村旅游之初，很多村民其实并不看好，也不想参与投资，甚至反对用村集体资金进行投资。但在元村领导人的劝说及带动下，部分村民开始尝试着迈出第一步并获得了可观的经济收入，这极大刺激了元村村民投资的信心。当旅游市场商品经济成为元村发展的主基调时，外部资金的涌入刺激了村民的投资欲望，多元的投资也形成了公司、个人等多元化的产权结构，从单一集体产权转向多元产权形式相结合。总之，农村社会围绕着多元市场要素的繁荣开始走向了以工商业替代传统农业的发展路径。

无论是村庄共同体还是市场共同体，他们都具有一个"有机体"结构，而不是简单的市场经营者或市场型城镇的拼合体①。元村旅游市场内部各个独立分散的商户共同作用起来在市场经济规律下共同协作，实现资源互享，在生产、加工、交换、出售等方面形成完整的产业链，相互保持独立，但彼此间的利益又相互捆绑在一起，形成了互利共赢的经济市场共同体。在变革的过程中，村庄的治理方式必然会随着村庄的转型进行调适。同时随着元村旅游业的发展，经济优势将进一步凸显出来，并在市场规律的作用下，资源的流动逐步打破了地域和血缘的限制，向外部逐步延伸，形成内外联动的机制。在此期间，元村的管理主体、管理对象、管理内容、管理理念等方面都随着村庄的转型而面临着新的变化和挑战。

三　元村市场共同体的特征

（一）股份合作，利益共享

在市场规模迅速扩大的基础上，元村采用合作社的运营模式，先后创建小吃街合作社等14家股份制合作社，合作社规模大小不等，入股金额和股东的地域没有限制。这些股东既是经营户，也可以入股到各个合作社当"老板"，是一种利益共享、风险共担的股份合作机制，同时各个商户也可以在经营中相互监督。股份合作社模式缩小了农户和市场之间的距离，农户既是生产者又是经营者，打破了"农户+公司+市场"的模式。以作坊街辣子坊合作社为例，2007年辣子坊创办之初为个体经营，随着元村旅游市场的不断繁荣，为了"减少收入差距，实现利益共享"的目标，辣子坊在2009年开始推行股份合作制，成立辣子坊合作社，现共有合作社社员164人。笔者在访谈中了解到，辣子坊合作社每年的营业额可达500万—600万元，其中6—8月份为元村旅游淡季，营业额受到

---

① 陈修颖、叶华：《市场共同体推动下的城镇化研究——浙江省案例》，《地理研究》2008年第1期。

一定的影响，平均30万元/月，旺季其营业额可达50万元/月，最大股东每年分红占总利润的35%，其余股民按股分红，真正实现了村民之间的利益共享。

股份合作社的经营模式将所有的经营者纳入利益共享及共生的系统中，利益分配机制通过利益联结，将每个个体紧密地联系在元村的市场共同体之中。以小吃街的粉汤羊血经营户吕某为例，2012年吕某加入了小吃街的合作社，一开始日均收入300—400元。随着元村的影响力的逐渐扩大，市场前景大好，生意迅速壮大，前后一共雇用8人帮忙经营。现如今每年营业额达到700万元，扣除交付合作社的80%并除去成本以及入股的利润，每年到手的利润有50万—60万元。粉汤羊血已经成了小吃街的王牌产业、收益大头，带动了整条小吃街的发展。他家小吃街上有一家古玩店，古玩店的收益较少，在年底进行利润分配时，就把粉汤羊血的利润补足给它，使它收支平衡。元村商户以股份合作社的模式实现利益共享，不但强化了市场的合作功能，亦形成彼此共生的市场共同体，各个市场主体相互合作、利益共享，实现了市场的稳定与可持续发展。

（二）辐射周边，土地利用市场化

元村以土地资源为靶向，采用土地流转和建设农业原料基地的方式吸纳周边村庄的土地，既扩展了元村的市场体系，又将周边的土地资源最大限度的市场化。一方面，元村2007年后对周边村庄的土地进行流转，通过每亩一次性55000元的补偿标准陆续征地20亩用作生态停车场、酒店以及游客中心的建设，并允许周边村庄村民在元村投资入股，将土地赔偿的一部分折算为入股资金，按年分红。另一方面，元村吸纳周边土地资源作为农业原料的生产基地，为市场中的各类农副产品合作社和农家乐提供原料。签订种植协议与周边村庄农户就种植品种和收购价格达成一致，使其农产品种植结构开始以元村的市场需求为导向，实现了元村市场体系内的农产品生产与销售结合。元村农家乐的原生态特色菜品"时令野菜"一直备受游客喜爱，其主要原料来自当地的绿色无公害"灰灰菜"，作为季节性菜品，它的产量小且不易收集。因此主要依靠周边村庄的供给，在野菜成熟时节，周边村民采摘后以平均每斤2元的价格卖给元村农家乐，通过农家乐出售能卖到 15 元一份。此外，元村作坊街中的优质辣椒、菜籽油、小麦、豆子等原料大部分产自周边村镇的土地，促进了以元村为核心的乡村市场共同体的形成。

（三）广吸人力资源，共建共享共发展

元村市场共同体不仅吸纳了本村的劳动力，也促进了周边村落的就业，同时吸引了大批的创业者积极加入，已形成"大众创业"的良性循环。首先，旅游市场的发展为本村村民提供了充裕的就业机会。元村现有农家乐 60 户，基本都是本村村民开办，占全村总户数的 96.8%。其次，元村旅游业的发展也解决了周边村民的就业问题。元村旅游业创造出了大量的就业岗位，不仅吸引周边村民在市场中就业，以每人每天 60 元计，年增加农民工资性收入 6570 多万元，解决了周边村子"空心化"的问题。同时为周边村民提供了售卖农副产品、手工业品及饮料熟食的销售摊位，借市场的发展红利提高了周边村子村民收入。不仅如此，很多周边村庄的乡村精英也积极参与到元村的发展中来，利用自己的人力、物力为元村联结资源，实现市场共建、利益共享。另外，元村市场中的农家乐、小吃街、作坊街为大学生创业者、返乡创业者、青年创业者等创业群体提供了优质的创业平台和就业岗位，对进入街区的创业商户全部免收租金并进行创业扶持、创业培训、信息互通共享，更邀请各地手工艺能人、文创艺人前来创业，有利于文化的发展与传承。市场共同体这一平台吸引并激发了就业创业的积极性和创业活力，并与周边村庄保持着稳定的劳务供求关系，各路人力资源在元村市场获得发展机会的同时，也为元村市场的拓展和创新注入了新的活力，形成了"共建共享共发展"的理念。

（四）进城出省，贸易往来跨越村庄边界

元村市场规模的不断扩大，贸易往来业已突破村庄的边界，形成了自有的独特品牌效益，完全实现了元村产业的跨区域发展。颇具地方特色的小吃和菜籽油、粗面等农副产品是元村的招牌之一，元村通过"进城"的策略在陕西省不同的城市开办了 15 家"元村城市体验店"，同时成立了股份店，实现农产品跨越村庄边界的目标。此外，元村亦将品牌效益拓展"出省"。一方面在青海、山西、河南、河北等地新增进城店，同时设立线上销售旗舰店，将原材料源源不断地送到外面。另一方面则通过跨省合作，将元村发展的经验、模式陆续推广至青海、河南、山西、湖北等省份，并建立生产基地，成为当地乡村旅游发展的参照模板。伴随着元村在旅游市场上的影响力越来越大，元村的品牌效益越发明显，游客的来源也从省内走向省外，甚至走向国际。元村市场的延伸早已突破了时空的束缚，共同体的规模和范围均在迅速壮大。

第三节　元村治理的转型

一　传统治理结构的松动与失灵

元村市场共同体的确立成为诱发村落转型的重要动力。随着乡村旅游产业的蓬勃发展，村庄原本的村落共同体纽带被打散，村庄与外部之间产生了更加频繁的人员流通、商品交换，吸引大量外来人口、资金、劳动力等资源加入村庄的产业链当中。外来人口的流入直接导致复杂多元的村庄治理主体共生在同一地域空间当中，增加了村庄治理的压力，使得传统的治理结构出现松动与失灵，治理主体、治理对象、治理内容以及治理理念等要素皆面临着新变化和挑战。

（一）"村两委"治理盲区

2007年，在原村两委的带领下，搭着乡村旅游业的东风，元村经过短短十几年的发展一跃成为国家旅游示范村，是一个村域范围内集旅游、贸易、劳务、生产加工等为一体的市场，涵盖着本村村民、外来商户、旅游者以及入驻公司等多元化的群体，村庄的治理关系已然发生改变。元村的传统治理模式是在村两委的领导下实行村民自治，然而伴随着元村市场的不断扩大，村庄的整体发展规划以及村庄内日益复杂的利益关系使村两委的工作迎来了严峻的考验，村庄治理内容日渐多元化，传统治理结构出现盲区，外来人口与本地人之间的矛盾亟须解决。旅游产业的发展不可避免地为村庄注入了大量外来人口，这些外来商户，外来务工人员对元村发展起到了至关重要的作用，源源不断地向元村输送新鲜血液和资源，为元村的持续发展提供强有力的支撑。然而，由于本地人与外地人皆通过元村市场从事生计和经营活动，一个市场上同时出现几家相同产品不免产生相互竞争的关系，这不仅会对市场的发展造成冲击，同时也会激化本地人与外地人之间的矛盾，影响村庄的稳定秩序。此外，对于外地人的就业、整合、融入等方面的管理也是村两委不得不面临的难题。

（二）市场共同体初现，传统治理手段失灵

如今元村俨然成为一个依靠经济纽带连接而成的市场共同体，村委会、商户、本村村民构建起一个互惠的共生系统，依靠乡村旅游业的发展实现共同富裕的目标，依照传统的道德约束与权威治理机制已经难以为村庄整合提供效力。一方面，各个群体之间的联系依靠市场，市场的发展及其利益分配是核心，商户与商户之间、村委会与商户之间以及村民与市场之间皆是一种共存共生的关系，基于血缘、地缘的联系纽带已经被打破，市场化因素的渗透推动了村庄传统的治理手段朝向更专业化的方向发展。市场中的利益分配机制、协同合作机制等问题也是极易产生矛盾的元素之一，不同街区的发展模式、各类商户的精英模式、产品原材料的生产供给和使用都更需要专业的人士给予规划和指导。村庄合作社在广泛吸纳外来资金、资源的过程中，以村两委为中心的村庄权威难以再依靠传统治理手段解决股份参与者之间的利益分配问题，治理亟须寻求专业旅游公司的协助。

元村从原来的传统农业型村庄转变为旅游型村庄，村庄人口数量和结构已经发生了巨大的变化，逐渐演变为以外来人口为主的、高度依赖于旅游业的村庄。村庄出现了投资公司、外来商贩、村民、游客以及打工者等诸多利益主体，这些利益主体在一定的地域空间和文化资源环境下形成了新型的村庄共生系统。尤其是当外来人口和组织不断进入村庄的情境下，单纯的以村民自治为核心的制度安排无法完全适应旅游村庄的发展需求，这促进了村庄治理方式的转型。

二 "乡村市场共同体"形态下的元村治理实践

元村乡村旅游业的发展使村庄原有的人口结构、社会关系网络及经济合作关系等方面发生改变，逐渐形成一个稳定的市场共同体，传统元村治理格局也相应发生改变，元村治理由传统向现代化、专业化方向转型。元村是由村民以及村民之间各种社会关系连接起来的小社会，其内部划分为9大片区，"村两委"在大方向上主导村庄事务，另外下设街道协会及旅游公司对商户进行共同管理，呈现出片区划分、层级管理、结构稳定的管理模式。村委会、旅游管理公司、普通村民、外来商户都因旅游业而相互联系在一起，所有的主体均是因元村这一乡村旅游资源而组合在一起，是人与人之间、人与组织及组织与组织之间关于旅游市场所形成的"共同体系统"。在这一市场共同体系统中，元村每一个片区和层级都是元村市场共同体中的一个重要组成部分。旅游市场当中的主体在资源的交换和分配中，各自发挥自己的优势，扬长避短，各取所取，共同推动元村的和谐发展（见图4—1）。

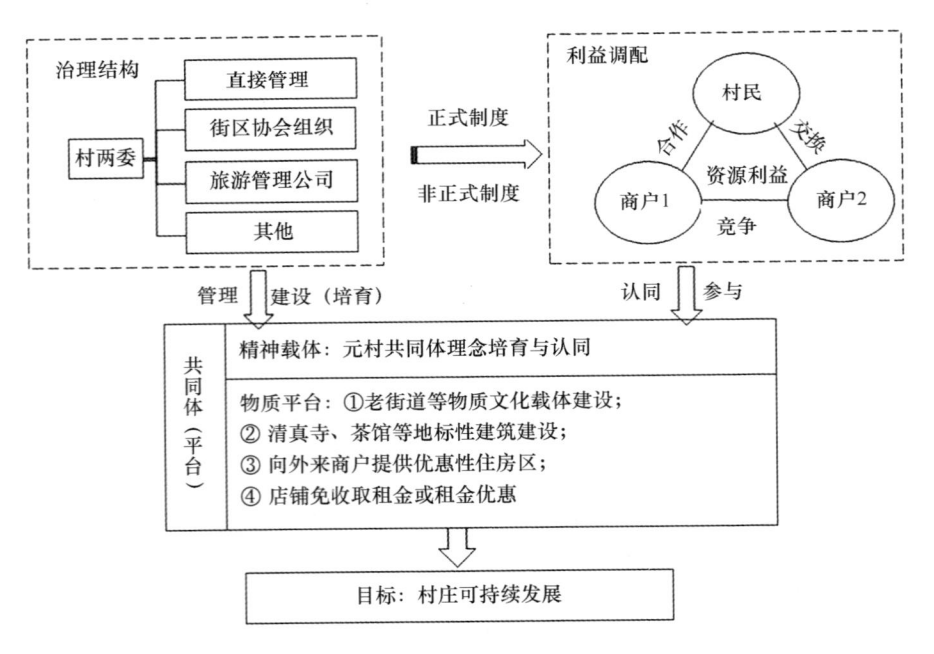

图4—1 基于市场共同体的元村治理实践

（一）多元化的村庄治理格局

外来人口的大量流入改变了元村的原生结构，基于血缘和地缘关系形成的熟人社会在不断外延，对村外的辐射范围在不断外扩。外来商户、外来务工人员对于元村的发展起到了至关重要的作用，但元村传统的村落管理无法容纳庞大的外来群体。一是在商铺的经营中，经营者不仅包括原住民，还包括外来的商贩和外来务工人员；二是在商铺的管理中，包括职业经理、乡村政治精英和一些流动投资者；三是在街道的管理中，包括村党支部、村委会、元村旅游管理公司、其他委托代理公司、街道协会和合作社等组织。针对不同的主体和特征，形成了村委会领导下的直接管理、协会式管理以及外包给旅游公司下的委托式代理的多元化管理方式（见图4—2）；多元化的管理模式将外来人口和原村民合理的整合在一起，并赋予外来人口新的身份，给予他们充分的发展空间，使得各商户有较大的自主性，这些外来的人员或商家更多的作为独立的参与者，而非元村的附属。以回民街治理为例，元村在尊重其宗教信仰和文化习俗的基础上，采用"委托-代理"的方式，强调高度自治的原则，让回民商户能充分按照本民族的习惯去经营生意，而不予以过度干涉，这本身就是村庄治理的巧妙艺术。无论是人还是组织都是元村共同体系统的一部分，其经营行为和管理行为是焕发共同体系统活力的催化剂，特别是外来商户，他们称自己为元村"新村民"，对于他们新的身份有高度的

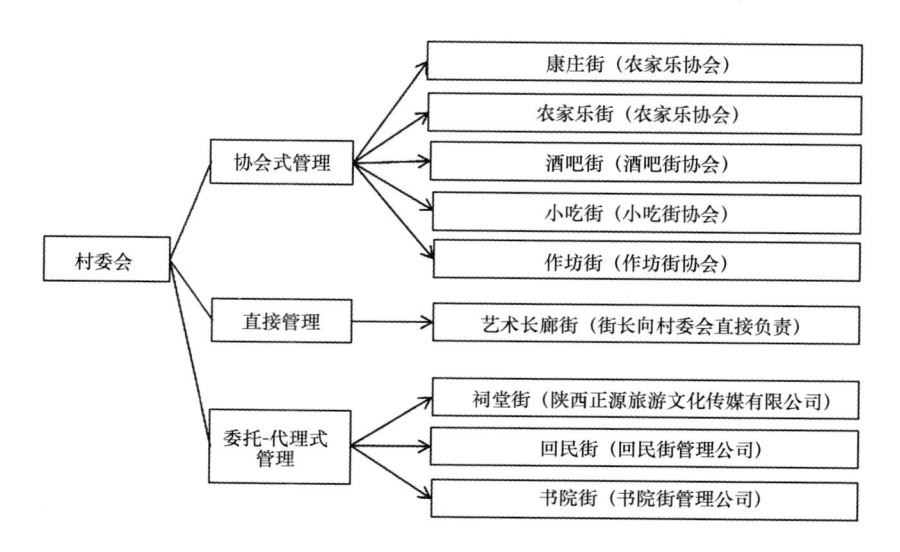

图4—2　元村村庄治理结构示意

认同感，使得许多商户自发产生对这种共同体系统的认同与维护，甚至有自我纳入的主动意识。

（二）"市场共同体"系统是村庄治理重要载体和平台

元村市场共同体的逐渐形成和不断成熟使元村形成以"旅游市场"为核心的"共同体"系统，在这一系统内部各个市场主体之间相互协作、彼此互惠，是村庄治理发生转型的重要载体和平台。因此元村从精神和物质两个方面进一步扩展和完善村庄"市场共同体"系统的要素与内涵，为村庄治理的现代化转型奠定基础。在精神层面上，元村自发展乡村旅游业伊始，就开始通过道德教化及利益共享的手段培育村民和商户的共同体理念，并在实践中促进广大村民和商户对理念的广泛认同，共同体理念的形成及不同主体的高度认可是协调不同主体利益的维稳器和调和器。处在系统中的每个个体都将自己看作系统中必不可少的一部分，这是因为村民在共享精神资源，包括元村所有区域内的人对元村发展模式和发展理念的认可、恪守商业道德伦理、共同遵守的村规民约以及当前元村集体经济中的利益分配机制的认同。高度的意识形态认同是元村旅游业蓬勃发展的一个重要因素，无论是本地村民还是外来商户，都对村委会和元村未来的持续发展坚信不疑。在物质建设上，元村努力打造商户及村民的生产生活平台。例如，自元村旅游业发展伊始，在将村庄的集体经济创造的丰富资本投入创建旅游文化物质载体过程中，借助祠堂、清真寺、小吃街、作坊街等村庄建筑为旅游业提供了物质文化资源以及为外来商户提供低成本小区住房和租金优惠政策等。村委会通过让渡房租权益、为商户提供便利的市场环境和营业条件等方式提高商户对元村发展模式的信任感，使所有参与者对元村发展理念和道路强烈认同和支持，实现发展观念上的统一。总之，元村市场共同体的形成使元村内的原村民、新村民、商户、外来务工人员等因旅游市场而共同置身于一个"共同体"系统当中，为了保证这一旅游市场实现稳态、健康、可持续的发展，村两委和旅游管理公司等不同主体通过精神和物质两个层面扩展和稳固"市场共同体"系统，为村庄下一步的治理转型提供理念及物质上的支持。

(三)"正式制度+非正式制度"推动元村的治理有序运转

在不断的发展过程中,元村已经由传统的农业村庄转变为一个依赖于游客消费带动的旅游型村庄,成为外来商户、外来务工人员、投资者、村民等主体组成的复杂市场共同体系统。因此,在系统的良好运行中,有一种力量引导和规范着"市场共同体"系统中主体的运作,即每个主体都必须遵守的条件,主要包括明文规定的正式制度及内化于心的道德约束等非正式制度。同时,市场共同体系统的运作与村庄治理实践是统一的,都需要在正式制度与非正式制度的结合中不同程度的规范村民及商户的行为。首先是正式制度约束,即元村的各种规章制度。这些制度主要由村委会、旅游公司、协会会长、村民、商户等主体共同制定,围绕着服务游客的准则,以吸引客流量为中心点,制定约束商户行为的制度条例,将其行为约束在合理的范围内。其次是非正式制度约束,即道德软约束力。元村在发展为旅游村庄之前,依旧是传统的村落,保留着传统的乡规民约,在本地村民与外来商户不断接触的过程中,这些内在的约定潜移默化地影响了他们。除此之外,元村村委会还经常组织各种会议和活动,比如农民再教育、诚信体系构建、法律和道德讲堂等,将他们团结起来,在认知上为他们营造"群"的概念,使其在道德的约束下摆正行为,即"道德依靠羞耻感来维持的人们的自律性行为规则"[①],这是非正式制度的强约束力。因此,只有将正式制度的硬约束力和非正式制度的软约束力相结合,才能保证村庄市场共同体系统的有序运行和村庄治理实践的有效运转。

(四)利益共享是实现村庄有效治理的重要手段

元村乡村旅游的发展为村集体带来了巨大的收益,村庄集体经济的发展必然会面临利益分配的问题,而分配的对象不仅仅是本村村民,还涉及旅游公司、外来商户等多元主体。元村通过利益分配的手段来缓解原住村民与外来村民、利润收入多与利润收入少的商户、不同片区各商户等矛盾,进一步刺激了各利益主体的积极性,从而进一步扩展村庄旅游经济发展规模。元村利益分配机制是市场共同体系统的保护手段,以

---

① 党国英:《非正式制度与社会冲突》,《中国农村观察》2001年第2期。

旅游市场为核心的村庄共同体系统得以稳定地发展需要利益分配机制的维护。利益分配机制通过利益联结，将每个个体联系在一起，在出现矛盾时，通过利益让渡来缓解矛盾，即采取合作入股的方式将某一获利较多的商户利润通过分红让渡给收入较少的商户，进而继续保持个体之间的平衡状态。

另外，元村村两委及旅游管理公司先后对作坊街和小吃街进行规划整合，建立"一品一社"的合作组织，将同一品类的旅游产品通过合作社的形式整合起来，有效解决了景区内旅游产品同质化难题。2012年，村委会与公司经过与商户协商，将油坊、酸奶坊等收益可观的作坊改为合作社，由村民及商户入股，进一步将这些作坊做大做强。2015年正式成立小吃街合作社，以每户20万元的标准为62户村民设置3000万元的股份，剩余1760万元的股份由小吃街内各商户构成，并采取相互入股的方式树立起共同利益观，避免恶性竞争行为。例如辣子坊合作社是由4家独立的辣子店合并重组后，以村内公开募股的形式实现扩大经营，并通过公开透明的财务管理规范分红制度，为元村的商户和村民带来了可观的收益。元村辣子店的整合意味着竞争的消失，合作社将不同的商户紧密地联结在一起，是基于利益分配机制而形成的各商户的紧密共生、互惠共生。不仅仅是辣子坊合作社，在元村中，每一种产品都会成立一个合作社，把全村都纳入在这个利益分配机制之下，纳入整个共生系统之中。

元村通过相互入股、利益让渡的方式将不同的商户及村民联结在一起，组成了一个旅游型村庄的利益共同体，调节村民与外来商户、外来商户之间可能存在的矛盾，推进村庄利益共享，实现元村大社区共同发展的目标。同时，村庄的利益共享有助于村庄社会的和谐发展，进而保证了村庄的治理有效，推动旅游型村庄的可持续发展。

第四节　小结

元村已经由原来的传统农业型村庄转变为旅游型村庄，打破了传统的依赖农业维生的生存路径，在转变的过程中，治理方式也相应地发生了重大的变革。历经了由传统村落共同体向市场共同体的转变，集体经济使得元村内部高度统一，统一指挥，统一行动，这使得元村内部资源形成了高度的集中。将人力、物力、财力高度集中，资源得到了优化，并且在优秀领头人的带领下，在内部形成了意识形态的高度认同。但随着元村旅游业的扩展，活动场域的进一步扩大，在向市场共同体演进的过程中逐渐形成了独立的商铺各家自主经营，尽管共处于同一个环境之中，但这也是对传统集体村庄的一种冲击，由完整的整体逐步分散成为独立经营的个体，元村在此过程中经历了由整至散的过程。但值得注意的是，该过程的形成并不是自发形成的，而是在高度统一的集体经济的指挥下形成的，在极具魅力的村干部的带领下通过思想教化的相互作用形成。基础的旅游商品交易市场向着旅游项目投资、品牌创建等更加高级的市场经济演变，日益成熟的经济市场在无形的经济规律的作用下，将独立分散的经营个体凝聚起来，使得交易范围由原先的本村人所经营扩展到与外来人相融合。外部人来到元村，为了谋求经济利益与本村人共处于市场共同体中，共同遵循市场规律。此后村庄出现了投资公司、外来商户、村民、游客以及打工者等诸多利益主体，这些利益主体在一定的地域空间和文化资源环境下形成了新型的村庄共同体系统，这种共同体的出现有利于维持村庄旅游的可持续发展。元村市场不断成熟的过程并不是在外部人的指导下或外部环境的作用下形成的，而是自发形成的，在追求经济利益需求下，自发遵守规定，形成相互调适相互制约的经济共同体。这种基于旅游市场而形成的新型村庄共同体极大地丰富了村庄治理的方式与内容，尤其是当外来人口和组织不断进入村庄的情境下，显然原有的村民自治制度无法完全适应旅游村庄的发展需要。因此，这种新型村庄共同体的生成有其出现的合理性，而且能给予村庄治理实践提供理念资源。

正如在原本无旅游文化资源优势，且远离城市的元村，在短短十年间何以形成了中国乡村旅游发展的奇迹，这与这种新型共同体的建构与转型密不可分，因为这些利益主体已经深知只有在共同体里才能存活并且发展壮大。这种系统同样深深影响村庄治理的转变，主要体现在治理理念上，共生共存、利益共享与共同富裕是重要的指导理念，这些理念不是简单的口号，在村庄治理实践中也多有体现，诸如商户之间的利益平衡机制、调节大小商户的收益分配机制、以及限制同类产品的恶性竞争，采用发展合作社和入股的方法把一个产业做大，把一个品牌做强，最后大家都受益的发展策略。

面对多元治理主体与不同属性的街区特征，采用灵活多样的组织治理结构和政策支持，并给予其充分的自治空间，以增强其主人翁的参与意识，使得许多商户自发产生对这种共同体系统的认同与维护，甚至有自我纳入的主动意识。现有村庄的片区化治理，都有各自的特点，但是共同的特点是自我管理与自我监督。表面上看起来是独立化治理，其实放置在村庄共同体系统里，这种组织治理结构显然是"多元一体"的治理方式，是目前中国旅游村庄"有效治理"的方式之一，是值得借鉴的。这也许是村民自治制度安排的另一种变体。事实上，在当前村民自治普遍运行乏力的情况下，旅游型村庄却在实践着另一种形式的乡村自治功能，这在元村体现得非常充分和有力。

值得进一步讨论的问题如下。

第一，目前元村市场共同体的构建和转型过程中，市场共同体的构建并不是元村发展过程中的终结，而是开端，面向市场选择的多元化，消费者需求的多样化，竞争形式的激烈化，制约因素的复杂化，在元村长远的发展规划中，还应该将政治经济文化的发展因素纳入元村的发展路径中，对增强村域发展动力、沟通城乡经济、传播城市文明、缩小工农和城乡差别、改变农村社会经济结构、促进城乡一体化等意义重大。随着经济的进一步发展以及中国综合国力的提升，无论是农村地区的人们还是位于城市的市民对于政治、经济、文化等方面的需求日益扩大，城乡之间的互动日益频繁，这势必影响元村旅游业的发展。如何协调好元村旅游业的发展与元村经济、政治、文化之间的需求，使元村向着多元化的方向发展是一个值得思考的问题。

第二，旅游村庄不关注周边村庄发展而要孤立的发展是否可能？如何更好地处理与周边村落的利益交换与分配关系？旅游型村庄的发展无疑能够吸收大量周边村庄的劳动力。同时为了满足乡村旅游产业的发展需要，周边农村的生产种植结构也在发生变化，在某种程度上也带动了农业的发展。但是，周边村庄更多的是需要满足旅游村庄土地或初级农产品的需求，获利空间小，此时应该如何处理旅游村庄和周边农村的利益关系成为问题的焦点所在。而且，旅游村庄能在多大程度上带动周边村庄发展，这是一个需要进一步研究的问题。

第三，乡村旅游发展的条件能否转化或替代？事实上，乡村旅游已经成为中国乡村振兴的重要砝码。目前很多村庄都在向旅游型村庄转型，事实上并不是每个村庄都有适合发展乡村旅游的各种条件，但是能否创造性的开发一些条件去发展旅游业，而且能持续发展下去，即乡村旅游发展的条件能否被转化或者替代，甚至创造，这些都是亟须研究的重要问题。

第五章

村际关系与"中心—边缘"格局的初现

正如元村悠久的发展历史一样，元村与周边村庄的关系在时间打磨中也历经了变迁。元村曾经是周边村落中的贫困村，村民一度食不果腹、生活潦倒、生产滞后、生计困难，村庄发展陷入困境。经过几十年的建设与发展，如今成为资产过亿的富裕村，经济实力远超周边村落。在村庄蜕变过程中，元村与周边村庄的关系发生了巨大变化，从被帮扶的落后村转而成为"一村带十村"的明星村，村际间的人际往来、经济贸易以及利益关系皆产生诸多变化，村庄之间的未来关系走向也成为值得深思的议题。2013 年，咸阳礼泉县在精准脱贫工作中，创新提出"一村带十村"的发展思路，计划依托元村的优势，采取公司带动扶贫、投资入股扶贫、创业平台扶贫、就业岗位扶贫四种模式，带动周边更多村庄发展①。以此为契机，深入调查和了解周边村落的发展现状以及元村对周边村落的影响情况，从村民参与、收益以及村庄发展规划等层面入手，探析元村与周边村庄的真实关系。

第一节 研究区域及研究对象简介

结合地理位置和行政区划等因素的综合考量，本研究于 2017 年在元村周边筛查出 9 个符合条件的村庄，分别是夕一村、夕二村、周西村、

---

① 高政超，《十九大精神进基层——咸阳礼泉：一村带十村，共奔富裕路》，西部网，2017 年 11 月 11 日，http://news.cnwest.com/content/2017-11/11/content_15495679.htm。

周东村、古村、观村、严村、山地村、张村，这些村庄在地理位置上距离元村较近，行政区划上皆属于礼泉县烟霞镇，大多数以发展第一产业为主，如苹果、杏、桃子、枣、西瓜、樱桃等农业果树种植以及小麦、玉米等粮食种植，少数村子则从事文化旅游开发。

一　研究区域概况

观村，全村人口 2013 人，因唐代官府祭祀太宗昭陵途中建亭而名。2013 年始，以"千年古村，皇家古驿，人文福地，回归之旅"为主旨进行乡村旅游建设，一期为核心商业休闲区，二、三期建设了休闲观光美食、手工艺作坊、民间艺术表演、古市集、民俗精品客栈、精品酒店、茶楼等项目，同时开发了农家乐，冠名以"大唐第一村"。该景区于 2016 年 5 月 1 日试营业，现有 50 余户商户，经营类型大多为小吃店和农家乐，但由于客流量较少，平时基本处于停业状态。目前观村正借助元村旅游业发展所带来的人流量，大力开发文化旅游，与元村的民俗美食乡村旅游形成互补，借助深厚的历史底蕴开发文化项目，预计 2 年内建设完工后续项目并投入使用。

山地村，位于元村西北部，现有人口 1129 人，以山底梅杏而出名。山底梅杏是唐朝贡奉皇宫的贡品，后来老百姓就将山底梅杏称为御杏。2007 年，山地村成立御杏产业合作社，在西北农林科技大学专家的技术支持下，建立"山底御杏绿色果品基地"，开辟了御杏种植、管理、营销、研究的新领域。如今山底御杏种植户已发展到 298 户，面积 1500 亩，年产量 30 万斤，总产值 300 万元，盛果期每斤价格可高达 15 元，远销全国各地，最多一户年收入可达 8 万元。为了发展御杏产业，2010 年，以该村为中心，成立了"山底御杏协会"，常年进行作物技术培训，加入协会的果农遍布北部山区 11 个村 3400 余户。

夕一村位于元村东南部，全村现有 793 人。夕二村也位于元村东南部，紧邻夕一村，全村现有 1339 人。两村现在合称夕村，产业以种植苹果为主，目前在政府的引导下，正在逐步建设花卉苗圃产业。张村老村位于元村西北部，全村现有人口 195 人，现已并入山地村。古村则位于元村东北部，全村现有人口 2354 人。严村位于元村西部，现有人口 972 人，以种植苹果为主。目前严村和马寨村合并为马峪寨村。周西村位于元村东南部，全村现有人口932人；周东村位于元村西南边，全村现有人口402人，目前周东村和周西村两村皆已并入元村，计划以杏、西瓜和樱桃等作物进行产业发展。

从调研资料当中不难发现，元村周边9个村落的实际发展情况各不相同，除了观村正在打造"大唐第一村"以从事文化旅游发展之外，其他村庄都以第一产业为主导，从事果树种植，收入低，发展缓慢，与元村的差距明显。

二　研究对象基本信息

为充分了解周边村庄的具体情况，研究团队面向元村及周边村庄开展了扎实的实地调查，共计发放调查问卷240份，回收240份，其中有效问卷238份，并收集了44份典型案例。

如表5—1所示，在所有被调查对象中，男性占59.2%，女性占40.8%，男性受访者略多于女性。从年龄上分析，受访者当中出生于1970—1979年间的占到27.7%，出生于1960—1969年间的占到27.3%，1950—1959年间的占到19.7%，出生于1940—1949年间的占到9.2%，37岁到77岁之间的中老年人共计占到总受访者的83.9%。由此可见，受访的周边村民大多为中老年人，青少年比例较少，占总受访者的14.7%，这与村庄大量年轻人外出打工学习的情况有关。在受教育程度方面，初中文化程度的占到50.4%，高中或中专的占到25.2%，而小学及以下文化程度的只有8.4%，可见受访者大多数文化程度较低，集中在初中到高中或者中专层次，只有少数人，即3.8%是本科及以上。另外，在职业方面，务农人员占60.1%，务工人员占16%，个体户占10.5%。周边村民主要以从事农业生产为主，部分村民在外地打工开店，而另一部分则在旅游市场的带动下在元村开店打工。

表5—1　　　　　　　　　　调研对象基本信息

项目		频数	百分比（%）
性别	男	141	59.2
	女	97	40.8
出生年份	1990—1999	12	5.0
	1980—1989	23	9.7
	1970—1979	66	27.7
	1960—1969	65	27.3
	1950—1959	47	19.7
	1940—1949	22	9.2
	1930—1939	3	1.3
受教育程度	小学及以下	20	8.4
	小学	19	8.0
	初中	120	50.4
	高中或中专	60	25.2
	大专	10	4.2
	本科	6	2.5
	研究生及以上	3	1.3
职业	公职人员	5	2.1
	教师	2	0.8
	企业管理人员	3	1.3
	务工	38	16.0
	务农	143	60.1
	学生	11	4.6
	个体户	25	10.5
	无业	7	2.9
	其他	4	1.7

续表

项目		频数	百分比（%）
所属村庄	夕一村	14	5.9
	夕二村	20	8.4
	周西村	17	7.1
	周东村	12	5.0
	古村	46	19.3
	观村	20	8.4
	严村	32	13.4
	山地村	21	8.8
	张村	13	5.5
	其他	43	18.1

第二节 参与和受益：元村与周边村落关系

2007年，国家开始实行社会主义新农村建设，元村也开始结合当地实际，转变发展思路，依托大唐贞观文化和关中民俗文化特色，确立了"休闲文化兴业、旅游富民增收"的发展思路，大力发展农耕民俗文化，推动乡村旅游产业的发展。之后随着产业覆盖范围的延展，又确定了"一村带十村"的发展思路，借旅游业的发展，打造一个生态与文化共存、休闲与娱乐共享的综合性休闲旅游示范区。

一 周边村民的参与现状

为了解周边村民在元村旅游市场中的参与现状，课题组对周边村庄中的238位村民进行了调查。调查结果显示（见表5—2），实际参与到元村旅游业当中的村民只有94人，占被调查总数的39.5%。这说明周边村民在一定程度上受到了元村的辐射与带动，但是总体参与程度一般。进一步调查发现，周边受访的村庄在人口和土地的数量上都要大于元村，但参与人数较少，其主要原因是元村的旅游市场有限，且有技术和资金方面的要求与限制，所以无法容纳大量周边村民前来投资或就业。而这些在元村从业的少部分村民中,也呈现出显著的特点。首先,在参与渠道方面,通过自己联系工作或经朋友家人介绍到元村工作的分别占52.1%和34%,两者达到总数的86.1%,说明村民的参与主动性较高。其次,在参与角色方面,经营者占48.9%,打工者占35.1%。说明周边村民参与元村旅游的方式主要是打工或者经营开店、摆摊,二者占到总数的84%,而经营者比例之所以高于打工者是因为经营活动包含了开店和摆摊两种类型,前者是较为深入且有难度的参与方式,后者则是较为基础、简单的参与方式。最后,在参与时间上,受元村发展规模的影响,2000年到2010年期间,周边村民的参与程度还很低,而2011年至2017期间,94位受访参与者参与到元村旅游事务的比例合计81.9%,说明大多数村民是在元村进行大规模发展转型期间开始参与到其中的。上述分析不难看出,周边村民参与到元村旅游市场的角色及方式、参与渠道均呈现出趋同性的特点,且整体参与度较低。

表5—2　　　　　　　　周边村民参与情况

项目		频数	百分比（%）
是否参与元村的发展	是	94	39.5
	否	144	60.5
参与角色及方式	管理者	1	1.1
	生产供应者	1	1.1
	打工者	33	35.1
	消费者	1	1.1
	经营者	46	48.9
	建设服务者	4	4.3
	其他	8	8.5
参与渠道	自己联系	49	52.1
	朋友家人介绍	32	34.0
	政府村委会组织	4	4.3
	招商广告	3	3.2
	其他方式	4	4.3

续表

项目		频数	百分比（%）
参与时间	2000 年	2	2.1
	2007 年	3	3.2
	2008 年	4	4.3
	2009 年	2	2.1
	2010 年	6	6.4
	2011 年	3	3.2
	2012 年	15	16
	2013 年	7	7.4
	2014 年	14	14.9
	2015 年	10	10.6
	2016 年	16	17
	2017 年	12	12.8

如表5—3所示，在受访的周边村民当中，张村村民的参与比例仅为7.7%，夕一村村民的参与比例为14.3%，属于参与程度最低的两个村庄。据了解，张村在元村北边的山坡上，离元村较远且地势坡度大，因此外出打工人多，村庄人口流出严重，村庄留守的人口无法在元村获得符合自身需求的岗位，从而导致参与度较低。夕一村在元村的东南边，是9个与元村接触的村庄中距离元村最远的一个，与元村的直接联系并不多，因此受辐射作用较小。而其他周边村镇及县市参与到元村旅游市场发展比例为90.7%，说明元村旅游市场的蓬勃发展的确吸引了许多周边人员来参与，这些外来从业者也为元村带来了更加多元化的技术和资金支持。

表5—3　　　　　　　　　　周边村民参与程度

所属村庄	受访人数	参与人数	占比（%）
夕一村	14	2	14.3
夕二村	20	5	25.0
周西村	17	9	52.9

续表

所属村庄	受访人数	参与人数	占比（%）
周东村	12	3	25.0
古村	46	12	26.1
观村	20	4	20.0
严村	32	10	31.2
山地村	21	9	42.8
张村	13	1	7.7
其他	43	39	90.7

课题组通过分析调查发现（见表5—4），元村周边村民参与程度较低的原因可归纳为三类。首先为不感兴趣、缺乏资金、没有时间，三者占比分别为25.7%、20.9%、16.2%，或是大多数村民存在错误认知，从而对元村的旅游发展不感兴趣，错过了参与机会，或是没有足够的资金投资开店，抑或是许多村民家里有种植工作需要完成，还要在家里照顾老人孩子，没有时间参与。其次，影响村民参与程度的还有缺乏技术、缺乏交流合作渠道以及市场竞争激烈，三者占比分别为6.8%、5.2%、8.9%。大多数村民除了务农以外，没有其他赖以生存的技术，而学习新技术的过程成本高且难度大，所以没有条件能够参与到元村的发展之中。另外，元村所提供的摊位和店铺有限，能够容纳的村民也有限，很难保证周边村民的全部参与。与此同时，村民之间的信息来源较少，缺乏合作交流渠道造成了村民参与的困难。最后，对周边村民参与影响最小的因素是缺乏政策引导和支持、缺乏真实有效信息、相关手续麻烦。这一定程度上说明元村对周边村民从业具有较为宽松的准入政策，所需要的手续相对简单，对周边村民的参与并没有设置过多的门槛。元村旅游市场虽然为周边村庄的村民提供了良好的就业平台和一定数量的就业岗位，但村民本身的从业实力较低，文化技术同质性高，从而导致岗位竞争激烈，大多数村民仍然无法从中分一杯羹，享受不到旅游市场所带来的红利。

表 5—4　　　　　　　　　周边村民未参与原因

未参与原因	频数	占比（%）	个案百分比（%）
缺乏资金	40	20.9	27.8
缺乏技术	13	6.8	9.0
缺乏交流合作的渠道	10	5.2	6.9
缺乏政策引导和支持	3	1.6	2.1
缺乏真实有效信息	1	0.5	0.7
市场竞争激烈、利润空间少	17	8.9	11.8
相关手续麻烦	1	0.5	0.7
不感兴趣	49	25.7	34.0
没有时间	31	16.2	21.5
其他	26	13.6	18.1
总计	191	100%	132.6%

二 周边村民的受益现状

（一）周边村民的受益现状

元村从一个贫困村发展到如今关中特色浓厚的乡村旅游景区，不仅使本村人从中获益，周边村民在经济、交通、观念、娱乐等方面也均因元村而受益匪浅（如表 5—5）。32.9%的村民认为元村的发展使自己收入水平提高，16.7%的村民认为元村的发展改变了自己的思想方式，16.4%的村民认为元村的发展给自己增添了更多娱乐活动，11.5%的村民认为自己的人际范围因此扩大。从整体来看，村民生活的不同方面都在元村的发展影响下获得不同程度的受益，尤其是经济层面的受益最为丰富，元村旅游市场为村民提供了可观的就业环境，提高了村民的收入水平，丰富了村民的生计来源。

表 5—5　　　　　元村对周边村民生活带来的积极影响

积极影响	频数	占比（%）	个案百分比（%）
收入水平提高	120	32.9	50.8
人际范围扩大	42	11.5	17.8

续表

积极影响	频数	占比（%）	个案百分比（%）
社会保障完善	8	2.2	3.4
娱乐活动丰富	60	16.4	25.4
思想方式变化	61	16.7	25.8
其他积极影响	10	2.7	4.2
没有任何积极影响	64	17.5	27.1
总计	365	100	154.7

1. 就业机会增多，个人收入提高

元村乡村旅游市场中的就业具有一定的特殊性，即准入门槛低，这为外村村民的从业与增收提供了很大空间。元村旅游业带动了相关产业的发展，产生大量就业岗位。这些岗位对专业技能、职业素养以及文化水平均没有较高的要求，而元村周边的村民大多数以农业生产为生，专业技能匮乏且文化程度较低，在元村旅游市场就业恰巧能够满足村民们的需求，成为其增加收入的重要途径，因而具有十足的吸引力。目前周边村民在元村的经济收益途径集中在店铺经营、打工、私人运输以及农副产品供应等方面。此外，在这样的背景下，村民在元村就业也具有一定的优势。首先，村民在元村和家庭之间的往返十分方便，即白天在元村上班，晚上回家休息，不用出远门便能获得可观的经济报酬，大大提升了村民们的就业质量。其次，村民拥有足够的自由，除了部分从事店铺经营的务工人员以外，从事私人运输、无店面销售等工作的村民经营自由度较高，可以根据自己的实际情况随时调整经营时间。最后，村民也可以依据元村市场的周期性变化，动态地选择经营方式。如案例5-1所示，周某的妻子在元村有一个摊位，根据时节的变化售卖不同的产品，周某本人则在元村打零工。自从来到元村以后，无论是收入还是家庭条件，均有了很大改善。

案例5-1： 周某，48岁，高中文化，周西村人。周某妻子王某在元村摆摊，夏天卖饮料、冰棍，冬天卖水果，他本人在家里务农，偶尔在寒暑假等旅游旺季的时候会去元村打短工。一年下来夫妻两人能够收入5万—7万元，而收入来源也主要是自己务农、打短工和妻子的经营性收入，王某表示自己的家庭收入里务农收入在总收入中的比重不到40%。周某说孩子还在读初中的时候自己家仅依靠种植果树出售苹果就可以维持开支，而在两个孩子上高中尤其是女儿上大学以后仅仅依靠卖苹果的收入根本无法维持家庭的开支。而恰逢此时元村的旅游业发展得如火如荼，于是一家人动了去元村谋取生计的念头。但因为当时对他们家而言无论是资金还是技术都是一个大难题，最终从2014年开始摆摊到现在。对于这个摊位，周某表示很满意，除了一点卫生费之外不会再收取任何费用，而无论是饮料冰棍还是水果都是各个摊位上报给村委会然后村委会统一进购的，商品的价格也是村委会统一定价，从他妻子在元村摆摊之后家里的生活条件改善了不少，在供子女上学之余还能有一些存留。

2. 产业发展方向改变，村民思想观念提升

元村通过继承农村传统文化，再现关中民俗文化，开拓了农村发展的新道路，以第三产业和第一产业相结合的形式促使村庄发展模式转型，这样的转型对于周边村民的生活生产及思想等方面产生了深刻的影响。村民意识到乡村文化有新的利用方式，乡村经济可以有新的发展模式，乡村是一个包括农业经济在内的多种经济类型协同共生的空间，在这个大空间内，乡村将是"百花齐放"、"多彩绚烂"的大舞台。由此，村民形成了从传统农业经济思维到非农经济思维的转变，谋生方式由单一的农耕、林伐转向休闲、旅游等多元化的非农经济领域。这样的思维转变使得部分村民积极投身到元村旅游市场的发展中，主动适应着新的生产生活方式。

3. 基础设施完善，对外联系加强

区域交通的便捷与否、景区自然环境和社会环境的优劣在一定程度上影响着一个地区旅游业发展的好坏。元村在旅游业发展过程中不断进行道路的硬化与拓宽，加强景区绿化与道路规划，积极拓展对外交通的便捷度，努力维护区域社会治安和稳定，周边村民也因此受益。一方面，元村周边道路的硬化使村庄之间的联系更为便捷，极大地方便了周边村

庄村民的日常出行以及村际之间的日常往来；另一方面，西安、咸阳至元村旅游路线的开通加强了周边地区与城市的联系，为其他村庄带来了游客的分流，极大地促进了区域之间的平衡发展。此外，景区亮化、街道美化和净化工程改善了周边村民生活环境，景区治安措施的加强也稳定了周边村庄的秩序并提高了村民们的生活安全感。

4. 娱乐活动增多，休闲方式多样

文化再造是元村打造关中印象体验地、发展乡村旅游的核心与灵魂。自元村旅游业发展以来，元村通过多种途径集中再现关中不同区域内的文化特色。通过访谈了解到，元家大剧院不仅定期展演大型情景歌舞剧《风情元村》，音乐艺人也会精心编排民俗音乐，同时，元村在旅游旺季也会组织很多文化活动，如春节庙会、文艺演出等，本村村民的业余生活得到了丰富，也吸引了大量游客和周边村民慕名前往。反观当下一些地区乡村娱乐方式匮乏的现状，元村以多形式再现关中文化，不仅丰富了村庄日常娱乐活动，也进一步加深了外来人员对当地文化的了解，提高了区域内的文化认同程度。

5. 交往平台增多，交际范围扩大

元村乡村旅游业的蓬勃发展为周边村民、游客、经营者等不同身份的群体打造了一个社会交往平台，在村庄范围内形成了宏大而复杂的人际交往关系网络，主要表现在两个方面。一是村民与村民之间的人际交往圈子扩展。元村周边9个村庄的村民通过在旅游市场中从事相关工作，结识到了很多其他村庄的同事，熟人圈子因此扩大，并且形成了较为牢固的人际关系网络。二是村民与游客之间，在元村从业的周边村民会在工作过程中与游客产生大量的接触和交流，因此形成了超越村域范围的交往关系，进一步扩大了个人的交往圈子。但这样的交往关系也会因为身份、地域等呈现出脆弱和短暂的特点。案例5-2中的张某，认为元村对自己的积极影响有很多，尤其体现在人际交往和娱乐方面。

案例5-2：张某，62岁，严村小卖部店主。张某认为元村发展旅游业对自己的积极影响有很多。首先是人际范围的扩大，认识了很多不同的人；其次是娱乐活动的丰富，自己闲来也会去元村，每年元村都会有很多大型活动；再次，思想方式的变化，互联网通信技术的发达使得信息的获取变得快速和便捷，人们的交往交流也更多的使用微信、电脑等；最后，由于元村的发展，去往村外的交通也方便许多。

（二）周边村民受益特点

1. 以打工为主要参与形式

元村作为著名的乡村旅游景区，具有明显的淡旺季特征，旅游淡季门可罗雀，旅游旺季则门庭若市。正是因为游客的时间分布严重不均，导致元村各类经营店铺及农家乐会产生一个短期劳动力的极大需求期，在旅游旺季元村会快速吸纳周边村庄的合适劳动力，而外村村民多以雇用式劳动依赖元村获益，这其中多以女性为主，日均收入70—100元不等。根据问卷调查和案例访谈发现，元村的各类餐饮店铺与农家乐的工作人员多是来自周边农村的村民，他们其中有部分人在元村旅游发展初期就已经成为其市场中的雇用劳动力，有的则是刚被雇用。除了通过打工的途径获益以外，还有部分外村村民在元村以从事自主经营、入股合作社或是季节性出售家产农副产品的方式来获益，如案例5-3中的赵某，其家庭收入多元化，主要由农业生产收入、短期临时工收入和外出打工收入组成。

案例5-3：赵某，46岁，严村人，高中文化，家里有四口人，大儿子在西安交通大学城市学院读书，小儿子今年刚高中毕业，自己和妻子在家种地，家里有12亩土地，都是种的苹果树。家里的收入来源主要靠自己和妻子在家务农和在附近打一些临时工，自己前几年经常去新疆打工，最近几年也累了，不想离家太远，所以在家里种地。赵某说自己和妻子这几年每年的节假日旅游高峰期都会去元村打临时工，每逢旅游高峰期元村农家乐常常因人手不够来村子里找一些临时工过去，男的工资120元/天，女的80元/天，工资按天结算。

2. 参与类型多样，主要以餐饮为主

元村自发展以来吸引了相当一部分周边村民参与其中并从事相关工作，通过问卷调查发现，外村村民在元村从事的工作形式多样，主要以餐饮类为主。如表5—6所示，工作地点在元村的74位调查者中，有47.3%从事餐饮类，18.9%从事无店铺零售，13.5%从事私人运输。此外，住宿类、后勤服务类、娱乐类和其他类型的经营活动也都有外村村民参与其中。如此类型的就业分布情况之所以产生，原因在于元村作为一个乡村旅游景区，餐饮服务是其支柱行业，随着餐饮业的发展也派生出许多其他相关的服务性经营活动，这在一定程度上为周边村民提供了就业机会。

表5—6　　　　　　　　村民所从事经营活动的类型

经营类型	频数	占比（%）
餐饮类	35	47.3
住宿类	4	5.4
民俗体验类	2	2.7
后勤服务类	5	6.8
娱乐类	3	4.1
私人运输类	10	13.5
无店铺零售	14	18.9
其他	1	1.4
合计	74	100

3. 参与元村发展的村民收入增幅大，受益程度高

根据表5—7所示，在元村工作的外村村民月收入情况较为乐观，总体呈现出明显的增长趋势。40.5%的村民月收入增长在1001—3000元，29.8%的村民月收入增长额超过3000元，仅有6.8%的村民收入增加额在500元及以下。整体来看，元村对于周边村民的经济带动作用是较为明显的，参与到元村发展建设当中的这部分村民平均收入增幅在50%以上。而在实际生活中，考虑到工作地点近、工作成本（水电路费等）低等情

况，元村为周边村民带来的实际增收效益要更高。

表5—7　　　　　　村民月收入相比之前的增加幅度

增加金额	频数	占比（%）
100—500 元	5	6.8
501—1000 元	14	18.9
1001—3000 元	30	40.5
3001—5000 元	11	14.9
5001—10000 元	4	5.4
10001—15000 元	1	1.4
15001—20000 元	2	2.7
20001 元及以上	4	5.4
没有增加	3	4.1
合计	74	100

第三节　"中心—边缘"的村际格局初现

一　"中心—边缘"格局

在区域经济研究中，"中心—边缘"理论常用来解释洲际间、国家间、区域间，甚至是省域内的经济发展和空间布局系统，应用范围广泛且频繁，已经成为发展中国家研究空间经济的重要分析工具。最早提出"中心—边缘"思想的当属约翰·弗里德曼（John Friedmann）。1966 年，弗里德曼在吸取缪尔达尔和郝希曼等学者关于区域间经济增长和"中心—边缘"理论的基础上，结合对发展中国家空间发展规划的长期研究经验，出版了《区域发展政策》一书，在书中他系统、完整地提出了"核心—边缘"理论模式，此演进理论作为重要的区域结构系统认知和分析模型之一而被学界广泛运用[1]。弗里德曼认为某一国家（地区）的经济

---

[1] 于涛方、甄峰、吴泓：《长江经济带区域结构："核心—边缘"视角》，《城市规划学刊》2007 年第 3 期。

空间都是由核心区域和边缘区域构成的①，在区域间的发展过程中，需优先发展出一个在技术、资本、人力等资源突出的中心区域，在其支配下再发展出其他边缘区域②，从而构成某一地区经济发展的完整结构。其中，他尤其强调创新之于核心区域发展的重要作用③，一方面，某一地区可能会出于对创新的需要发展为核心区域；另一方面，这种创新因素又为核心区域的可持续发展注入了源源不断的活力与潜力，进一步强化了它的支配和统治地位。

核心区域是指一个城市或周边地区的集聚群，其基本特征是工业发达、技术革新、汇集了较为充足的人口与资本、经济增速快④。而边缘区域是指与核心区域相比经济较为落后的区域，包括上进过渡区域、后进过渡区域和资源边际区域⑤。这三个区域的经济发展速度、劳动力和生产力水平、人口和就业机会及与核心区域的亲密度依次递减，尤其是资源边际区，它与核心区域无直接合作，潜在地推动其经济发展，但是由于各项资源的匮乏，面临成为经济落后和资源匮乏区域的威胁。在发展过程中，核心区域与边缘区域相互作用、相互影响且密不可分，但同时他们之间的关系是不平等的。总体看来，核心区域处于主导、统治的地位，掌握着较为集中且充足的贸易、资本、人才和技术等要素，而边缘区域通常作为核心区域的附属而存在⑥，不断地从核心区域汲取以上优势发展元素，在经济发展中依赖核心区域。此外，核心区域与边缘区域之间的空间结构与经济地位并不是固定的，在一定条件作用下，二者的关系会发生变化。如某些边缘区域虽然处在核心区域的优势资源扩散区，是附

---

① 王宝强、陈腾、尹海伟、张博：《基于"核心—边缘"理论的海峡西岸经济区空间结构解析》，《城市发展研究》2010年第1期。

② John, F., "Regional Development Policy: A Case Study of Venezuela," *Urban Studies*, Vol. 4, No. 1, January 1966, pp. 279–291.

③ 张桐：《基于"中心—边缘"结构视角的区域协调发展研究》，《城市发展研究》2018年第8期。

④ 杨艳蓉：《核心—边缘理论在川南与滇东北区域旅游合作研究中的运用》，《生产力研究》2010年第7期。

⑤ 黄细嘉、黄贵仁：《基于核心—边缘理论的九江红色点缀型旅游区的构建》，《求实》2011年第11期。

⑥ 汪宇明：《核心—边缘理论在区域旅游规划中的运用》，《经济地理》2002年第3期。

属层级的存在，但在为核心区域提供发展空间和资源的同时，也为当地的经济发展吸纳并注入了丰富的资金、技术和人才，推动着经济的发展和壮大，不断增强其综合服务能力和生产力，未来有望发展为下一个核心区域。

"核心—边缘"理论原本是弗里德曼用来解释区域经济空间差异与演变的理论，但之后随着其他学者的完善和改进，该理论模式也被广泛应用于社会的各个方面和其他领域。在旅游领域中，学者多将核心—边缘理论与旅游空间的规划和开发结合起来，探析旅游地域中核心区和边缘区相互作用的内在机制和空间结构，从而为进一步的高效旅游发展提供可靠的设想及方案。而有些学者力图以此理论为指导，探索城乡旅游一体化发展模式与实现机制，指出在空间形态上，核心区域与边缘区域之间的地位可发展出城乡旅游单核极化型、双核互动型、多核交织型和轴线推进型的发展模式①，应将核心的优势发挥到极致，以达到推动区域经济发展的目的。但随着经济社会的发展，需强调发挥核心区域与边缘区域的互动联结作用，通过两者的有机结合来推动区域经济综合效应的增长。一方面，核心旅游区域可高效利用边缘旅游区域提供的稳定客源供给和有效的信息资源，强化其扩散作用，增强其联结边缘区域的能力和水平，弱化两者之间的不平等状态；另一方面，边缘旅游区域可适当缓解核心旅游区域的服务与空间压力，提高资源的综合利用率②。二者相互作用，优势互补，在各要素的互动中逐步形成更为完整、更高层次的发展模式，从而实现旅游发展的共赢。

元村的乡村旅游发展使其逐渐成为区域经济的核心，在经济、思想、公共基础设施和生活方式等多个方面不同程度的影响着周边村庄，而周边村庄的劳动力、土地、民俗艺术等各类资源也为元村的发展提供重要的辅助作用，从"中心—边缘"理论来看，周边村庄相对于元村而言是经济较为落后的边缘区域。通过对实地调研资料的分析发现，在实际的

---

① 王爱忠、牟华清：《城乡旅游一体化发展模式及其实现机制——基于核心—边缘视角》，《技术经济与管理研究》2016 年第 5 期。

② 张河清、成红波：《"核心—边缘"理论在南岳衡山区域旅游产品开发中的运用》，《地域研究与开发》2005 年第 3 期。

发展过程中，元村与周边村庄已经形成以元村为主导，周边村庄为助力的区域经济有机体，二者之间优势互补，相互促进。元村关中印象体验地的品牌打造离不开周边村庄的文化支撑，而元村的发展进入正轨之后，又以就业、销售市场、基础设施建设等方式反哺着周边村庄的发展，从而不断发挥优势扩散作用。元村关中印象体验地的开发改变了其与周边村庄的关系的状态，它将相互独立、隔绝的周边村庄相互联系起来，使他们从不平等发展的状态转为相互平衡的发展地位，构建了较为完整和谐的区域系统。因此，元村与周边村庄之间所形成的关系模式对于区域经济的协调持续发展具有参考意义。元村作为区域龙头，在自身不断发展的同时也不断地促进区域范围内的经济发展，而随着元村与周边村庄之间的合作与联系不断深入，元村所在区域的村民收入水平将会进一步提高，区域社会环境也会因此得到改善，这推动着区域经济的进一步发展。

二 中心对边缘的辐射带动作用

（一）提供就业岗位，增加村民收入

元村作为周边地区的"带头人"以及"中心—边缘"格局的"中心"，自发展乡村旅游业以来就充分发挥着带动作用。在本村村民全部富裕的基础上进一步加强与周边村庄的合作，通过不断扩大村民就业规模，解决了近3000人的就业问题，以每人每天60元计算，元村乡村旅游产业每年可增加村民工资性收入6570多万元。目前元村为周边村民提供的就业形式多样，他们可以经营店铺和农家乐，也可以加入装修队和服务队，也有通过流动劳动力的形式实现就业。村民在旅游市场从业以来，收入稳定，生活水平不断提高。如案例5-4中的周某，2007年参与到元村旅游项目中，在元村美食街的铁锅鸡硬菜店做一名长期员工，在元村的务工收入是其收入的主要来源。

案例5-4：周某，女，52岁，高中文化，周西村人，元村美食街铁锅鸡硬菜店员工，家里五口人，丈夫在元村跑私人运输，儿子和儿媳妇在西安市经营着一家服装店。一家人的收入主要就是依靠打工，夫妻两人一年下来能够挣到八九万元，周某很满意现在的生活。据周某说自己

是2007年来到元村找工作，最后留在了铁锅鸡硬菜店。店里截至目前已经雇佣员工共计五个人，而自己也从员工变成了铁锅鸡硬菜店负责人，工资从最开始的1000元/月涨到了如今的4000元/月。据周某说，这家店的老板是西安人，偶尔会过来看一下，大部分时间是他们五个员工在打理。五个员工的工资根据来店里工作时间的长短不同而不同，最高的是她，最低的是2015年开始来这里上班的一位古村女性，工资为2200元，店里的五名员工都来自元村周边的村子。其中有的是自己联系找工作进来的，有的是朋友介绍，有的是来自之前在这里工作过的人的推荐。店里员工每个月有两天的假期，老板要求休假人数不能同时超过两个人，每天早上七点开门，晚上十点关门。每天早上他们五个从自己家里来到元村上班，晚上骑车回去，一日三餐都是在店里自己做着吃，晚上回家睡觉。

元村旅游发展产生的岗位需求是多层次的，从店铺运营管理到后勤环卫等，既有管理服务也有基础服务，既有脑力劳动也有体力劳动，从而能够满足周边村民不同层次的就业需求，使其在就业层面充分体现出中心对边缘的辐射作用。

（二）创造销售市场，减小销售成本

元村旅游业发展势头迅猛，2019年接待游客就已超过600万人次，游客的到来不仅刺激了多种多样的物质文化需求，而且为周边村民提供了销售市场。元村创造的销售市场对于周边村民的意义在于：第一，缩短原产地与市场间的距离。对于村民而言，在没有元村提供的销售市场之前，苹果、野菜等果蔬的销售除了批量收购以外只能前往周边县城或集市销售，这样的销售方式存在很多弊端，具有不稳定性。第二，提高商品单价，增加村民收入。旅游景区通常以中高层收入阶层的消费群体为主，消费水平往往高于其他地区，村民在元村进行产品销售时不仅能够获得足够大的市场需求，产品单价也会因此高于其他地区的销售。以苹果为例，2016年当地苹果出售给采购商的是0.7元/斤，而在元村出售可以卖到2元/斤。

（三）改变思维方式，丰富村民生活

元村乡村旅游业的蓬勃发展形成了对乡村空间的现代化利用方式，进而对传统农村经济体制和乡村思维产生巨大冲击，也为元村带来了一系列的变化。首先，在产业发展上，元村从第一、二产业转变为第三产业；其次，在治理模式上，元村实现了从村民自治到精英治理的转变；最后，在经济需求上，元村从"走出乡村"转变为"走进乡村"。元村成功的转型经验和发展方式改变了村民对乡村发展的认知。元村在乡村旅游发展过程中注重传统文化的挖掘，在打造关中印象体验地的过程中通过开展民俗文化体验、改造仿古建筑、展演戏曲歌剧等方式重现传统关中文化精髓，又通过持续不断的迁移都市新文化，相继塑造星巴克、游乐场等现代文化元素，不仅吸引大量游客前往观光，带动了元村及其周边村庄的经济发展，同时也丰富了周边村民的娱乐生活，改善了村民传统以农业经济为主要谋生手段的思维模式，转而尝试探索其他多元化的职业。民俗风情与都市景观在元村相结合，酒吧与戏楼共存，传统与现代相融，使得元村不但是经济的中心，更是娱乐的中心，其中心地位进一步凸显。案例5-5便是如此，郭某在元村中找到了工作，不仅提高了家庭收入，更充实了自己的休闲生活，获得到了身心上的愉悦。

案例5-5：郭某，女，72岁，古村人，同属元村大社区，在元村村口处有一个固定摊位。郭某讲到元村对自己的影响很大，不仅仅是因为提高了家庭收入，而是正因为有了这样一份工作，让自己每天"有事可做"。这样忙碌的生活让自己很充实，可以随时和人沟通交流，让自己的心情也愉悦起来。以前在家闲待的时候会心慌，但是近几年都不曾有心慌的情况发生。郭某和周围摊主的关系都很好，闲暇的时候几个人会一起聊天，互相品尝带来的食物，很和谐。郭某讲这个摊位可以算是自己的另一个家了，因为自己常年在这里生活且交往活动也都集中在这里。

（四）基础设施完善，对外联系加强

伴随元村景区的发展，元村周边道路条件不断得到改善，不仅方便了对外联系，也便利了村民的日常生活。元村开通了直达西安的旅游路线，为景区吸引了更多的游客，也使周边村庄能够共享着相对完善的公共基础设施服务。这种基础设施主要是由元村的乡村旅游产业而带动形成的，是以元村为中心向四周的扩展与铺设。一方面，元村为扩大游客参观的范围，以小吃街为核心不断向外修筑新的景区，这在小范围内完善了区域内的基础设施；另一方面，元村主动完善交通道路设施，旨在打通区域内的交通网络，从而吸引更多的游客。这些路线不仅使得元村与城市的外部联系密切，也加强了元村与周边村庄的关联性。

三 边缘对中心的支撑辅助作用

（一）充足的劳动力支持

元村地处平坦地带，周边村庄数量多、规模大，每村平均人口在800人以上，农村劳动力充足，这些庞大数量的劳动力为元村乡村旅游市场的发展提供了坚实的劳动力支撑。一方面，元村的人口、地理位置与市场条件的限制决定了其无法自给庞大的劳动力，也无法为务工人员提供足够的空间住宿，因而需要引纳符合一定条件劳动力，即能够自己承担来往交通与住宿。而恰恰只有周边村庄的村民既能轻松负担来往路费，也具备固定的住宿条件。因此，位于边缘村庄的村民便以劳动力供给的方式支撑着中心元村的市场发展。另一方面，元村乡村旅游市场需要的劳动力类型多样，并且会随着时节的不同而有所变化，例如在旅游旺季会产生以女性服务者为主体的劳动力需求。周边村庄的数量较多的留守妇女群体则刚好满足这一需求。由此，市场能够根据需求的变化而招募劳动力，并且不会因为需求的增加而出现劳动力短缺的境况。综上所述，周边村庄充足以及多样性的劳动力充分支持着元村乡村旅游产业的发展，使其能更加强劲的发挥出核心的带动作用。

（二）产业发展的原材料支持

元村乡村旅游产业发展的物质原材料有二，一是产业扩张所必需的建设用地，二是特色餐饮所必需的原料食材。首先，与周边村庄相比，作为占地630亩、只有62户286人的元村无疑规模较小。然而，随着元村旅游业的不断发展，元村旅游景区的建筑规模和土地需求不断扩大，周边村庄的农业用地为元村景区的发展提供了空间支持。其次，元村作为一个集关中民俗体验、休闲养生、餐饮娱乐、农业观光等功能为一体的休闲文化景区，核心在于文化展现与农家乐民俗的体验，而仅靠元村的乡村资源难以建设和维持景区的日常运转，通过对周边村庄的独特乡村资源整合是元村打造特色景点的必要途径。例如，野菜作为乡村生活的重要饮食素材，其绿色无公害，极具农家风味，一直深受游客喜爱，在乡村旅游与民俗体验中也扮演着重要角色。因为产量小且不易收集的缘故，野菜在餐桌上颇具有季节性特色，十分珍贵。因此元村农家乐的野菜供给主要依靠周边村庄，在野菜成熟时节，村民采摘后会以较低的价格（平均2元/斤）出售给元村，而农家乐出售时，一份叫作"时令野菜"的菜品却能卖到15元。

（三）传统民俗文艺支持

乡村旅游的关键在于文化要素的挖掘，元村以关中民俗文化为核心打造具有特色的乡村旅游景点，在这过程中，民俗文化产品的再现与传统民间艺术的传承都必须依靠与周边村庄的配合才能完成。周边村庄对元村在文化方面的支持主要体现在两个方面，一是传统曲艺人才的支持，二是传统器械与生产工艺的支持。在访谈过程中我们了解到，周边村庄保留下来的传统生产工具和手工艺品如石磨、木板车等都在元村旅游业发展早期被收购，同时周边村庄部分熟悉戏曲、秦腔等传统民间艺术的村民也被元村聘任。

第四节 小结

在新农村建设等国家政策的催化下，元村开始尝试发展乡村旅游业，秉承"休闲文化兴业、旅游富民增收"的发展思路，从单一的农家乐产业逐渐发展至集康庄老街、小吃一条街、酒吧街、文化创意与休闲娱乐等为一体的关中印象体验地，通过产业转型助推本村经济成功实现了繁荣发展，本村村民的生活较也由此发生了翻天覆地的变化，实现了就地就业、增收致富的美好愿景。元村如今已成为资产过亿的富裕村，经济效益的连年增长使其逐渐成为镇域的经济中心，其基础设施、生活水平以及产业发展远超附近村落。而元村周边村庄的人口、土地等资源要素虽然占据一定的优势地位，但一方面因其仍然沿革传统的生产方式，村庄产业转型滞后，内生发展动力不足，导致村民的经济收入与元村相比差距甚大，大量劳动力外流，村庄面临发展困境；另一方面，由于缺乏资金、缺乏技术、缺乏交流合作渠道等诸多原因，周边村民无法在元村获得有效的工作平台和就业机会，且无法享受乡村旅游业的发展红利与成果。因此，相较于元村逐年攀升的经济收益和不断扩大的乡村旅游市场，周边村庄的发展处于劣势地位。

基于此，2017 年，礼泉县提出了"一村带十村"的发展理念，旨在依托元村的乡村旅游业发展，以其核心辐射带动周边十个村庄的就业和经济增长，促进县域范围内的村庄协同发展。这一发展理念要求元村秉持"共同参与，利益共享"的原则，坚持发挥区域"龙头村"的示范带动作用，将周边十个村庄纳入更大范围内的发展规划中，确保村村参与、人人受益。在此发展战略的影响下，周边村庄及其村民积极参与到元村的乡村旅游业发展中，并以多样化的形式受益。例如乡村旅游业的发展具有周期性特征，由此带来了巨量的短期劳动力缺口，这为周边村民提供了良好的就业契机，其通过打工、自主经营、入股合作社等方式参与到元村的旅游市场中，从事包括餐饮类、住宿类、后勤服务类、娱乐类和其他类型在内的多种经营活动。

在"一村带十村"的战略推动下，元村与周边村庄建立了良好的互动关系，村庄间的关系也由此发生了变化。一方面，元村在资本、文化、资源、社会影响等方面已经超越周边村庄，成为这一区域的"中心"，并在发展中处在主导地位。同时，周边地区的土地、人口、文化等资源也在发展过程中不断向"中心"区域集中，成为元村发展的重要支撑和辅助力量。另一方面，在元村的辐射带动下，周边村民的生产生活方式发生了极为显著的变化。综合来看，元村在经济、文化、交通、娱乐等方面不同程度地影响着周边村民。首先，元村为周边村庄的村民提供了充足的就业岗位和机会，使其在个人收入方面极大受益于乡村旅游市场，既确保了稳定的收入来源，又降低了工作成本，使周边村民的经济收入和家庭生活条件均得到了质和量的提升，进而获得了可观的持续效益；其次，第三产业带动第一、二产业的融合发展模式对周边村庄村民的思想观念产生了深刻影响，使其在乡村旅游市场中的参与过程中，不断地将新的价值观念和生活生产理念内化于心，能够以多元化的谋生方式积极投入到元村旅游市场之中，相互协作、共同富裕；再次，周边村民也受益于元村不断拓展的交通线路以及配套的基础设施，不仅能够享受便捷的交通资源和稳定的治安保障，还能体验丰富民的娱乐活动和休闲方式，村民对元村的归属感和认同感也由此日益增加；最后，日益开放的乡村旅游业为周边村民提供了更为广阔的社交平台和交往空间，极大程度上拓宽了其交际范围，进而带动了村域间的交流与合作。

与此同时，周边村庄也在劳动力、土地、文化等资源方面为元村的进一步发展提供了至关重要的辅助性服务。首先，数量充足的周边村民一定程度上弥补了元村的劳动缺口，为乡村旅游业的可持续发展提供了强有力的人力支撑；其次，周边村庄也为元村的小吃街和农家乐提供了源源不断的食品原材料，在餐饮业的发展中扮演着重要角色；再次，周边村庄广阔的土地资源为元村旅游市场的拓展提供了充裕的建设用地，在空间上为乡村旅游市场的可持续发展扫清了障碍；最后，传统的优质民俗文化强化了元村以关中民俗文化为核心的发展特色，推动了元村旅游业版图的进一步扩大，并在一定程度上增强其强大的核心带动作用。

"一村带十村"的发展战略使元村与周边村庄优势互补，相互影响，形成了以元村为核心、周边村庄为辅助的"核心—边缘"经济发展模式，使元村能够联合周边村庄不断汲取优质且多样化资源，扩展乡村旅游市场，并逐渐形成庞大的经济共同体，进而推动区域经济的进一步发展和繁荣。同时，元村的经济收入水平、基础设施建设、民俗文化传播等方面也在此基础上攀升至新的高度。当前，我国仍有诸多村庄在探索发展乡村旅游产业，而以元村为中心的"一村带十村"发展战略能够提供有效的乡村发展路径，一方面，通过充分发挥核心村的强辐射带动作用，在就业创业、交通建设、社会交往以及贸易流通等方面为周边村民提供便利，促进周边村落的发展；另一方面，充分重视周边村庄的辅助作用，尤其在劳动力、土地以及人口资源方面建立与周边村庄的联结，形成"核心"与"边缘"的相互协作关系，构建小区域经济共同体，促进村庄间可持续的合作与发展。

第 六 章

乡村旅游:通向乡村振兴的有效路径

乡村旅游是一种复杂的、多侧面的旅游活动,不同的国家和地区乡村旅游的形式不同。随着乡村旅游的发展,国内外乡村旅游的研究也日渐丰硕。国外乡村旅游主要经历了三个发展阶段:19 世纪的萌芽阶段,在此阶段乡村旅游随着发达国家的工业化和城市化的发展而兴起,包括欧洲阿尔卑斯山区和美国、加拿大落基山区等地乡村旅游的初现[1];20 世纪中期处于发展阶段,在农业与旅游业的组合下,乡村观光农业出现,其中美国和日本发展较为典型;20 世纪 80 年代之后,乡村旅游发展走向成熟。从国外乡村旅游的发展模式上说,可划分为市场驱动型、行政干预型、多方合作型[2]。国外乡村旅游在研究内容上主要集中在原因分析[3]、旅游动机[4]、参与主体、旅游感知[5]、发展问题[6][7]以及影

---

[1] 陈辰:《近二十年国外乡村旅游研究进展——〈Tourism Management〉和〈Annals of Tourism Research〉文献分析》,《东南大学学报》(哲学社会科学版) 2011 第 S1 期。

[2] 杨冉冉:《刍议国外乡村旅游的发展模式及对我国的启示》,《商业经济研究》2017 年第 14 期。

[3] Greffe, C., "Roots of Unsustainable Tourism Development at the Local Level: the Case of Urgup in Turkey", *Tourism Management*, Vol. 19, No. 6, December 1998, pp. 595 – 610.

[4] Simpson, M. C., "Community Benefit Tourism Initiatives – a Conceptual Oxymoron?", *Tourism Management*, Vol. 29, No. 1, June 2008, pp. 1 – 18.

[5] Kayat, K., "Stakeholders' Perspectives Toward a Community – Based Rural Tourism Development", *European Journal of Tourism Research*, Vol. 1, No. 2, 2008, pp. 94 – 111.

[6] Choi, H. C. and Sirakaya, E., "Sustainability Indicators for Managing Community Tourism", *Tourism Management*, Vol. 27, No. 6, December 2006, pp. 1274 – 1289.

[7] Briedenhann, J. and Wickens, E., "Tourism Routes as a Tool for the Economic Development of Rural Areas – Vibrant Hope or Impossible Dream", *Tourism Management*, Vol. 25, No. 1, June 2004, pp. 71 – 79.

响因素等方面①。国内的乡村旅游业可以追溯至 20 世纪 80 年代，于 20 世纪 90 年代后期蓬勃发展，旨在优化农村产业结构、促进农民增收，并在其间取得了良好的效果。国内学者从不同角度对乡村旅游的概念进行了界定，涉及乡村旅游的界定②、发展模式③、参与主体及利害关系④，以及乡村旅游的影响因素⑤、对乡村产生的多方面影响⑥、发展中存在的问题等⑦。

乡村振兴是针对现代化进程中的农村衰败而言的，是新时代中国农业、农村和农民发展的全面振兴⑧。吴理财认为，如果不能将乡村视为一个社会的概念，并着力进行乡村社会建设，即便在经济发展上用尽全力，也将事倍功半⑨。乡村振兴既不是重新回到乡土社会，也不是重复原有的工业和城市化发展道路。乡村振兴要探索一条中国特有的农村发展之路⑩，要打造的乃是一个热爱家乡之人可以回得去的乡村⑪。学界对于乡村振兴战略的研究，主要围绕乡村振兴的主题内容、动力机制和实践路径三个方面展开⑫。首先，关于乡村振兴的内涵方面，王佳宁、温铁军等

---

① Sharpley, R., "Rural Tourism and Challenge of Tourism Diversification: the Case of Cyprus", *Tourism Management*, Vol. 23, No. 3, June 2002, pp. 233−244.

② 刘德谦：《关于乡村旅游、农业旅游与民俗旅游的几点辨析》，《旅游学刊》2006 年第 3 期。

③ 何景明、李立华：《关于"乡村旅游"概念的探讨》，《西南师范大学学报》（人文社会科学版）2002 年第 5 期。

④ 肖佑兴、明庆忠、李松志：《论乡村旅游的概念和类型》，《旅游科学》2001 年第 3 期。

⑤ 尹振华：《开发我国乡村旅游的新思路》，《旅游学刊》2004 年第 5 期。

⑥ 邹统钎：《中国乡村旅游发展模式研究——成都农家乐与北京民俗村的比较与对策分析》，《旅游学刊》2005 年第 3 期。

⑦ 龙茂兴、张河清：《乡村旅游发展中存在问题的解析》，《旅游学刊》2006 年第 9 期。

⑧ 蒋永甫、宁西：《乡村振兴战略：主题转换、动力机制与实践路径——基于文献综述的分析》，《湖北行政学院学报》2018 年第 3 期。

⑨ 吴理财：《近一百年来现代化进程中的中国乡村——兼论乡村振兴战略中的"乡村"》，《中国农业大学学报》（社会科学版）2018 年第 3 期。

⑩ 王晓毅：《完善乡村治理结构，实现乡村振兴战略》，《中国农业大学学报》（社会科学版）2018 年第 3 期。

⑪ 赵旭东：《乡村何以振兴？——自然与文化对立与交互作用的维度》，《中国农业大学学报》（社会科学版）2018 年第 3 期。

⑫ 蒋永甫、宁西：《乡村振兴战略：主题转换、动力机制与实践路径——基于文献综述的分析》，《湖北行政学院学报》2018 年第 3 期。

人论述了乡村振兴的时代价值与深刻内涵①②③；陈文胜从当前城乡统筹向城乡融合、"四化"同步发展到农业农村优先发展、从农业现代化到农业农村现代化的三个转变背景对乡村振兴进行了分析④。其次，在乡村振兴的实践路径上，张强等认为应该要转变指导思想、补齐农村短板、创造城乡的新格局⑤；魏后凯提出振兴乡村需要破解人才短缺、资金不足、农民增收的三大难题。他还提出做好乡村振兴规划、制定乡村振兴的标准、实行差别化的推进策略、加大政策支持力度、引导全社会参与等措施，多措并举促进乡村振兴⑥；吴重庆等提出必须以农民的组织化重建乡村的主体性，以乡村为主体吸纳整合各种资源要素，培育乡村内生发展动力，重塑城乡关系⑦。在其他的相关研究中，贺雪峰提出乡村振兴战略必须分阶段实施⑧。刘合光对乡村振兴中的实施主体以及这些主体可以发挥的积极作用进行了分析⑨。最后，诸多学者通过不同的相关研究对中国乡村振兴战略实施进行了讨论。田毅鹏通过比较研究，从东亚乡村振兴社会政策比较研究中形成对于中国乡村振兴战略的启示⑩；熊万胜研究了郊区社会乡村振兴的实现路径，形成了对全面实施乡村振兴战略的启

---

① 王佳宁：《乡村振兴视野的梁家河发展取向》，《改革》2017年第11期。

② 温铁军：《生态文明与比较视野下的乡村振兴战略》，《上海大学学报》（社会科学版）2018年第1期。

③ 朱启臻：《乡村振兴背景下的乡村产业——产业兴旺的一种社会学解释》，《中国农业大学学报》（社会科学版）2018年第3期。

④ 陈文胜：《怎样理解"乡村振兴战略"》，《农村工作通讯》2017年第21期。

⑤ 张强、张怀超、刘占芳：《乡村振兴：从衰落走向复兴的战略选择》，《经济与管理》2018年第1期。

⑥ 魏后凯：《如何走好新时代乡村振兴之路》，《人民论坛·学术前沿》2018年第3期。

⑦ 吴重庆、张慧鹏：《以农民组织化重建乡村主体性：新时代乡村振兴的基础》，《中国农业大学学报》（社会科学版）2018年第3期。

⑧ 贺雪峰：《实施乡村振兴战略要防止的几种倾向》，《中国农业大学学报》（社会科学版）2018年第3期。

⑨ 刘合光：《激活参与主体积极性，大力实施乡村振兴战略》，《农业经济问题》2018年第1期。

⑩ 田毅鹏：《东亚乡村振兴社会政策比较研究断想》，《中国农业大学学报》（社会科学版）2018年第3期。

示①；王春光等通过对产业扶贫政策的反思，提出了产业扶贫政策应该进行"服务转向"的策略②。未来乡村振兴的探讨方向应重点推进乡村振兴顶层设计和基层实践的"上下结合"，深化乡村振兴战略的基础理论研究，加强乡村振兴的社会动力以及乡村振兴多元实践等方面的理论概括，引导农民积极参与乡村振兴的讨论、规划和行动，从而推动乡村振兴政策、理论和实践的"大循环"③。

由此可见，当前学界对乡村旅游和乡村振兴两方面的研究成果颇为丰富，但是较少有研究关注乡村旅游与乡村振兴的关系，更鲜有乡村旅游对乡村振兴影响的论述。乡村旅游重塑了乡村价值，弥合了生产要素组合差异而产生的城乡差距，是乡村振兴战略实施的重要手段。本章基于陕西元村旅游发展的研究，从产业融合、组织重构、精英回流、文化再造和生态改善这五方面来探索乡村旅游作用于乡村振兴的发展机制。

第一节 产业振兴："前店后厂"与多业态融合路径

产业融合是发展乡村旅游的一种重要手段，而乡村旅游也是统合多业态融合、推动乡村地区产业振兴的必然途径。故而，产业融合有利于提升乡村旅游能力的核心竞争力，也能为乡村振兴战略的实施注入新动能④。农业产业化是指农业及其产业化经营是以市场为导向发展农村经济，是实现农业与相关产业系列化、社会化、一体化的发展过程，即农、工、商一体化，产、加、销一条龙的过程⑤。"三产融合"最初由日本农业专家提出，基本内涵即是在农业生产进程中逐步完成向第二、第三产

---

① 熊万胜：《郊区社会的基本特征及其乡村振兴议题——以上海市为例》，《中国农业大学学报》（社会科学版）2018 年第 3 期。

② 王春光、单丽卿：《农村产业发展中的"小农境地"与国家困局——基于西部某贫困村产业扶贫实践的社会学分析》，《中国农业大学学报》（社会科学版）2018 年第 3 期。

③ 叶敬忠、张明皓、豆书龙：《乡村振兴：谁在谈，谈什么？》，《中国农业大学学报》（社会科学版）2018 年第 3 期。

④ 厉新建、马蕾、陈丽嘉：《全域旅游发展：逻辑与重点》，《旅游学刊》2016 年第 9 期。

⑤ 谢代银、刘辉：《关于农业产业化经营的再认识》，《农村经济》1999 年第 6 期。

业延伸，扩大产业链①。在美国，农民占总人口约百分之一，但是美国农业带动的就业人数占总人口的17%—20%，这说明美国农业的辐射范围极广，平均一个农民带动数十人为其服务②。在中国"十二五"期间，农民收入呈现出"十二连快"，但是快速增长的数据背后仍隐藏着巨大的问题。中央一号文件中也曾提出大力发展乡村休闲旅游产业，充分发挥乡村各类物质与非物质资源富集的独特优势，利用"旅游+""生态+"等模式，推进农业、林业与旅游、文化、康养等产业深度融合。同时，注重提高脱贫质量，提高村民致富的积极性与主动性，建立健全稳定脱贫长效机制③。通过探讨旅游型乡村多种要素融合发展的产业模式，引发上层建筑中治理机制的创新，寻求建立适用于"人—人""人—地""人—物"及"人—业"和谐的生态、文化、产业、社会的全方位治理系统④。

元村的作坊街是2007年开放的，是该村开展乡村旅游的第一步，也是"关中民俗体验地"的特色之一。作坊街以"前店后厂"的经营模式为主，本章则以作坊街的辣子坊和豆腐坊为例，调研时间为2016年，剖析多业态融合推动乡村振兴的具体路径。辣子坊自2007年开始经营，是元村最早经营的工作坊之一，也是目前元村经济效益最好的工作坊之一。辣子坊最初是个体经营，在规模逐渐扩大，经济效益逐渐上升之后，由辣子坊老板与村干部共同决定实行股份制。2009年，辣子坊合作社正式成立，入股成员身份无限制。辣子坊共有合作社社员164人。辣子坊的最大股东每年分红占总利润的35%，其余股民按股分红。笔者在访谈过程中了解到，辣子坊每年的营业额可达500万—600万元，其中6—8月份为元村旅游淡季，营业额受到一定的影响，平均30万元/月，旺季其营业额可达50万元/月。据辣子坊陈总介绍，辣子坊的成本大约是200万元

---

① 李小静：《农村"三产融合"发展的内生条件及实现路径探析》，《改革与战略》2016年第4期。
② 刘奇：《农业供给侧结构性改革力发何处》，《中国发展观察》2016年第14期。
③ 罗鹏飞："2017年中央一号文件原文（全文）"，2017年2月19日，http://www.xc-ctv.cn/news/redian/47966.html。
④ 黄细嘉、赵晓迪：《旅游型乡村建设要素与乡村振兴战略要义》，《旅游学刊》2018年第7期。

/年，占到营业额的 40% 左右。而且其原料主要是辣椒，来源于陕西兴平，辣椒是由元村旅游管理公司筛选，由固定农户种植，其种植技术与要求严格遵循元村的食品安全标准与技术要求，种植面积为 1000—2000 亩。同时，辣椒进入辣子坊还需要元村旅游管理公司严格把控。

从豆腐坊到豆腐坊合作社，豆腐坊的发展历程与辣子坊大致相同，都经历了从 2007 年的个体营业到 2011 年成立股份制合作社，现豆腐坊合作社社员共 96 人、员工 18 人，平均每月工资为 2520 元/人。卢某既是豆腐坊的最大股东也是合作社的社长，从他那里我们了解到分红比例，豆腐坊合作社的营业额中，股东分红占收入的 40%，其中豆腐坊的成立者可以分得红利的 30%，其余股东按入股比例分配。现在豆腐坊的净利润超过 100 万元/年。随着旅游人数的增多，豆腐坊的营业额也不断增加。2007 年的营业额为 1 万元左右，2008 年增长至 1.5 万元，2010 年达到 50 万元。2011 年成立豆腐坊合作社，随着豆腐坊规模的不断扩大，营业额快速上升。2012 年的营业额为 100 万元，2013 年的营业额为 139.8 万元，2014 年增长至 416.3 万元，2015 年的营业额为 279 万元，从合作社社长卢某那里我们了解到，豆腐坊周末或节假日营业额可以达到 1 万—2 万元/天，游客量大时可多达 3 万元/天。日均营业额为 3000—4000 元。据卢某介绍，豆腐坊 2015 年的营业额为 279 万元，纯利润为 89.3 万元，占到营业额的 32% 左右。豆腐坊合作社产供销一体化是结合东北豆子的种植、"后厂"中豆子的加工，"前店"豆制品销售以及融入游客体验为主的旅游业于一体的，其平均每年 556700 斤的产品销量，不仅为豆腐坊合作社自身带来了良好的经济收入，也扩大了元村旅游业的影响，同时更促进了豆子种植业的规模化发展，三种业态彼此依托，互相推动，形成农村发展的新业态形式。这种互相给养的模式同时为乡村旅游品牌添彩。

从豆腐坊合作社中计算出其加工增值比为 1.88∶5，经过加工销售出的成品价值比原材料的价值高 2.66 倍。豆腐坊的原料主要是豆子，来源于东北五常地区，而且豆子是由元村旅游管理公司统一筛选、检测，并由其统一调配运输。不同地区资源的调配促进了资源的有效利用和产业结构的优化。豆子从生产基地进入豆腐坊合作社，既保证了豆腐坊的原材料供给，同时这种稳定的供给关系又保障了生产基地农户稳定的收入，提供了大量的就业岗位。豆子在豆腐坊中进行加工、处理，其加工和制作过程完全透明和公开，游客可以免费参观和体验制作豆腐制品的制作过程。同时，豆腐坊合作社的管理模式是由股份制合作社的模式构成，股金没有限制，入股自由。豆腐坊合作社中工作的人员既有入股的股东，也有附近村庄的返乡青年，促进了农村劳动力的充分就业。从豆腐坊合作社来看，实现了豆子种植、加工、销售、游客体验的结合。

元村的乡村旅游发展把第一、二、三产业紧密地融合在了一起，实现了三产融合。兴平大面积的辣椒种植基地和元村合作，辣子坊经过加工，把辣子卖给游客，同时游客又可以深入体验辣椒的加工过程，促进了元村旅游业的发展，实现了产业的融合。乡村旅游应以乡村为背景，以农民的生产方式和生活方式为核心对象①。农村产业融合应调动农村地区的各项积极要素，搭建产业链条、促进产业网络的形成，在乡村旅游的背景下，农村地区的三种业态相互作用、相互融合。以农产品种植为主的第一产业，在农户集中、土地流转的条件下进行规模化经营，为"前店后厂"的公司提供原材料，同时"前店后厂"公司与生产基地形成合作关系，固定收购农产品，保证生产基地农户的就业。

元村中"前店后厂"的模式，是销售与参观的结合。农民合作入股形成合作社，合作社依股分红，共同经营公司。股份制合作社为消费者直接提供消费商品，在乡村旅游平台下，同时满足消费者参观的需求。另外，消费者也可直接体验生产基地的采摘和生态农业观光，继而实现第一产业和第三产业融合，乡村旅游的发展复兴了农耕文化和农业文明。产业融合提升了农民对资源的控制权，三产融合的实践和产业链条的建立促使原来"农户—中间商—市场"模式，变成"农户—市场"或"农户—合作社—市场"的模式，使农民处于主体地位，把农产品带入加工和销售环节，产业融合提高了农民市场中的话语权，拉近了农民与市场之间的距离，改变农民在流动领域中被挤压的现状。元村以关中民俗体

---

① 朱启臻：《充分发挥乡村旅游在保护与传承乡村文化中的作用》，《农村工作通讯》2016年第10期。

验地开展乡村旅游，构建特色旅游平台，村民由之前从事果园种植业到现在 100% 就业于农家乐，从第一产业转变到了第三产业，促进"非农化"转变。在农村地区完成加工和销售以缩短食品供应链，通过构建"巢状市场"（Nested Market）来直接联系消费者。①

元村通过产业融合构建出的"巢状市场"，缩短了农户和市场的距离，满足了农户和城市居民双方的需要。乡村旅游和产业融合二者形成良性互动。同时，元村的小吃街、作坊街给外村的农民、大学生等提供了良好的创业平台。保证本村村民 100% 就业的同时给其他群体提供 3000 多个就业岗位。乡村旅游促使企业落镇、人力资源回流乡村，整体上促进农村地区的发展。在乡村旅游的平台下，现在已经有豆腐坊、酸奶坊等 10 家作坊孵化成为农产品加工企业，正在做 QS 认证。同时，一些经过筛选的，相对成熟、高端的餐饮品牌也已经被引入元村，如 2013 年陕西著名食品品牌"德懋恭"落地元村，他们让游客不断保持新鲜的游览与消费体验，使农村地区既可以保持其"乡村性"，又具有极大的发展潜力和机会。通过乡村旅游组织建设保证乡村居民参与旅游、受益旅游的权力，致力于乡村旅游产业化的发展以及产业链条的延伸，强化以乡村旅游为纽带的乡村三产的高效融合，充分提高乡村居民的物质和精神生活水准②。

"旅游产业融合是一个循环的动态发展过程。首先，是以市场需求为导向的，即具有市场性；此外，旅游与其他产业融合时融合了各种时尚元素，带来新业态的诞生，具有时尚性；最后，旅游产业融合是以价值最大化为终极目标。"③ 产业融合是乡村旅游进一步发展的推动力，二者相互给养、共同促进。产业融合进一步完善和拓展了乡村旅游的全价值体系。马勇、陈慧英在构建旅游全价值链体系的研究中，通过对其九大构成要素——资源、市场、功能、品牌、文化、情感、资金、技术与人

---

① 叶敬忠：《农政与发展当代思潮（第二卷）》，社会科学文献出版社 2016 年版。
② 尤海涛、马波、陈磊：《乡村旅游的本质回归：乡村性的认知与保护》，《中国人口资源与环境》2012 年第 9 期。
③ 马勇、陈慧英：《基于产业融合的旅游全价值链体系构建研究》，《旅游研究》2012 年第 2 期。

才——进行分析与构建①。通过考察元村这九大要素的价值链条构建状况，对14个股份合作社与8家"前店后厂"的子公司的资源来源、文化理念、资金来源与筹集方式、技术程度与人才素质要求、盈利状况与再生产方式等进行了解，进一步探索产业融合对乡村旅游的实际效用。根据访谈中元村村干部所述，"元村自2007年发展至今，以关中印象体验地为主题，以关中农村传统文化为载体，通过提供特色小吃、作坊参观、风情民俗、文化活动等向游客展示传统的、自然的关中乡土文化。据统计，2016年春节共接待游客95.8万人次，实现旅游直接收入5200万元，同比增长28.3%，元村现在已经打造出自己的旅游品牌"。由此可见，元村产业融合的过程中，以市场为导向，与五常、武功等生产基地建立资源传输的链条，通过关中区域特色与地域功能互补，打造乡村旅游的品牌效应，以保障资金、技术与人才链条的衔接，以关中传统文化满足旅游者文化与情感的需求，进一步完善乡村旅游的全价值链体系。

乡村旅游和传统手工业的振兴有效消解了经济发展和文化保护的矛盾。在发展乡村旅游的背景下，传统农业文化具有优越的发展潜力②。同时，催生了农村发展的新业态，突破了农村发展种植、畜牧等第一产业的局限，催生了农村多样化的业态形式，为现代农村的发展提供了借鉴意义。产业振兴不仅仅要有产业形式，更重要的问题是如何盘活产业。乡村旅游产业除了要作为一个新业态进驻村庄，还要思考如何利用新产业整合旧产业，传统农业、手工业需要被作为乡村旅游产业的重要方面加以融合，这不仅是对产业本身的丰富，也是一种高效利用村庄既有物质资源、人力资源的最直接办法。

---

① 马勇、陈慧英：《基于产业融合的旅游全价值链体系构建研究》，《旅游研究》2012年第2期。

② 潘泱，"乡村价值与旅游密切相关 朱启臻论乡村特色"，国家旅游地理网，2015年12月7日，http://news.cntgol.com/dyzd/2015/1207/32435.shtml。

第二节　组织振兴：企业型村庄与公司制管理结构

改革开放以后，乡镇企业的异军突起开辟了一条中国特色的乡村工业化道路[①]。为了更好地适应经济的发展，提高村民的生活水平，中国农村地区开始了一场探索经济发展新形势的"持久战"。在这一过程中，村庄发展的资金来源有两种形式：一种是当地政府通过引进各类企业来带动村庄的发展，资金来源于政府、企业，属于外来资本；另一种是通过村庄的集体经济或筹集资金发展自己的企业，资金来源于村庄，属于村庄内生资本。前一种村庄发展类型易引发关于产权与村庄主导权的"争夺战"；而后一种则是由村庄原来的领导核心衍生出的一套类似的附属组织体系，由村两委的主要人员来指导企业的运转，进而能够形成一种本地化、内生性的公司型的村庄管理体系。以元村为例，该村的发展就呈现出了"公司型村庄"的特征，主要表现为公司的管理体系既保留着原本村组织的特点，同时，也体现出了公司式的体制化、条理化、职权明确、条块分明的特征。

根据村企关系权力结构的不同，"村企合一"模式可以分为"村庄型公司"和"公司型村庄"两种。其中，"村庄型公司"是在乡镇企业发展初期的一种村企关系，村庄是主导，其权力大于企业；而"公司型村庄"则主要出现在乡镇企业产权改革之后，企业成为主导，村庄的发展主要依赖于企业[②]。改革开放以后，在国家政策的支持下，元村率先发展村集体工业，村两委会带领村民充分利用周边九崚山石灰石藏量极其丰富的优势，建成了白灰窑、砖瓦窑等，大力发展建材工业，并以建材业为龙头，逐步建立起较为发达的村办工业体系。不同于别的村庄引进企业，在这一阶段，元村依靠村两委的智慧与村集体经济的力量，大力发

[①] 周大鸣、杨小柳：《社会转型与中国乡村权力结构研究——传统文化、乡镇企业和乡政村治》，《思想战线》2004年第1期。

[②] 郑风田、程郁、阮荣平：《从"村庄型公司"到"公司型村庄"：后乡镇企业时代的村企边界及效率分析》，《中国农村观察》2011年第6期。

展村办企业，企业的发展完全依赖村庄以及村民与政府的资金投入，体现出"村庄型公司"的基础。2000年以后，国家出台关停"五小企业"的政策，元村的水泥厂、白灰窑厂等村办企业面临转型发展的困境。随后元村"两委"班子结合当地实际转变发展思路，响应国家号召，于2006年村委会投资了500万元人民币注册关中印象旅游有限公司并开始兴办农家乐。元村依托当地的大唐贞观文化和关中民俗文化特色，确立了"休闲文化兴业、旅游富民增收"的发展思路，大力挖掘农耕民俗文化，推动了乡村旅游产业的发展。然而实践证明单独的农家乐无法支撑起元村的旅游业，因此，元村在2009年首先建设了小吃一条街的商铺，免费提供给有能力的村民入驻经营。2011年，为响应"旅游兴县""建设大唐旅游文化名县"的号召，同时也是为了吸引游客，满足游客的多样化需求，建成了酒吧文化一条街，拉长营业时间。2013年，为加强元村旅游发展的多元性，从文化建设入手，建成艺术长廊，将旅游业的发展带入一个新层次。2015年为了更好地体现陕西民俗与各民族文化，元村仿照西安回民街，在村内建成元村回民街。同时，为了发展本村祠堂文化，满足本村人的精神需求，建设了祠堂街。2016年为构建书院文化，新建书院街。村两委为了适应变化的市场环境，不断调整村庄发展思路与方向，扩大村庄经营范围，并在集体经济的基础上加入了公司制的管理方式。元村在近十年的转型过程中已逐渐成为管理有序、制度分明的"公司型村庄"，村两委成员同时担任公司主要领导，他们的身份也逐渐由"政治能人"转变为"经济能人"，在这一过程中，经济权力逐渐超过政治权力，使得村企关系由"村庄型公司"特征转变为"公司型村庄"特征①。

在"公司型村庄"的形成过程中，元村的村庄管理体系也发生了变化。公司成立之前村庄主要由村两委进行管理，规划村庄的发展路径；公司成立之后，元村更是响应国家号召，村两委与经济组织分开，实现了政经分离，村庄的管理体系中加入了管理公司，与村两委共同管

---

① 郑风田、程郁、阮荣平：《从"村庄型公司"到"公司型村庄"：后乡镇企业时代的村企边界及效率分析》，《中国农村观察》2011年第6期。

理村庄的事务。其中，村党支委会有 6 个责任岗位，负责全村发展的总体规划；村民委员会主要由副主任、协会、中心户组成，主要协助村党支委会和旅游公司管理旅游业的发展；管理公司由财务室、合作社和外招商构成，主要负责元村旅游业的实际经营。元村旅游产业正是在村"两委"与管理公司等 3 种组织的合力工作下推动了村庄集体经济的蓬勃发展。元村经济发展方式的转变，决定着在村庄的管理体系中必须有管理公司的加入，一是因为元村成立有限公司，村两委部分成员担任公司重要职位，在村庄的管理体系中担任着双重的身份，且"公司型村庄"意味着经济权力在该村要大于政治权力；二是"村庄型公司"本身的特点所致。主要包括两点：第一个特点是建立了一体化组织，将村庄纳入公司的管理范畴。这样一来，村企之间的交易内部化，大大减少了村企之间的交易成本。第二个特点是不分配集体资产。这种的做法有两方面的好处：一是对企业而言，可以作为原始资本积累，用于扩大再生产；二是对村庄而言，可以更为有效地供给公共物品[①]。这也体现出集体经济在元村发展过程中所发挥的重要作用。

村级经济不仅促进了农业发展，增加了农民收益，而且加快了农村改革，提高了农民组织化程度，是整合农村资源、协调城乡发展的重要途径[②]。可以说元村旅游业的兴盛离不开集体经济的奠基作用，也是元村组织振兴和公司制组织体系形成的重要部分。元村集体经济的发展经历了两个阶段。第一阶段是传统农业转变为现代工业，村民的温饱问题得以解决。同时，大量村民在村办企业工作，村民的收入结构由单一的耕种收入转变为"果业收入+工资收入+村集体分红"的形式，为村庄的后续发展提供了动力。第二阶段是村集体工业转变为乡村旅游业，村民的富裕问题得以解决，村庄的发展也开始逐步走向"公司化"的运转模式。从开始发展乡村旅游业到成立旅游公司，元村的发展资金大多依靠村庄的集体资金，大规模资金的投入充分显示了村集体经济的优势，为

---

① 郑风田、阮荣平、程郁：《村企关系的演变：从"村庄型公司"到"公司型村庄"》，《社会学研究》2012 年第 1 期。
② 袁新敏、张海燕：《长三角地区村级经济发展的新阶段、新环境与新定位分析》，《华东经济管理》2008 年第 3 期。

元村的转型提供了经济支持。同时村集体经济作为元村发展的动力，对村民凝聚力的形成与社区认同感的建构上发挥了重要的作用，人们认同村两委的管理方式，对该村政治精英十分信任，因此在公司主要管理人员构成上也延续了"村两委"的组织形式，形成了"公司＋村两委"的组织模式。可以看出，集体经济在元村第二次经济转型过程中起到了一体两面的重要作用。元村集体经济的两次成功转型为村庄的后续发展提供了持续动力，并为当地新农村建设奠定了良好基础。集体经济陷入困境的村庄，则没有统筹办事的资本，而元村是因为充分发挥了集体经济的作用，积累了村庄集体资本，提高了村庄的组织化程度。目前，元村集体经济的成功模式对于其他农村地区发展问题的解决具有良好的示范作用。现在的元村有村民 62 户 286 人，集体土地 630 亩，村集体资产超过 10 亿元。

元村在以集体经济为支撑、股份制企业为核心的基础上，建立了村庄民主管理组织结构。村干部发动村民进行个体入股，形成股份制企业，在集体经济奠定的基础上形成公司制管理，四者共同为元村公司制组织结构形成提供条件。元村公司制组织结构主要是由村党支委会、村民委员会和管理公司三部分共同构成，其中，村党支委会负责全村发展的总体规划；村民委员会主要协助村党支委会和旅游公司管理旅游业的发展；管理公司主要负责元村旅游业的实际经营。三者之间的管理人员互有交叉，共同构成元村政治精英群体。在完善的组织结构之下，村党支委会、村民委员会、管理公司三者之间紧密的协作，是元村实现发展的持久动力。

第三节　人才振兴：精英回流与协同治理系统

农村政治精英联结政府和农民，在农村新型社区建设的过程中发挥着助推作用，学界对农村政治精英的评价不一，一部分学者认为"政治精英"更多地掌握着权威性资源，从而影响组织权力的分配格局，一般主要指村干部①②。"能人治理是一种独特的村庄治理类型"③，其中政治精英占据着重要位置。因此，可以认为农村政治精英正是以村干部为主、在村落发展过程中发挥主导作用的一类群体，他们的身份是农民，但主导着村内事务，对农民生活的方方面面均产生重要影响。

从2007年发展旅游业开始，元村产业规模不断扩大，所能提供的就业岗位也不断增多，再加上元村声名在外，获得了省内外游客的认可，因此景区内的生意一直不错，在此经营店铺和务工的人都能获得可观的收入，很多创业者闻讯而来，在元村创业扶持政策的推动下，很多创业者都能收获第一桶金。原本到外地打工或经商的元村本村人，也纷纷乐意回乡参与到旅游产业的建设和发展中来。可以说，元村旅游产业的发展不仅仅创造了有形的财富，更聚纳了一批年轻的人才。目前元村中共有农家乐60户，基本都是元村本村的村民开办，占全村总户数的96.8%；从事乡村旅游的人数300多人，占全村劳动力的100%。除了富裕本村村民，元村旅游业的发展也解决了周边近3000人的就业问题，以每人每天60元计，年增加农民工资性收入6570多万元。元村村干部提到，元村经济收入提高了，发展好了，人才自然就都回来了。人才回流的主要原因是旅游产业发展增加了当地的就业机会，为当地人提高生活水平提供了更高的可能性，而回流的精英也看到了产业发展的希望，愿意留在家乡稳定家业，而不必再"离土离乡"谋生计。乡村产业兴旺与人才振兴是相辅相成的两个方面，二者没有必然的谁是因、谁是果的关系，而需要统一在农村发展的整体当中才能够形成一种良性循环。

"农村为什么发展不起来，是因为'能行人'都走了，而元村是'能行人'都回来了"，元村书记GZW如是说，而他本人就是这批回来的"能行人"之一。人才回流之后积极参与到元村建设之中，元村现行管理由精英和人才共同引领并形成管理体系。元村管理体系中的主要成员即

---

① 仝志辉：《选举事件与村庄政治》，中国社会科学出版社2004年版。
② 高永久、柳建文：《民族政治精英论》，《南开学报》（哲学社会科学版）2008年第5期。
③ 卢福营：《论能人治理型村庄的领导体制——以浙江省两个能人治理型村庄为例》，《学习与探索》2005年第4期。

元村的政治精英，年龄分布在30—61岁之间，以男性为主，学历层次以高中和大专居多，除去两个预备党员，其余均为党员。这些政治精英是支委会和村委会的主要组成部分，也是村庄发展的核心力量。以支部书记为代表，支委会和村委会相互配合，共同组成元村管理体系。推动元村形成了村委会、协会、村民的三重监督体系。农家乐协会以"中心户"为单位，5个中心户每户负责12家的形式来进行管理。另外，将村庄内的街区按照经营类型的不同划分为五组，每组设一个组长。每个小组每天不定时派人负责巡查指定区域内的生产、卫生等方面，村庄精英积极投身于村庄的建设与旅游发展中。

元村旅游发展过程中，村干部敢为人先，发挥带头作用，积极动员村民。在兴办股份制企业时，副主任YSW说："我们当时投资酸奶的时候，村民基本不投，商户也不投，都不敢投，不知道股份公司怎么弄。书记和村干部通过不断开会做村民的思想工作，强调村两委会为民谋利的出发点，决心把这些精神传达给每个村民，要让所有群众入股，成为公司的一员。从一开始的尝试心态到年底分红拿到90%的利润，此时大家才默认了股份制。现在群众对这个股份制已经完全接受了。"可见，一开始村民并不懂股份制企业的含义，村支书将思想传达给村干部，村干部再向村民解释，最终带动村民入股，实现全民股份制。2016年，元村共有14家股份制合作社。8家"前店后厂"实体子公司，2013年豆腐、醪糟、酸奶等专业公司利润率平均超过了50%。合作社的入股金额和股东的地域并没有限制。交叉入股的形式使得每个股东都希望自己能够为集体经济的增长做出贡献，集体的收益关系到个人的收益，每个人都试图努力把饼做大，试图从中分到更多。

乡村精英在经济上、政治上、社会生活中都对农村产生着重要影响，在农村现代化的进程中发挥了不可替代的积极作用[1]。在政治精英的带领下，元村打造"两创"平台，吸引优秀人才回流，返乡创业。如今在村中经营店铺的方某和杨某就是看重了元村的发展前景，在村干部的动员下来元村发展的。方某是夏村人，家里4口人，儿子女儿年龄尚小，妻

---

[1] 汪小红：《乡村精英格局演变的启示》，《中国社会导刊》2006年第11期。

子一直在 L 制药厂上班，方某本人一开始在礼泉县不动产登记局上班，现在上班的同时在村上开有游客服务站和相片打印店。方某的相片打印店位于元村康庄老街入口处，东边是生意火爆的童济功茶楼，西边就是老街入口，人流量较大，地理位置相当优越。他告诉我们店铺没有租金，但是利润要和元村旅游公司二八分成，个人占八成，公司占二成。方某说，元村没发展起来的时候，他一直在礼泉县不动产登记局上班，元村发展起来之后，他先后在村里开办起文化站、服务社、相片打印店等，文化站主要负责元村的文化宣传，服务社则主要负责为游客提供低价的有偿帮助，比如国庆节期间收费 20 元，从礼泉县给没带隐形眼镜药水但又急需的游客买来隐形眼镜药水，极大地方便了游客。方某心态良好，有人说洗照片是夕阳产业，一开始包括村干部在内的许多人并不看好这个项目，认为这个产业在逐渐没落，这个项目不会有好的结果，很有可能会赔钱，但方某说，把别人认为不可能的事情做好，把别人认为好的事情做精，这样你就算成功了，如今国庆期间的相片打印店生意的火爆充分证明了方某的前瞻性。最后方某说，"我们元村别的没有，只有两位好书记，没有两位书记，就没有元村的发展。"

同样，杨某也是返乡创业的典型人物之一。咸阳市乾县人，如今在元村村委会门口经营观光自行车。杨某曾经在部队工作了十几年，退役以后安排了工作，但是没过几年单位就倒闭了，大家都解散了，只能靠自己的能力单干。杨某从 2014 年五一前后开始经营观光自行车，利用停车场与景区距离较远的条件，投资 2 万多元开始进行这个项目，一共有 10 辆车，上面印有元村的标志，每辆车按时间收费，一小时 30 元，有双人的，也有四人的。节假日期间每天可以收入 500—600 元，周内收入几十元到 100 元不等，节假日与周内的收费标准一样，除此之外，元村本村人骑车不收费。杨某的观光自行车的收入归自己所有，不向元村缴纳任何形式的费用，以一年 108 天节假日，每天 500 元，周内每天 100 元计算，杨某每年的收入可达 79700 元。他对元村满怀感激，被元村的包容性深深折服。当时来元村申请项目的时候得到了元村村委会的一致认可，他们认为只要是服务游客的好项目，都会接纳，而且不收任何费用。杨某认为对于自己而言，元村给自己提供了创业平台，增添了收入渠道，提高了生活质量。由此可以看出元村在发展过程中很重视像方某、杨某等有生意头脑、可以促进村庄发展的人才,在政策方面也会给予他们很大的支持,让人才能够留在元村。很多创业者表示,"元村鼓励农民来这里创业,只要有项目,项目跟已经在做的项目不同且有特色都是可以来元村的,元村也会给你这个平台,它希望吸引更多的人才"。

在打造"两创平台"的同时,元村还建设和进一步完善村庄基础设施,如村级文化健身活动广场、进柿(士)林生态停车场、星级公厕、村史馆、游客服务中心等,使游客和经营户受益。元村同时打造了创业的免费平台,例如店铺免租、免税,农民创业平台的固定摊位、水果流动摊位等,不仅丰富了元村中的店铺经营模式,还大大吸引了周边村庄的居民前来摆摊,带动大家共同发展。李某是古村的一名专科在读学生,利用节假日借用亲戚在元村的摊位来卖饰品,卖的多数是自己做的花环、项链等,主要是兴趣使然,并不会挣多少钱,但他还是愿意来元村摆摊,一是因为客流量相比其他村庄大,二是元村的管理很严格,不管是来元村就业还是创业都要严格遵守这里的规章制度,个人的发展成就了元村整体的发展,同时元村整体的发展也促进个人不断地发展,个人与村庄紧密联系。他认为,管理严格对大家来说绝对是一件好事,没有规则不成方圆。在元村会有很多机会,给农民提供了一个场所,街道两旁都有卖水果的爷爷婆婆,他们都是附近村的,来这里卖水果只要不租用摊位,就不用缴纳任何费用,这也体现出了元村的人性化管理。除了流动摊位,元村还为创业者们提供了很多固定的摊位,杨某就在元村经营着一家店铺,主要出售文玩核桃、玉石等,元村的固定摊位费一年4000元,他表示,这几年元村发展得很快,客流量大,旅游业发展迅速,为生意人提供了很好的平台。在元村,像李某和杨某这样的经营者很多,他们大多来自周边的村庄,利用周末、节假日来元村摆摊,以此来增加家庭收入,而元村对于这些前来做生意的村民们也保持着包容的态度,允许他们在村子摆摊经营,在无形中已经形成了一村带动周边村庄发展的趋势。除了村民们,现在还有外地人来元村做生意,元村60号客栈的经营者就是一位来自南京的"80后"女青年,2013年来元村租房开客栈,因为丈夫是附近村上的人,所以很早就开始在元村做生意,一开始经营茶楼,承包游客中心搞接待，承包地做生态农业，开咖啡馆、办辅导班等，后来都因为效益不好和自己忙不过来而转行做农家乐。现在她的丈夫在经营旅行社，她认为开办旅行社的目的不是靠承接旅游团挣钱，而主要是联系其他旅行社资源，让其他旅行社的旅游团推荐元村，带到这里来旅游消费，而这些旅行社的存在也在无形中为元村带来了更多的游客与收益，由此可见元村打造的这一创业平台达到了创业者与村庄共同发展的目的。如今，元村已经形成了农家乐、作坊街、小吃街、祠堂东街、酒吧街、回民街、书院街、酒店住宿8大特色区域。此外，值得注意的是，元村的经营项目需要进行筛选，农家乐主要是由当地村民经营；小吃街的商铺则采取招商入驻的方式进行，同类小吃不能重复，有相关手艺者皆可竞争；酒吧街和祠堂东街主要是以青年创业项目为主。项目入驻需要申请项目、撰写计划书、审核产品，由村委会开会协商决定项目。项目具备的条件是："一户一品"、独具特色、与元村文化元素相融合。元村搭建了一个让不同文化背景的人们思想能力相互碰撞的平台，这也更加促进了元村的创新意识和创新能力。截止到2016年8月，元村有股份合作社14家，酒吧茶馆17家，客栈酒店11家，各类小吃共计167家。现有客栈酒店床位451个，农家乐床位791个，一共可接待游客住宿1242人。客栈酒店可接待用餐人数895人，农家乐可接待8736人，作坊街可接待9631人。一个具有原住村民286人的元村吸引了2983人个生意人长期固定聚集在此，形成了元村现有的发展规模。通过旅游产业发展吸引人才是一种可持续性的策略，人才随产业而动，产业为人才提供了良好的就业平台，是一个双赢的过程。人才振兴过程中，不仅要考虑人才回得到乡村的问题，也要从乡村方面去思考乡村如何留得住，使人才能得到发展。

第四节　文化振兴：文化再造与乡土传统延续

"文化再生"是布迪厄1973年提出的一个概念[①]。"文化再生"（cul-

---

① Chris Jenks (ed.): *Cultural Reproduction*, London: Routledge & Kegan Paul, 1993.

tural reproduction）这一概念的蕴涵是多重和广泛的，从"表现型"的角度去理解 reproduction 意味着"复制"（copy）或"重复"（replication），是一种消极的理解，是机械论或技术论的理解；若是从"遗传型"的角度去理解则意味着"再生"（regeneration），是"积极的"理解，为变化和重新组合提供了可能性，是从变迁、重新形成乃至革命的意义上去理解社会①。虽然布迪厄的文化再生理论主要以教育制度为背景展开，但是对乡村旅游资源的再生仍然具有启示意义，元村便是乡村旅游文化再生的典型代表。

乡土文化是乡村振兴的关键，是城乡融合发展的巨大文化资本，保护乡土文化的多样性就是保护一体多元的中华文化多样性②。文化解体是乡村衰败之始，而文化的整合是乡村重构之本，因此文化的再造是乡村振兴之基。深度挖掘乡村文化，可以丰富乡村振兴的内涵和路径，也可以促进城乡融合和发展③。元村通过文化再生不断创造"传统"，以增强自身的文化资源优势。元村康庄街、小吃街、祠堂街、书院街、作坊街、回民街、酒吧街、艺术长廊和农家乐一条街等，都是后天建造的文化，可以说尽管元村没有得天独厚的资源，却一直在创造资源。如表6-1所示，元村已不再是单纯的关中文化印象体验地，它是传统与现代的结合体。文化具有延续性，或者说文化的灵魂就在于它在人类中的传承与继续，在文化中，我们不仅可以怀念千百年前的社会，亦可在文化中体察当下的社会结构，从传统到现代，文化元素的传承与嬗变往往与时代变迁相交融。对传统文化的开发重点要寻求与现代文化的结合点，既体现出地方特色，又不失普适性④。元村从适应当下的审美需要出发，在旅游景观的布局中，通过复刻传统文化满足了游客怀旧、猎奇的心理需要，也融合了游客对现代文化享受性、便利性的需求。

---

① 萧俊明：《布尔迪厄的实践理论与文化再生理论》，《国外社会科学》1996 年第 4 期。
② 索晓霞：《乡村振兴战略下的乡土文化价值再认识》，《贵州社会科学》2018 年第 1 期。
③ 赵淑清：《再造乡村文化助力乡村振兴》，《人民论坛》2018 年第 5 期。
④ 王增福：《传承创新中华优秀传统文化需正确处理六大关系》，《山东师范大学学报》（人文社会科学版）2018 年第 3 期。

表 6—1 元村文化再生情况

	项目	修建时间	位置	修建目的	始建时间
传统文化再生	宝宁寺	2005 年	元村村口	恢复原有的寺院文化	公元 751 年
	财神庙	2015 年	祠堂街	满足游客需求	2015 年
	祠堂	2015 年	祠堂街	方便村民祭奠又不妨碍游客旅游	2015 年
	土地庙	2015 年	祠堂街	祠堂的屏障	2015 年
	清真寺	2015 年	回民街	满足回民街商户需求	2015 年

建筑文化再生一览表

	项目	修建时间	位置	修建目的	被仿建筑
传统文化再生	村委会楼	80 年代	元村村口	办公	张学良故居
	童济功茶楼	2011 年	康庄老街	恢复关中文化，吸引游客	山西茶楼
		2015 年	祠堂街	扩建	
	农家乐	2007 年	农家乐一条街	发展农家乐	关中特色
	老作坊	2007 年	作坊街	恢复关中文化	
	书院	2016 年	书院街	再造书院文化	
	关中戏楼	2007 年	村口	休闲娱乐	
	元村剧院	2016 年	村口	民俗体验	
	关中大观园	2017 年	村口	科技体验	
	关中原宿民宿	2018 年	村内	关中民宿体验	
	大唐国际会议中心（秦地宫）	2018 年	村口	会议	现代会馆

农耕文化再生一览表

项目	修建时间	位置	修建目的
作坊街	2007 年	作坊街	提供原材料、游客体验
农业体验园	2016 年	东门	建设农业观光园

非物质文化遗产再造一览表

项目	手艺人	户籍	来元村的时间
西府皮影	张某	礼泉县药王洞	2007 年
手工织布	袁某	兴平市马嵬驿	2008 年
剪纸	孟某	泾阳县永乐镇	2015 年

续表

	名称	修建时间	内容
现代文化再生	娱乐设施	80年代	跑马场，飞机，滑雪场，娱乐场等
	酒吧街	2011年	酒吧
	艺术长廊	2013年	工艺品
	生活客栈	2013年	住宿
	天元酒店	2014年	住宿，餐饮
	直升飞机	2019年	游览
	汽车漂移	2019年	娱乐
	蓝蝶花园	2019年	迷宫、研学、蝴蝶园、玫瑰园、喝茶、沙滩、晨练等

元村旅游业的发展过程，可以说就是整个"文化再造"的过程。位于偏远小镇的传统村落，之所以能够吸引大量游客的到来，离不开乡土文化支撑下的"文化再造"。独具特色的传统文化内涵加上现代文化的多元载体，满足了游客对于传统村落和旅游景点的双重需求。元村的文化建设过程无论对于当地的参与者来说还是到来的游客来说，大家对此都有着深刻的体会。在元村调研过程中，我们采访了在元村书院街魔术店打工的张某，作为参与到元村实际经营过程中的外地人，对于元村发展过程中文化的作用他有着独特的看法。张某是一位魔术师爱好者，是某魔术师爱好者协会成员，暑假时通过魔术师爱好者协会来到元村书院街魔术店进行为期一个暑假的打工。这是张某第二次来到元村，去年五一假期的时候张某第一次来元村，第一次来的时候他感觉元村没有什么特色，尽管节假日人很多，美食农家乐作坊等都有，但是感觉来的游客其实并不是冲着这些东西来的，他们只是觉得节假日在繁忙的工作之余有一个去处去休闲，去放松就好，2017年暑假是张某第二次来元村，他的感觉和第一次完全不同，认为元村是有独特魅力的，无论是这么多年的发展从未出过一起食品安全事故，还是独具特色的关中戏剧和集体经济统一分红的经济发展方式，都是吸引游客前往的重要因素，同时他认为元村现在越来越注重精神层面的建设，他认为文化旅游在现在的经济水平下，人人衣食无忧生活富足，文化旅游的发展刚好能够满足现代人忙

碌中的休闲需求，而元村适时的进行文化建设，将更加有利于元村未来的发展，例如元村大剧院的建设，据说还会请演员六小龄童前来。同时对于美食街，他认为每家店的饮食绝不重样，而且所有餐饮都是村干部亲自品尝认为可以后才能在元村开店，这样的严格把关也是吸引游客前来的一个因素，而且这次来元村住的时间比上次要长一些，所以他感觉虽然来这里的西安咸阳等地的游客虽然很多，但其实真正能够在元村进行高额消费的往往是外地人，他以自己的魔术店举例子，因为书院街是新建的，来这边的人远远不及美食街和农家乐人多，而来他的魔术店进行消费的往往是外省游客，其他人大多是进店逛一圈就走，而对于西安咸阳等邻近地区的游客而言，早上开车过来玩一天，晚上就开车回来了，只有外省游客多会选择住一晚，晚上就在书院街或酒吧街娱乐。因此张某认为能够带来高额消费的主要是外省游客，而本省游客主要是通过量的积累在农家乐美食街带来消费的累积。张某指出，元村的建筑规划是存在一些问题的，美食街和农家乐作为最早期元村旅游发展规划，其道路设计和建筑布局都是很合理的，但是近几年新建的祠堂街、书院街等在商业店铺进驻和道路建设上存在很多问题，魔术店对面是一家重金属音乐酒吧，张某说这家酒吧开在这个位置是不合适的，晚上游客大部分会被酒吧街的酒吧音乐声吸引过去，而来这家魔术店人就很少，合理地进行相同产业店铺的聚集，同时书院街的服装店古董店等完全是可有可无的东西，游客不可能来农村买这些东西。

　　从对游客的调研中，我们更能发现"文化再造"对于发展旅游业的优势所在。元村在发展过程中，当前最能吸引游客的就是"创新"，这是元村区别于其他景点和其最具有独特性的地方。在调研的过程中，我们采访到了来自北京的私企管理人员李某。李某是趁着国庆节假期带着家中父母和女儿出来旅游，自己也趁机放松放松，顺带女儿可以品尝陕西特色和学习一些知识。李某的首站原本是西安，但是在咸阳机场下飞机时听到有人在介绍元村，网上查过之后发现离咸阳机场并不远且来玩过的网友对元村评价非常高，就临时决定先来元村转转。来到元村之后，元村并未让远道而来的李某失望，原本李某觉得乡村旅游基本上全国各地会是一个样子，并不会有太多新意，但元村却是让李某眼前一亮。据李某说她们首先去的是小吃街，这也是让李某及其父母女儿印象最深的一条街，"在这条街上，我和妈妈还有外公外婆品尝了好多好吃的小吃，主要有酸奶、粉汤羊血、油坨坨等""一开始来的时候还害怕失望，因为现在的乡村旅游太多了，且基本上是大面积复制，但是来了之后发现元村完全超乎自己的想象"。李某觉得在这里吃的种类真的很多，而且独具特色的关中民俗也让人耳目一新，尤其是风箱音乐，是以前完全没有接触过的，在元村游览一圈之后，他们一家人对元村的由来及两次转型的历史都有了详细的了解。李某觉得元村的小吃街和作坊街相当不错，店内环境独具关中特色，玉米、长凳、挂饰等装饰物处处透露着乡土特色，而且小吃分量很足，味道也好，关键是价格不贵。至于农家乐，其饭菜的味道也很好，住宿条件和北京的民宿也差不了多少，"我们当时在 11 号农家乐住的，住宿条件真的很棒，关中特色大炕，很有关中风情，而且农家乐饭菜的味道和小吃街又不太一样，野菜和土鸡是味道最好的，老板说这里的食材都是纯天然的，所以吃起来独具特色，而且农家乐的就餐条件和就餐环境也是相当好，上菜速度很快，环境很淳朴，老板很热情，满满的乡土特色"。李某说，这是第一次来元村，但不会是最后一次，以后有机会还会来元村，如果有朋友来陕西玩，他会很积极地推荐他们来元村，尤其推荐他们住 11 号农家乐。从元村的工作者以及游客的眼中我们都能发现文化再造这一过程对于元村旅游发展的重要性。

元村的文化再生更多的是在挖掘传统文化的基础上，扩展现代文化再生资源。元村根据自身已有的寺庙、建筑、农耕等方面的传统文化资源，依据自身特色融合现代元素，以达到自身旅游资源的积累、吸引游客的目的。乡村旅游通过创造各种文化产品，能够将部分乡景乡情留存在乡村，在一定规模上复兴了乡村文化，并且，传统与现代的结合使元村的旅游具有极强的包容性，满足不同层次的游客和不同类型的需求，促进元村的旅游业全面发展。

第五节 生态振兴：乡村环境与生态文明建设

农村发展乡村旅游业，离不开良好生态环境的支撑。然而，中国的城乡二元制，导致了城市和农村在各个方面存在着明显的不同和差距，尤其在水、电、路等基础服务设施，以及厕所、生活垃圾处理等民生方面。人居环境的落后，不仅造成了农民生活的不便，更是制约乡村发展以及旅游业发展的重要因素。因此，治理农村环境污染、改善农村的生态环境，是发展乡村旅游业的内在要求。只有不断地提升乡村的卫生条件，才能吸引和接纳更多的消费者。因此，发展乡村旅游和保护生态环境是一个良好循环往复的过程。为了达到发展乡村旅游业的目的，农村必须注重环境生态的保护，为了更好地保护农村生态环境，发展乡村旅游业也成为新时代农村发展的有效途径之一。早在 2013 年，元村就已经建设了水冲式的公共厕所；2017 年，响应政府号召全村上下开展"厕所革命"，将村中的旱厕进行了改造。不仅如此，元村还通过自筹资金的方式，购置了垃圾运转车，自建废弃物处理厂，将生活垃圾通过果园深埋等方式进行统一处理。并且明令禁止经营户乱倒乱放垃圾，规范景区卫生。元村采取的种种措施大幅度提升了自身的承载和接待能力。

生态环境是乡村旅游业发展的重要基础[1]。乡村旅游业之所以能发展，其主要的原因在于乡村生态文化的多样性、亲自然特征，这使得乡村成为与城市互补的生活场域、投资空间，能提供与城市不同的生活方式[2]。城市居民渴望农村能够提供清新的空气、优美的田园风光，也希望在乡村能够体会到农耕文化和"乡愁"等精神产品[3]。从这一方面来讲，乡村旅游的主要特征就是保留了其乡村性。规范的乡村建筑、多元的乡村文化、良好的乡村环境以及安全的绿色食品，这些都是城市在发展过程中牺牲了或逐渐缺失的部分，也是城市人当前希望在乡村旅游景点中得到的东西。那么，乡村旅游的良好发展，必须有原生态的环境和文化内容作为支撑。元村在发展旅游业的过程中不断加强了对于环境和文化

---

[1] 蔡克信、杨红、马作珍莫：《乡村旅游：实现乡村振兴战略的一种路径选择》，《农村经济》2018 年第 9 期。

[2] 温铁军、罗士轩、董筱丹、刘亚慧：《乡村振兴背景下生态资源价值实现形式的创新》，《中国软科学》2018 年第 12 期。

[3] 杨苹苹：《乡村振兴视域下生态宜居乡村的实现路径》，《贵阳市委党校学报》2017 年第 6 期。

的保护和建设。当前，元村建设有生态花果采摘区，主要在观光大道两侧，有苹果、酥梨、樱桃采摘园 2000 亩，在附近的古村建设御杏采摘园 1000 亩，按照不同季节农产品观光采摘，让游客零距离体验农耕。并且在村东门修建了农业体验园，村内定期举办农产品展览，吸引广大游客前来。还建成了生态停车场，既低碳又环保。

乡村旅游与乡村环境、乡村旅游开发与乡村生态文明建设在本质上是共生共荣、双向互动的和谐统一关系[1]。传统的乡村发展总是牺牲乡村环境和生态，来换取短暂的经济增长，这样的发展是代价极大的和不可持续的。在现代乡村振兴战略指导下，我们坚持人与自然和谐共生，走上了乡村绿色发展的道路。以乡村旅游发展为指导的新型发展方式，达到了环境和经济效益相结合共同进步和发展的效果。乡村旅游业的可持续发展为当地经济发展、基础设施建设的完善、居民生活质量和水平的提高提供了良好的基础条件，在一定程度上是对当地生态环境的保护和改善，从而确保旅游活动与自然、文化、社会环境的协调共生[2]。乡村旅游开发是生态文明的重要内容，乡村旅游的实质就是一种生态振兴的方式，旅游业发展可以有效促进乡村生态文明的建设，而乡村生态文明建设的水平也决定了旅游业发展的吸引力和竞争力。

第六节　小结

乡村旅游是当前农村社区发展的新趋势，也是实施乡村振兴战略的重要突破口。在发展乡村旅游的过程中调动产业、组织、人才、文化和生态环境等要素以寻找乡村振兴的实现路径。通过"前店后厂"的生产、出售、参观一体模式来推动乡村地区的多业态融合。在原有的平面化、单一化的组织体系中，引入多元的利益相关者形成了基于"村两委"和旅游管理公司两套组织架构上的公司制组织结构和旅游型村庄。同时，

---

[1] 许黎、曹诗图、柳德才：《乡村旅游开发与生态文明建设融合发展探讨》，《地理与地理信息科学》2017 年第 6 期。

[2] 何星：《乡村振兴背景下民族地区旅游扶贫中的生态化建设——以阿坝州为例》，《云南民族大学学报》（哲学社会科学版）2019 年第 2 期。

旅游产业的发展也提升了乡村就业机会，提高了人才的回流程度，丰富了村庄治理中的精英结构。而且政治精英的善治是乡村旅游开始发展的起点，协同治理系统的形成则是乡村旅游具有可持续性、系统性的重要保障。文化再造和生态环境是乡村旅游得以发展的动力机制和途径，同时也是乡村旅游发展的根本目的，通过保留传统的乡土文化和营造原生态、绿色环保的乡土环境来推动乡村中"乡村性"的保留，进一步落实乡村振兴战略中"产业兴旺、生态宜居、乡风文明、治理有效、生活富裕"的目标，更是为村落历史不长、文化资源匮乏、底子薄的村庄发展旅游业、推动乡村振兴的实施提供启示和借鉴。

　　乡村振兴更重要的是对乡村内部生产要素的挖掘，逐步使乡村由外生性发展转向内生性发展①。乡村旅游业的发展，给了"离土"小农户机会和资源，他们通过进入服务业或自主创业获得发展，经济利益在经营主体和小农户之间实现均衡，解决了因农业现代化和新型城镇化带来的农民"离土不离乡"的难题②。乡村旅游是当前农村社区发展的新趋势，更是实现乡村振兴的重要突破口（图6—1）。乡村旅游与生俱来的生态性，其最显著的特征就是生态振兴贯彻乡村旅游的全过程。生态振兴和乡村旅游的发展目标互相促进，呈递进关系。从产业发展上来看，乡村旅游通过"前店后厂"的经营模式，实现了多业态融合发展，村庄经济形成了可持续的绿色发展模式。产业上的发展升级，吸引了大批乡村人才回流，一方面为村庄经济发展提供可靠的人才支撑，另一方面为乡村组织的发展和完善提供精英人才。同时，产业的融合发展也使乡村文化进行了改造和升级，为了吸引更多的游客，文化再造成为旅游业发展的关键途径，从而实现了乡土文化的延续。总而言之，乡村旅游业的发展从人才振兴、产业振兴、生态振兴、组织振兴、文化振兴五个方面，共同作用于乡村振兴，促进乡村全面发展。

　　因此，乡村旅游对于乡村振兴的发展具有以下几点启示。第一，乡

---

① 张丙宣、华逸婕：《激励结构、内生能力与乡村振兴》，《浙江社会科学》2018年第5期。

② 黄细嘉、赵晓迪：《旅游型乡村建设要素与乡村振兴战略要义》，《旅游学刊》2018年第7期。

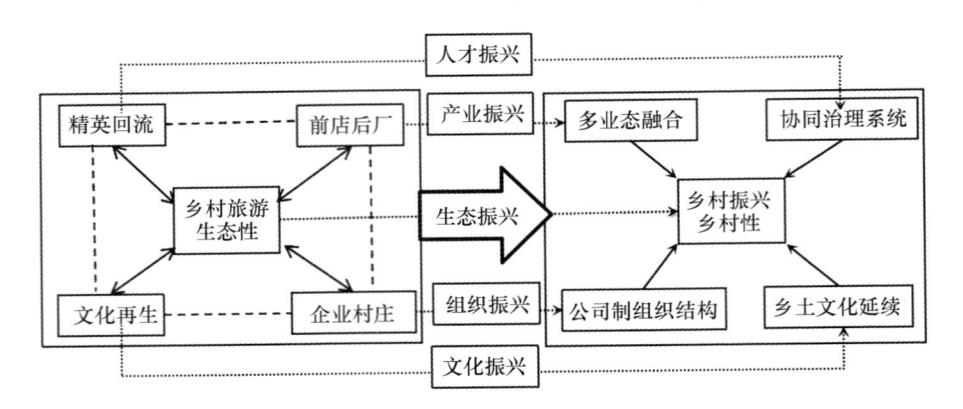

图 6—1　乡村旅游与乡村振兴的关系

村旅游的发展是村落资源利用、激活与再生产的过程，元村旅游业发展的动力在于组织体系的创新，文化再生的发展策略、产业融合的发展方式与精英协同合作的治理系统。通过文化再生激活和创造了乡村社会中的旅游资源，通过产业融合促进了乡村地区产业网络的形成，扩大农业的辐射范围，同时吸引劳动力回流，组建精英系统治理系统为乡村旅游可持续发展提供动力，推动乡村地区的产业振兴、文化振兴与人才振兴。第二，村社集体经济发展对于乡村振兴战略具有重要的推动作用。村社集体的社会功能是传统村社共同体功能的延续，主要依靠村社集体内存在的三种组织：党支部、村民委员会和村集体经济组织①，这三者与乡村旅游的管理公司共同作用，形成公司制的组织结构，进一步推动乡村地区的组织振兴。第三，发展乡村旅游对推动城乡融合发展、增加农村发展机会与保障农村生态环境具有重要的现实意义，有利于改善农村生态环境，保留农村地区传统乡土风貌，推进生态振兴。乡村旅游既是乡村振兴发展的自变量，激活了乡村地区的产业、人才、组织、文化和生态等要素，同时"产业融合""精英回流""组织再造""文化再生"与"生态改善"也进一步巩固了乡村旅游的发展成果，成为乡村振兴的因变

---

① 陈柏峰：《乡村振兴战略背景下的村社集体：现状与未来》，《武汉大学学报》（哲学社会科学版）2018 年第 3 期。

量,在保留"乡村性"的同时探索出一条中国特有的农村发展之路①,在乡村旅游的模式下打造出的一个热爱家乡之人可以回得去、住得下、能发展的乡村。

---

① 王晓毅:《完善乡村治理结构,实现乡村振兴战略》,《中国农业大学学报》(社会科学版)2018年第3期。

参考文献

［德］斐迪南·滕尼斯：《共同体与社会》，林荣远译，商务印书馆 1999 年版。

［美］丹尼尔·纳什：《旅游人类学》，宗晓莲译，云南大学出版社 2004 年版，第 59 页。

［美］杜赞奇：《文化、权力与国家——1900—1942 年的华北农村》，王福明译，江苏人民出版社 1996 年版。

［美］马克·格兰诺维特，《社会网与经济行动》，罗家德译，社会科学文献出版社 2001 年版。

［美］纳尔逊·格雷本：《人类学与旅游时代》，赵红梅等译，广西师范大学出版社 2009 年版，第 63 页。

［美］施坚雅：《中国农村的市场和社会结构》，史建云、徐秀丽译，中国社会科学出版社 1998 年版。

［英］约翰·厄里：《游客凝视》，杨慧、赵玉中、王庆玲等译，广西师范大学出版社 2009 年版，第 3 页。

［英］艾瑞克·霍布斯鲍姆：《传统的发明》，顾杭、庞冠群译，南京译林出版社 2004 年版。

陈辰：《近二十年国外乡村旅游研究进展——〈Tourism Management〉和〈Annals of Tourism Research〉文献分析》，《东南大学学报》（哲学社会科学版）2011 年第 S1 期。

陈修颖、叶华：《市场共同体推动下的城镇化研究——浙江省案例》，《地理研究》2008 年第 1 期。

陈雪钧：《国外乡村旅游创新发展的成功经验与借鉴》，《重庆交通大学学报》（社科版）2012年第5期。

党国英：《非正式制度与社会冲突》，《中国农村观察》2001年第2期。

党晓虹、樊志民：《传统乡规民约的历史反思及其当代启示——乡村精英、国家政权和农民互动的视角》，《中国农史》2010年第4期。

邓大才：《产权与利益：集体经济有效实现形式的经济基础》，《山东社会科学》2014年第12期。

董培海、李伟：《旅游、现代性与怀旧——旅游社会学的理论探索》，《旅游学刊》2013年第4期。

费孝通：《江村经济》，戴可景译，群言出版社1999年版，第9页。

高鸣、千文：《中国农村集体经济：70年发展历程与启示》，《中国农村经济》2019年第10期。

高永久、柳建文：《民族政治精英论》，《南开学报》（哲学社会科学版）2008年第5期。

郭焕成、韩非：《中国乡村旅游发展综述》，《地理科学进展》2010年第12期。

何景明、李立华：《关于"乡村旅游"概念的探讨》，《西南师范大学学报》（人文社会科学版）2002年第5期。

何景明：《国内乡村旅游研究：蓬勃发展而有待深入》，《旅游学刊》2004年第1期。

贺雪峰：《缺乏分层与缺失记忆型村庄的权力结构——关于村庄性质的一项内部考察》，《社会学研究》2001年第2期。

黄博、刘祖云：《中国"乡村精英"研究的脉络和走向》，《湖南农业大学学报》（社会科学版）2011年第5期。

黄清燕、白凯：《陕西袁家村跨地方的乡村性生产与呈现》，《地理研究》2020年第4期。

黄细嘉、黄贵仁：《基于核心—边缘理论的九江红色点缀型旅游区的构建》，《求实》2011年第11期。

黄鑫、邹统钎、储德平：《旅游乡村治理演变机理及模式研究——陕西袁家村1949—2019年纵向案例研究》，《人文地理》2020年第3期。

黄延信:《发展农村集体经济的几个问题》,《中国经济时报》2014年12月19日。

黄祖辉:《改革开放四十年:中国农业产业组织的变革与前瞻》,《农业经济问题》2018年第11期。

姜长云:《关于构建新型农业经营体系的思考——如何实现中国农业产业链、价值链的转型升级》,《人民论坛·学术前沿》2014年第1期。

蒋小杰、赵春盛:《村落共同体现代转型的逻辑与政策回应——基于弥勒山兴村的观察与思考》,《云南民族大学学报》(哲学社会科学版)2019年第1期。

金太军:《村庄治理中三重权力互动的政治社会学分析》,《战略与管理》,2002年第2期。

郎友兴:《民主政治的塑造:政治精英与中国乡村民主》,《浙江学刊》2002年第2期。

李赫然:《以生态文明建设推动农村经济转型升级》,《人民论坛》2018年第24期。

李佳、陈佳、杨新军:《旅游社会—生态系统的运行机制——以西安市上王村为例》,《地理研究》2015年第5期。

李林艳:《社会空间的另一种想象——社会网络分析的结构视野》,《社会学研究》2004年第3期。

李培林:《巨变:村落的终结——都市里的村庄研究》,《中国社会科学》2002年第1期。

李培林:《农民工——中国进城农民工的经济社会分析》,社会科学文献出版社2003年版,第134页。

李玉新、吕群超:《乡村旅游产业政策演进与优化路径——基于国家层面政策文本分析》,《现代经济探讨》2018年第10期。

李裕瑞、刘彦随、龙花楼:《中国农村人口与农村居民点用地的时空变化》,《自然资源学报》2010年第10期。

厉新建、马蕾、陈丽嘉:《全域旅游发展:逻辑与重点》,《旅游学刊》2016年第9期。

林移刚、杨文华:《我国乡村旅游精准扶贫困境与破解研究:基于生产要素视角》，《云南民族大学学报》（哲学社会科学版）2017 年第 2 期。

刘倩：《南街社会》，上海学林出版社 2004 年版，第 321 页。

龙茂兴、张河清：《乡村旅游发展中存在问题的解析》，《旅游学刊》2006 年第 9 期。

陆保良：《村落共同体的边界变迁与村落转型》，博士学位论文，浙江大学，2012 年。

陆林、任以胜、朱道才：《乡村旅游引导乡村振兴的研究框架与展望》，《地理研究》2019 年第 1 期。

陆益龙：《从乡村集市变迁透视农村市场发展——以河北定州庙会为例》，《江海学刊》2012 年第 3 期。

吕方、苏海、梅琳：《找回村落共同体：集体经济与乡村治理——来自豫鲁两省的经验观察》，《河南社会科学》2019 年第 6 期。

吕龙、黄震方、陈晓艳：《乡村文化记忆空间的类型、格局及影响因素——以苏州金庭镇为例》，《地理研究》2018 年第 6 期。

马超峰、薛美琴：《村集体经济再认识与集体经济再造——来自浙江省 126 个集体经济薄弱村的调查》，《经济与管理》2015 年第 1 期。

马桂萍、崔超：《改革开放后党对农村集体经济认识轨迹及创新》，《理论学刊》2019 年第 2 期。

毛丹：《村落共同体的当代命运：四个观察维度》，《社会学研究》2010 年第 1 期。

倪超英、王惠：《试论农村精英与农村社会发展——以吉林省为例》，《行政与法》2013 年第 11 期。

农业农村部农村合作经济指导司、农业农村部政策与改革司：《中国农村经营管理统计年报（2018 年）》，中国农业出版社 2019 年版。

任敏：《流出精英与农村发展》，《青年研究》2003 年第 4 期。

任世国：《我国乡村旅游可持续发展中存在的问题及对策分析》，《农业经济》2015 年第 9 期。

汝信、陆学艺、李培林等：《社会蓝皮书：2012 年中国社会形势分析与预测》，社会科学文献出版社 2011 年版，第 3 页。

苏飞：《乡村旅游发展中文化内涵研究——评〈乡村旅游文化学〉》，《江西社会科学》2017年第9期。

孙枫、汪德根：《全国特色景观旅游名镇名村空间分布及发展模式》，《旅游学刊》2017年第5期。

孙莹：《以"参与"促"善治"——治理视角下参与式乡村规划的影响效应研究》，《城市规划》2018年第2期。

田毅鹏、韩丹：《城市化与"村落终结"》，《吉林大学社会科学学报》2011年第2期。

田毅鹏：《"村落终结"与农民再组织化》，《人文杂志》2012年第1期。

仝志辉、陈淑龙：《改革开放40年来农村集体经济的变迁和未来发展》，《中国农业大学学报》（社会科学版）2018年第6期。

仝志辉：《选举事件与村庄政治》，中国社会科学出版社2004年版。

汪德根、王金莲、陈田等：《乡村居民旅游支持度影响模型及机理——基于不同生命周期阶段的苏州乡村旅游地比较》，《地理学报》2011年第10期。

汪和建：《社区经济社会学的建构——对费孝通〈江村经济〉的再探讨》，《江苏社会科学》2001年第6期。

汪宇明：《核心—边缘理论在区域旅游规划中的运用》，《经济地理》2002年第3期。

王爱忠、牟华清：《城乡旅游一体化发展模式及其实现机制——基于核心—边缘视角》，《技术经济与管理研究》2016年第5期。

王宝强、陈腾、尹海伟等：《基于"核心—边缘"理论的海峡西岸经济区空间结构解析》，《城市发展研究》2010年第1期。

王兵：《从中外乡村旅游的现状对比看我国乡村旅游的未来》，《旅游学刊》1999年第2期。

王德祥、张建忠：《我国农村集体经济组织形式发展趋势研究》，《西北农林科技大学学报（社会科学版）》2011年第1期。

王汉生：《改革以来中国农村的工业化与农村精英构成的变化》，《中国社会科学季刊》1994年第9期。

王景新、彭海红、老田等：《集体经济村庄》，《开放时代》2015年第1期。

王景新、彭海红、老田、潘毅、龚云、马翀炜、张银锋、刘民权、罗必良、张小军、曹锦清、严海蓉、徐俊忠、麻国庆、何明、卢晖临：《集体经济村庄》，《开放时代》2015 年第 1 期。

王露：《中外乡村旅游内涵及发展模式比较》，《中国名城》2017 年第 3 期。

王宁：《旅游、现代性与"好恶交织"——旅游社会学的理论探索》，《社会学研究》1999 年第 6 期。

王素洁、刘海英：《国外乡村旅游研究综述》，《旅游科学》2007 年第 2 期。

王祥瑞：《产业链过窄过短是农业增效农民增收的最大障碍》，《农业经济》2002 年第 9 期。

王翔：《共建共享视野下旅游社区的协商治理研究——以鼓浪屿公共议事会为例》，《旅游学刊》2017 年第 10 期。

王云才、许春霞、郭焕成：《论中国乡村旅游发展的新趋势》，《干旱区地理》2005 年第 6 期。

王云才：《中国乡村旅游发展的新形态和新模式》，《旅游学刊》2006 年第 4 期。

吴晨：《对我国农村集体经济发展状况的实地调查》，《经济纵横》2010 年第 1 期。

吴冠岑、牛星、许恒周：《乡村土地旅游化流转的风险评价研究》，《经济地理》2013 年第 3 期。

夏建中：《文化人类学理论学派——文化研究的历史》，中国人民大学出版社 1997 年版，第 102 页。

肖佑兴、明庆忠、李松志：《论乡村旅游的概念和类型》，《旅游科学》2001 年第 3 期。

谢代银、刘辉：《关于农业产业化经营的再认识》，《农村经济》1999 年第 9 期。

熊凯：《乡村意象与乡村旅游开发刍议》，《地域研究与开发》1999 年第 3 期。

胥永强：《论作为"生活共同体"的村庄》，《贵州民族大学学报（哲学社会科学版）》2015 年第 3 期。

徐望：《文化生产的商品化转向——消费社会文化生产图景分析》，《理论导刊》2016 年第 4 期。

徐勇、赵德健：《创新集体：对集体经济有效实现形式的探索》，《华中师范大学学报（人文社会科学版）》2015 年第 1 期。

徐勇：《村干部的双重角色：代理人与当家人》，《二十一世纪》1997 年第 8 期。

薛继亮、李录堂：《我国农村集体经济有效实现的新形式：来自陕西的经验》，《上海大学学报（社会科学版）》2011 年第 1 期。

严海蓉、陈义媛：《中国农业资本化的特征和方向：自下而上和自上而下的资本化动力》，《开放时代》，2015 第 5 期。

杨开道：《农村领袖》，世界书局出版社 1930 年版。

杨懋春：《一个中国村庄：山东台头》，张雄、沈炜、秦美珠译，江苏人民出版社 2001 年版，第 190—191 页。

杨冉冉：《刍议国外乡村旅游的发展模式及对我国的启示》，《商业经济研究》2017 年第 14 期。

杨善华：《家族政治与农村基层政治精英的选拔、角色定位和精英更替——一个分析框架》，《社会学研究》2000 年第 3 期。

杨艳蓉：《核心—边缘理论在川南与滇东北区域旅游合作研究中的运用》，《生产力研究》2010 年第 7 期。

姚治国、苏勤、陆恒芹等：《国外乡村旅游研究透视》，《经济地理》2007 年第 6 期。

于秋阳、冯学钢：《文化创意助推新时代乡村旅游转型升级之路》，《旅游学刊》2018 年第 7 期。

于涛方、甄峰、吴泓：《长江经济带区域结构："核心—边缘"视角》，《城市规划学刊》2007 年第 3 期。

于雅璁、王崇敏：《农村集体经济组织：发展历程、检视与未来展望》，《农村经济》2020 年第 3 期。

余生瑞、方月仙，牛艳玉：《开源节流 双管齐下 发展壮大村集体经济》，《农村经营管理》2008 年第 8 期。

袁金辉、乔彦斌：《自治到共治：中国乡村治理改革 40 年回顾与展望》，《行政论坛》2018 年第 6 期。

翟新花、赵宇霞：《新型农村集体经济中的农民发展》，《理论探索》2012 年第 4 期。

张河清、成红波：《"核心—边缘"理论在南岳衡山区域旅游产品开发中的运用》，《地域研究与开发》2005 年第 3 期。

张红宇：《中国特色乡村产业发展的重点任务及实现路径》，《求索》2018 年第 2 期。

张洪昌、舒伯阳：《社区能力、制度嵌入与乡村旅游发展模式》，《甘肃社会科学》2019 年第 1 期。

张辉、方家、杨礼宪：《我国休闲农业和乡村旅游发展现状与趋势展望》，《中国农业资源与区划》2017 年第 9 期。

张磊：《"新常态"下城市更新治理模式比较与转型路径》，《城市发展研究》2015 年第 12 期。

张桐：《基于"中心—边缘"结构视角的区域协调发展研究》，《城市发展研究》2018 年第 8 期。

张忠根、李华敏：《农村村级集体经济发展：作用、问题与思考——基于浙江省 138 个村的调查》，《农业经济问题》2007 年第 11 期。

折晓叶、陈婴婴：《超级村庄的基本特征及"中间"形态》，《社会学研究》1997 年第 6 期。

郑风田、程郁、阮荣平：《从"村庄型公司"到"公司型村庄"：后乡镇企业时代的村企边界及效率分析》，《中国农村观察》2011 年第 6 期。

郑杭生：《论现代的成长和传统的被发明》，《天津社会科学》2008 年第 3 期。

郑群明、钟林生：《参与式乡村旅游开发模式探讨》，《旅游学刊》2004 年第 4 期。

周春发：《乡村旅游地居民的日常抵抗——以徽村拆建房风波为例》，《旅游学刊》2012 年第 2 期。

周晓虹：《产业转型与文化再造：特色小镇的创建路径》，《南京社会科学》2017 年第 4 期。

周星:《乡村旅游与民俗主义》,《旅游学刊》2019 年第 6 期。

朱华:《乡村旅游利益主体研究——以成都市三圣乡红砂村观光旅游为例》,《旅游学刊》2006 年第 5 期。

朱启臻:《充分发挥乡村旅游在保护与传承乡村文化中的作用》,《农村工作通讯》2016 年第 10 期。

朱有志、陈文胜:《中国特色农业现代化新型农村集体经济发展研究,《求索》2010 年第 1 期。

Briedenhann, J. and Eugenia, W., "Tourism Routes as a Tool for the Economic Development of Rural Areas-Vibrant Hope or Impossible Dream.", *Tourism Management*, Vol. 25, No. 1, January 2004.

Deller, C. S., "Rural Poverty, Tourism and Spatial Heterogeneity", *Annals of Tourism Research*, Vol. 37, No. 1, 2012.

Friedmann, J., "Regional Development Policy: A Case Study of Venezuela", *Urban Studies*, Vol. 4, No. 1, January 1966.

KAYAT, K. S., "Perspectives toward a community based rural tourism development", *European Journal of Tourism Research*, Vol. 1, No. 2, 2008.

Litvin, W. S. and Jenna, D. F., "The 'Malling' of Main Street: The Threat of Chain Stores to the Character of a Historic City's Downtown.", *Journal of Travel Research*, Vol. 53, No. 4, April 2014.

Pegas, F. D. V. and David, B. W. and Guy, C., "Domestic tourism and sustainability in an emerging economy: Brazil's littoral pleasure periphery", *Journal of Sustainable Tourism*, Vol. 23, No. 5, May 2015.

Reichel, A. and Oded, L. and Ady, M., "Rural Tourism in Israel: Service Quality and Orientation", *Tourism Management*, Vol. 21, No. 2, October 2000.

Roy W., *The Invention of Culture* (*Revised and Expanded Edition*), Chicago: The University of Chicago Press, 1981.

Rysayeva, A. M. and Bagautdinova, N. G. and Ziganshin, I. I., "Cultural-Historic Resources as a Factor of Entrance Tourism Development Finland", *Asian Social Science*, Vol. 11, No. 11, December 2015.

Simpson, M., "Community Benefit Tourism Initiatives-a Conceptual Oxymoron?", *Tourism Management*, Vol. 29, No. 1, February 2008.

Tosun, C., "Roots of Unsustainable Tourism Development at the Local Level: the Case of Urgup in Turkey", *Tourism Management*, Vol. 19, No. 6, December 1998.

Vietze and Christoph., "Cultural Effects on Inbound Tourism into the USA: A Gravity Approach", *Tourism Economics*, Vol. 18, No. 1, January 2012.

后　　记

　　改革开放以来，中国社会进入快速发展阶段，在城市化、工业化的推动下，广袤的乡村地区也进入大转型时期。面临复杂的内外部环境，广大"三农"工作者不断探索实现乡村脱贫致富的产业路径，其中，发展乡村旅游成为很多村庄的选择。近年来，乡村旅游也成为学界、政界、商界关注的重要话题。然而，纵观全国乡村旅游市场，整体来说良莠不齐，存在很多行业乱象，且大部分乡村旅游型村庄中的农户参与度不高，乡村旅游被作为一种纯粹的商业行为而脱离农民发展，十分不利于乡村振兴的推进。

　　陕西省元村是走在乡村旅游发展前列的村庄之一，也是西北地区乡村旅游发展的领军代表和标杆案例，目前已经形成了规模较大的旅游基地，并且通过"进城""出省"两大战略不断扩大品牌影响力，突破村庄市场的限制，主动对接城市市场和市民社会。元村的成功转型离不开村庄政治精英对整体产业布局的规划与运作，同时也离不开全体村民的合作与支持，元村的从业者通过不断挖掘乡村旅游文化，延长乡村旅游产业链，壮大集体经济，创新村庄治理模式，构建了一个具有凝聚力的乡村市场共同体。元村在乡村旅游产业建设中不仅实现了自身转型，也在一定程度上重构了当地乡村市场体系，重塑了周边村庄之间的关系格局，推动了整个村庄社会的变迁。在乡村振兴战略背景下，乡村旅游为村庄转型提供了一条新路，为实现产业振兴、组织振兴、人才振兴、文化振兴、生态振兴提供了一个良好的平台，元村的发展过程为我们提供了很多经验参考，具有很强的启示意义。

本研究能够问世需要感恩很多人的支持与帮助，在此由衷地感谢元村郭裕禄书记、郭占武书记、王创战村长、袁社娃村长在调查过程中给予的大力支持，同样也感谢配合调查的元村村民、商户、务工者和游客，正是有了他们的鼎力相助，本研究才能够拥有坚实的经验基础。

本书能够顺利编著离不开各位撰稿人的严谨思考、深度讨论和认真撰写，在此向他们表示感谢。第一章由李轶星、郭占锋撰写，第二章由吴丽娟、郭悦悦、黄民杰撰写，第三章由张森、黄民杰、郭占锋撰写，第四章由黄民杰、李轶星、张森、郭占锋撰写，第五章由王懿凡、李钰肖、丁雅捷、李轶星撰写，第六章由李琳、王倩、吕悦、郭占锋撰写。最后，感谢中国社会科学出版社各位编辑老师在校对、排版等环节的辛苦付出，使得本书能够顺利出版。